世界を満たす論理

フレーゲの形而上学と方法

荒畑靖宏

世界を満たす論理　目次

凡例
はじめに　1

第1章　フレーゲ論理主義の母胎としての汎論理主義　13
1.1　論理の普遍性と論理主義　14
1.2　汎論理主義　20
1.3　個数言明と概念についての言明　24
1.3.1　個数言明は概念についての言明を含む　24
1.3.2　ヒュームの原理とシーザー問題　25
1.3.3　固有名の指示性要件　27
1.3.4　基数の明示的定義、外延、そしてパラドクス　28
1.3.5　放棄と固執　29
1.4　汎論理主義、論理主義、値域、基本法則V　33
1.4.1　論理的対象としての数　33
1.4.2　『基礎』第68節における方針転換　35
1.4.3　外延への不信と値域への自信　38
1.4.4　見失われる基本法則Vの必然性　43
1.4.5　基本法則Vの延命処置と汎論理主義　48

第2章　フレーゲの普遍主義と論理中心的窮境　55
2.1　推論計算としてのブールの計算論理と、普遍的記号言語としてのフレーゲの概念記法　55
2.1.1　推論計算と記号言語　55
2.1.2　ブールとフレーゲの真の対立点　58
2.2　計算としての論理と言語としての論理　60

2.3　フレーゲの形式主義批判における汎論理主義　64
2.4　汎論理主義と概念〈馬〉問題　68
2.5　普遍的媒体としての言語と意味論の表現不可能性　74
　2.5.1　意味論の語りえなさ　74
　2.5.2　フレーゲの消極的形式主義　77

第3章　フレーゲの解明の方法　83

3.1　フレーゲの「定義」　84
3.2　フレーゲの「解明」　94
3.3　解明と自然言語　102
　3.3.1　論理学者の格闘　102
　3.3.2　論理学者の心理学主義批判　103
　3.3.3　ある誤解——補助言語としての概念記法　105
　3.3.4　概念記法をめぐる2つのアナロジー　112
3.4　『基本法則』第31節とメタ理論　115
　3.4.1　意味論とは何か　116
　3.4.2　『基本法則』第28〜31節の概説　120
　3.4.3　第28〜31節の意味論的解釈　126
　3.4.4　意味論的解釈の難点　129
　　3.4.4.1　「分析」の諸節　129
　　3.4.4.2　読み飛ばしてもよい諸節　130
　　3.4.4.3　使用と言及の混同　133
　　3.4.4.4　量化子の代入的／対象的解釈　134
　　3.4.4.5　ヘックの「補助名」解釈　137
　　3.4.4.6　リネボの「候補名／背景名」解釈　141
　　3.4.4.7　メタ記号としてのギリシア大文字？　147
3.5　『基本法則』第31節と解明　148
　3.5.1　『基本法則』第Ⅰ巻第1部における第28〜31節の位置づけ　148
　3.5.2　帰納的定義とメタ理論的先入観　149
　3.5.3　第29〜31節の非帰納的・非循環的解釈　151
　3.5.4　真理述語の解明的使用　153

3.5.5　まとめと橋渡し　157

第4章　フレーゲの普遍主義とメタ論理 …………………159
4.1　フレーゲ論理学の普遍主義的解釈　159
4.1.1　普遍性の2つの意味　161
4.1.2　普遍主義的解釈の飛躍　163
4.1.3　汎ロゴス主義　166
4.2　フレーゲの真理観とメタ理論の可能性　169
4.2.1　フレーゲにおける真理述語　169
4.2.2　真理の独自性　172
4.2.3　主張力と判断　174
4.3　フレーゲの反モデル論的論証　178
4.4　フレーゲの「新領域」と独立性証明　182
4.4.1　数学の「新領域」　182
4.4.2　入れ替えによる独立性証明　185
4.4.3「新領域」の独立性証明の問題点　189

あとがき
フレーゲ著作略記
参照文献
索引

凡例

1. フレーゲからの引用は略号を用い、本文ならびに注において当該略号と頁数を記す。なお略号は巻末の「フレーゲ著作略記」に記す。それ以外の著作からの引用は、著者名と出版年数のあとに頁数を記す。
2. 引用された外国語文献におけるイタリックならびに隔字体による強調は、圏点による強調に置き換えている。なお、論述の関係上引用者が強調箇所を追加・変更・消去する場合にはその旨を記した。
3. 引用文中に原語を添える場合は〔　〕を用いるが、引用文以外の文章で専門用語などに原語を添える場合は（　）を用いる。また引用文中に引用者が補足説明を挿入する場合は［　］を用いる。また原文では引用符が用いられていない場合でも、語句の区切りを分かりやすくするために適宜〈　〉を挿入した。
4. 外国語文献からの引用に際しては、既存の訳書を参照した場合もあるが、最終的にはすべて引用者の翻訳を用いた。既存の訳書からは多くの教示を得た。訳者の方々に感謝を申し上げる。

はじめに

　21世紀も最初の5分の1が過ぎようとしている昨今、通常われわれが「論理学」と聞いて想像する研究領域からやや外れたところで、「形而上学的論理学」、あるいは「哲学的論理学」と呼ばれる研究が静かな盛り上がりを見せている。この動向を代表するのがS・レードル（Rödl 2005）とI・キムヒ（Kimhi 2018）であるが、彼らが推進する形而上学的論理学のプログラムは、ある意味で、20世紀の論理学研究と「分析哲学」と呼ばれる（英語圏では「哲学」と同義の）伝統を、つまり論理学と哲学における前世紀の100年間をほぼまるごと否定しようとする過激な企てであると言えるかもしれない。というのも、形而上学的論理学は、論理学と形而上学（存在論）を完全に同一視し、論理の形式とは存在の形式にほかならないと主張するからである。そのかぎりで、この形而上学的論理学は、一般に「論理学の哲学」と呼ばれているものとも、また現代の分析哲学の一分野としてのいわゆる「分析形而上学」とも異なる——それどころか、それらと対立さえすると言える。論理学の哲学が、さまざまな形式論理体系や論理学的研究プログラムのもつ哲学的含意の研究であるとするなら、形而上学的論理学は、論理学と存在論の同一性を説くがゆえに、論理的諸概念の形式的研究としての——いわばフィールドの——論理学研究とそれを対象とする哲学的研究の区別を認めない。また、分析形而上学が、論理学者の開発したツールを使った言語の論理分析から形而上学的帰結を引き出す研究であるとするなら、形而上学的論理学は、論理的なものの形式と存在の形式の同一性を説くがゆえに、分析の道具としての（用途によって使い分けられる）論理学という考えを認めないのである。

　ところで、このような現代の形而上学的論理学の企ては、フレーゲ以前の論理学の伝統への——カントやフッサールの超越論的論理学や、はてはアリストテレスの形而上学的論理学への——回帰を謳うものであると思われるかもしれない。ある意味ではそのとおりである。しかしながら不思議なことに、レード

ルもキムヒも、現代の形式論理学の第一の始祖であるはずのフレーゲを、いわば最後の形而上学的論理学者として扱い、フレーゲから出発し、フレーゲの考えを批判的に継承することによって、彼らなりの形而上学的論理学を展開しているのである。その意味で彼らにとっては、フレーゲの中にこそ、古典的な形而上学的論理学と現代的な形式論理学との必然的な決裂点が見られるのであり、したがって、フレーゲの読み直しこそが、前世紀の論理学と哲学の決算報告にとって不可欠な作業なのである。

　こうした形而上学的論理学からのアプローチとは手法をまったく異にするものの、本書の狙いもやはり、フレーゲの思想を古い意味での――つまり、現代の分析形而上学以前の意味での、したがって分析哲学の黎明期に決定的な影響力をふるった論理実証主義者たちが必死に排斥しようとした意味での――形而上学との関連において見ることにあり、そのかぎりで形而上学的論理学のプログラムと同じく「反時代的」であると言えよう。また本書の信じるところでは、そうすることによってしか、数理論理学の創始者、アリストテレス以来の論理学の改革者(イノベーター)、命題論理の完成者、形式言語の意味論の創始者、分析哲学の祖……といった歴史的レッテルを貼られて博物館に陳列されている単なる過去の知的偉人ではなく、時代を超えた真の哲学者としてのフレーゲの姿は見えてこない。なぜなら、前世紀のフレーゲ受容は、まるで彼を――互いに必然的な繋がりをもたない論理思想や「言語哲学」などに――知的に分裂した人格であるかのように扱ってきたが、統一的な哲学的人格としてのフレーゲは、彼の思想全般の母胎となっている形而上学からしか見えてこないと本書は考えるからである。これを以下で――導入部としての分をわきまえた範囲内で――簡単に説明しておこう。

　ドイツの数学者にして論理学者であったゴットロープ・フレーゲ（Gottlob Frege: 1848-1925）がその学問的生涯のほとんどすべてを捧げたのは、数学は論理学の一部門であり、数学の基本原理は論理学の基礎概念や基本法則を用いて基礎づけることができるとする「論理主義（logicism）」のプログラムであった。フレーゲをいわゆる分析哲学の始祖のひとりに数える者ですら、論理学と言語哲学に革命をもたらした彼の論理的言語（概念記法 Begriffsschrift）が、当初は論理主義のプログラムに仕えるものとして開発されたという経緯を否定は

しないであろう。そしてこの論理主義は、数学の――たしかに基幹部分であるとはいえ――一部門である算術と解析学の身分と本性についての――他に心理学主義や形式主義をライバルにもつ――ある特定の考え方であり、その意味では、数学基礎論という一分野の中でのひとつの立場にすぎない。そしてこの脈絡の中でフレーゲがわれわれに見せる顔は、主として数学者や論理学者の顔であって、哲学者の顔ではないように思われる。なぜなら、その脈絡で彼のもっとも身近にいるのは、G・ブールやG・ペアノやE・シュレーダーやD・ヒルベルト、あるいは『プリンキピア・マテマティカ』の著者のひとりであるかぎりでのB・ラッセルといった者たちであって、彼らを哲学者と呼ぶことに躊躇を覚える者は――わたしも含めて――多いだろうからである。そして、この文脈で話題にされるフレーゲの思想には、どうしても挫折の影がつきまとう。言うまでもなくそれは、『算術の基本法則』(第Ⅰ巻1893年、第Ⅱ巻1903年)の論理主義が素朴集合論のパラドクスに躓いて挫折したという歴史的事実のためである。

これに対して、フレーゲの哲学(彼の認識論や存在論)が、しかも単なる歴史的回顧においてではなく、現在進行形の議論の中で積極的に(肯定的にという意味ではない)論じられるとき、それは分析哲学や言語哲学の文脈においてであるのがほとんどだと思われる。ここでのフレーゲは、ラッセルやウィトゲンシュタインと並ぶ分析哲学の創始者のひとりとして、人工的な形式言語を駆使した言語の論理分析が哲学的問題への取り組みにとってどれほど実り多いものであるかを最初に身をもって示した人物として現れてくる。そして、ここで問題とされるフレーゲ哲学は、彼が実際に目指した算術の論理主義的基礎づけのプログラムと、すくなくとも必然的な結びつきはもたないものとみなされている。こうして、現代のフレーゲ研究においては、数学者‐論理学者としてのフレーゲと、哲学者としてのフレーゲは、まるで別人格として扱われているように見えるのである。

本書は、この分裂した人格を完全に統合できるという大それた考えを抱いているわけではない。ただ本書は、論理主義の脈絡においてこそ見えてくるフレーゲの哲学者の顔、というものを描き出すことによって、せめてこの2つの人格を二重写しに見ることができることを示したいと考えている。もうすこし具

体的に言うなら、本書が明らかにしたいのは、数学の哲学における彼の論理主義は、また別の意味で論理主義と呼んでもよい、もっと包括的なある形而上学的理念に支えられている——正確には、その帰結である——と考えられるということである。それをフレーゲの「汎論理主義 (Panlogismus)」と呼ぼうと思う。これは、フレーゲ研究者たちが彼の「普遍主義 (universalism)」[*1] と呼び慣わしてきたものと同じではない。本書が汎論理主義ということで考えているのは、フレーゲの思考の奥深くに根ざす形而上学的信念のようなもののことであるが、フレーゲのいわゆる普遍主義は、さしあたりは量化についてのある特定の考え方、あるいはせいぜい、その量化理論が体現しているある特定の論理観にすぎないからである。解釈者たちの一部は、彼の普遍主義がある形而上学的帰結をもつと考えている。一例として、「概念は明確に境界づけられていなければならない」(GGA-II: 69) というフレーゲの有名な原理を挙げよう。彼によれば、これは排中律 ($P \vee \sim P$) という論理法則の別名ですらある。この原理は、後期のウィトゲンシュタインが『哲学探究』で形而上学的な先入見として攻撃したことで有名だが (cf. Wittgenstein 1953: §71)、T・リケッツとW・ゴールドファーブによればそれは、1階の変項は対象に関して無制限であるとするフレーゲの普遍主義の直接的な帰結である (cf. Heijenoort 1967: 325f.; Ricketts 1985: 6; Goldfarb 2001: 30)。しかし本書は、フレーゲの論理観と形而上学の関係性については、反対の見方をとる。つまり本書は、フレーゲの形而上学的な汎論理主義が必然的に、数学の哲学における論理主義に加えて、論理学におけるいわゆる普遍主義を彼にとらせたのだと考えるのである。

　本書がフレーゲの「汎論理主義」と呼ぶものがいかなるものであるのかを、ここで簡単に2つの観点から示唆しておこう。

　第1にそれは、概念は「性質 (Eigenschaft)」をもつという考えに示されている。フレーゲは概念の「性質」を、その概念に包摂される——彼の言い方ではその概念の「下に属する (fallen unter)」——諸対象がもつ「徴表 (Merkmal)」から区別する (cf. GLA: 64; GGA-I: XIV)。たとえば、「4頭の純血種の

[*1] フレーゲにこの立場を帰属させ、この立場こそが彼にメタ理論的発想を不可能にしたとする解釈としては、Heijenoort 1967; Goldfarb 1979, 2001; Dreben & Heijenoort 1986; Ricketts 1985, 1986; Dummett 1991a; Hintikka & Sandu 1992 などがある。この解釈については本書第4章で扱う。

馬」という表現においては、「4頭の」という表現は明らかに「純血種の」という表現とは異なる論理的役割を果たしている。というのも、純血種の馬であるような4頭のそれぞれについて、それは純血種であると言うことはできるが、それは4頭であると言うことはできないからである。つまり、「純血種の」が「馬」をより詳しく規定しているようには、「4頭の」が「純血種の馬」をより詳しく規定しているわけではないということだ。むしろ、「純血種の」という表現は、〈純血種の馬〉*2 という概念の下に属する諸対象がもつ「徴表」を指しているのに対して、「4頭の」という表現は、〈純血種の馬〉という概念そのものについてなにかを述べている、つまりその概念にある「性質」を帰属させているのである。同様に、「直角をもつ、直線で囲まれた、等辺な三角形は存在しない」という文においては、「直角をもつ」、「直線で囲まれた」、「等辺な」といった表現は、〈直角をもつ、直線で囲まれた、等辺な三角形〉という概念の下に属する対象の徴表を指しているのに対して、「は存在しない」は、そうした対象についてなにかを述べているのではなく——存在しない対象についてそれは不可能である——当の概念の性質に言及しているのである。フレーゲによれば、この文は当の概念に数ゼロを帰属させているのである。これが、フレーゲ論理主義の根幹をなす「個数言明（Zahlangabe）は概念についての言明を含む」というテーゼ*3 の根拠である。ところでフレーゲにとって、概念は主観的な表象とは違って客観的である。したがって、ある概念にある数を帰属させる個数言明は、なんらかの客観的な事実を記述していることになる（cf. GLA: 60）。もちろんその「事実」は、ある対象がある属性をもつという客観的事実と、類比的ではあっても同一ではない。つまり、〈直角をもつ、直線で囲まれた、等辺な三角形〉という概念には数ゼロが帰属するということは、それを把握する主体の心的作用とは独立に成り立っているという意味では、雪は白いという事実と同じ意味で客観的な*4 事実ではあるが、しかし雪の白さのよ

---

*2 以下では、集合やクラス、概念の外延、述語表現などと概念そのものを区別することが必要になるため、当の概念それ自体を指すための苦肉の策として、原文で通常の引用符（"horse"や„Pferd"や»Pferd«など）が付されている箇所を翻訳して引用する場合は除いて、このように山括弧を用いることにする。
*3 Cf. GLA: 59-60; GGA-I: 3; RH: 328; LM: 269; AD: 277; ZA: 295.
*4 フレーゲの客観性概念については、『算術の基礎』（GLA）の第26節がもっとも明快な説明を与

うに物理的な事実ではなく、論理的な事実なのである。

　フレーゲの「汎論理主義」を特徴づけるもうひとつの方法は、それはM・ダメットが次の発言によって批判している考えそのものであると言うことである。「実在が論理法則に従うと言うことはできない。そうした法則に従ったり反したりするのは、実在についてのわれわれの思考である」(Dummett 1991b: 2)。ほとんどの論理学者にとってと同様、フレーゲにとっても、論理法則はもっとも普遍的な法則である。だがそれはフレーゲにとって——そして現代の多くの論理学者や哲学者にとってとは違い——論理法則は記述的ではなく思考の規範であるということを意味するのではない。その意味でなら、幾何学の法則であれ、生物学の法則であれ、物理学の法則であれ、およそ法則と名のつくものはすべて、思考のための規範でありうる (cf. GGA-I: XV)。ある実在領域を支配する法則は、われわれがその実在領域について真であることを考えようとするなら、その法則に従って思考すべしという指令的な力をもちうるからだ。するとフレーゲに言わせるなら、いまのダメットの言葉は、ある危険性を孕むような仕方で不明確である。第1に、もしその言葉が、論理法則は「思考法則」にほかならないということを含意しているなら、論理法則は自然法則が自然界の出来事を支配するのと同じ仕方で思考を支配するという考えへと導く。だがそのとき、論理法則は心理学的法則であることになる。いわば、論理法則

えている。それによれば、「わたしは客観的なものを、手で摑めるもの、空間的なもの、現実的なもの〔das Handgreifliche, Räumliche, Wirkliche〕から区別する」(GLA: 35)。「現実的なもの」が客観的なものから区別されるのは、前者が、主体に因果的に働きかけて (wirken) 主体の内部に主観的な感覚や表象を「引き起こす (bewirken)」ものであるかぎりにおいてである。したがってたとえば、「白い」という色彩語は、それがわたしがたとえばいまここで——対象からの働きかけ (Wirken) をつうじて——感じているものを指すかぎりでは、主観的かつ現実的ななにかを指しているが、わたしが概念を用いて考えているものを指すかぎりでは、客観的かつ非現実的ななにかを指している。「雪を白いと呼ぶとき、ひとは、通常の日光の下で一定の感覚に基づいて認識される客観的性質〔objektive Beschaffenheit〕を表現しようとしているのである。雪に色つきの照明が当てられている場合には、ひとは判断に際してその点を考慮に入れる。場合によってはこう言うだろう。雪はいま赤く見えるが、しかし実際には白いのだと。〔…〕このように色彩語がわれわれの主観的感覚を指していないことはしばしばある〔…〕むしろ客観的性質を指すことはよくある。以上のように、わたしが客観性ということで理解するのは、感覚する、直観する、表象する、かつての感覚の記憶から内的像を描く、というわれわれの働きからの独立性であるが、しかし理性からの独立性ではない」(ibid.: 36)。よって、「客観的であるのは、法則的なもの、概念的なもの、判断可能なものであって、これは言葉で表現されうる」(ibid.: 3)。

は外なる自然と対立する内なる自然の法則であることになってしまう——そしてもちろんダメットはこれを否認するだろう。第2に、ダメットの言葉が、論理の法則はわれわれの思考にとっての規範であるということを意味するのなら、その規範的な指令の力がどこに由来するのかを説明しなければならない——そしてもちろんこれはダメットの哲学的目標となろう。この点ではたしかにフレーゲのほうが素朴で楽観的であると言えるかもしれない。たったいま述べたように、実在（のある領域）を支配する法則であれば、どんなものでも思考のための規範的法則になりうる。したがって、フレーゲにとって論理法則は、第一義的には思考のための規範的法則（規則）ではない*5。「論理法則のほうがより正当に「思考法則」という名に値するというのは、それでもって言わんとしているのが、論理法則とは、およそ思考がなされるところではどこであれ、どう思考すべきかを指令するもっとも普遍的な法則だということである場合だけである」(GGA-I: XV)。論理法則だけが思考の法則であるわけではないけれども、いかなる対象についてであれ、いかなる話題についてであれ、思考一般にとっての規範でありうるという意味では、論理法則は卓越した意味での思考法則である。だがそれは、論理法則が思考一般を支配するからではなく、およそ思考の対象でありうるすべてのものを支配するのが論理法則だからである。「われわれの思考や真とみなすこと〔Fürwahrhalten〕のための規則は、真であること〔Wahrsein〕の法則を通じて決定されると考えなければならない。後者とともに前者が与えられるのである」(L-II: 139)。本書は、フレーゲのこの「形而上学」こそが彼のいわゆる普遍主義や論理主義の母胎であって、その逆ではない、という立場をとる*6。

---

*5 このことは、算術は第一義的に規則に従った記号操作ゲームであるとする形式主義に対する批判という文脈での、フレーゲの次の発言からも窺える。「行動の指針としては、形式的算術の規則は、内容的算術の法則よりも道徳法則のほうに親近性がある。内容的算術の法則は、たしかに誤認されることはあっても、違反されることはありえないからだ」(GGA-II: 117)。わたしがある道徳法則に違反していながら、それでもある行為をおこなっていることは可能である（それどころか、もしそれが行為でないなら、わたしに関して道徳法則の順守や違反が問題となるはずもない）。これに対して、フレーゲの考える内容的算術——意味（Bedeutung）の領域に根拠をもつ算術——の法則に違反しながら、それでもわたしが算術をしていると言うことはできない。したがってわたしは、算術をしたまま算術法則に違反することはできないのである。これはそのまま論理にも当てはまる。よって、道徳法則を典型的な規範的法則とするなら、その意味では算術法則と論理法則は規範的法則ではない。

ところで、ヴァン・ハイエノールトが現代論理学の歴史を回顧しつつ指摘して（Heijenoort 1967）以来、フレーゲのいわゆる普遍主義は、フレーゲとラッセル[*7]に共通の立場だとされてきた。その意味でこの立場は、レーヴェンハイム-タルスキ以前の「古い」論理学者に特有の立場だと評されもする[*8]。現代的な観点から見ればそのとおりであろう。けれども、普遍主義者としての両者のあいだには、決定的な違いがある。それは、この普遍主義によって（フレーゲの場合は、その根底にある汎論理主義によって、と言うべきだが）科学としての論理学の「方法」にどのような制約が課せられるかということについてはっきりした自覚をもっていたのはフレーゲだけだ、という点にある。たしかに、彼らの普遍主義は、彼らをいわゆる「形而上学的内部主義（metaphysical internalism）」（Sullivan 2005: 85）に加担させ、最終的には、シェファーが「論理中心的窮境（the logocentric predicament）」[*9]と呼んだものへと追い込むように思

[*6] もちろん、以上の2つの主張を含む立場の名称としては、本書の提案する「汎論理主義」よりも、もっと流布している「論理的実在論」などのほうがふさわしいのではないかという異論もあろう。しかし、以下で明らかになるように、本書がフレーゲのうちに見ている形而上学は、ただ単に、論理的対象や論理的事実が存在するとか、論理法則は実在的法則であるという立場には留まらない。詳細は以下の1.2ならびに1.3を参照せよ。

[*7] 正確には「初期ラッセル」と言うべきかもしれない。というのも、ラッセルは1914年の『外界の知識』（Russell 1914）で「論理形式」という概念を導入したが、この観念や、それと似た「形式的論理特性（formal logical property）」といった観念によって、しかじかの形式をもつ命題はすべて真であるという内容のメタ命題を与えることが可能となるからである。Russell 1919のChap. XIV, XVを、とりわけp. 158を参照せよ。この解釈についてはCartwright 1982を参照せよ。

[*8] たとえばゴールドファーブは、フレーゲがすでに現代の量化理論の中心的観念を——したがって形式化された体系の完全性と健全性の観念も——手にしていたも同然であるという解釈に反対し、1920年代の論理学の展開がどれほど辛苦に満ちたものであったか、量化と形式的体系についての現代のわれわれの見方とはどれほど異質な動機づけと観点をもっていたかを、フレーゲ、ラッセル、ホワイトヘッド、パース、ブール、シュレーダー、レーヴェンハイム、スコーレム、ヒルベルト、エルブランを通覧し、説得力ある歴史物語を展開している。このときゴールドファーブは、フレーゲをどちらかというと時代遅れの論理学者として描いているように見える。Cf. Goldfarb 1979.

[*9] 「「自我中心的」窮境のせいで、形而上学において一定の理論を証明することが、絶望的ではないにしても、困難になるのとちょうど同じように、同様の「論理中心的」窮境によって、論理の基礎を定式化しようという試みは、非常に厳しいものとなる。論理を説明するためには、論理を前提としかつ使用しなければならないのである」（Sheffer 1926: 227-8）。アナロジーの元ネタである「自我中心的窮境」というのは、デカルト以来われわれが置かれていると自明視されている状況を指すものとしてR・B・ペリーの命名によるものであり（cf. Perry 1910）、この状況が、彼が「存在論的観念論」と呼ぶ立場（バークリーやショーペンハウアー、または英国のヘーゲリアンとして有名なブラドリーなどがその例として挙げられている）を支持するとされる。この論文でのペリーの意図

われる。これは、ただひとつの普遍的論理はいかなる説明も正当化も不可能である、なぜならそのためには当のその論理を使用するという循環を犯さざるをえないからだ、というものである。本書の見るところでは、フレーゲはそれを窮境だとは見なしていなかったが、それによって自身の論理学が、そのもっとも根幹の部分で、現代論理学から見るときわめて特異な方法——すくなくとも、論理学や算術の形式的体系の内部で許されるやり方とはまったく異なる方法——に訴えざるをえなくなるということは自覚していた。この方法をフレーゲは「解明（Erläuterung）」と呼んだのである。おそらくはギーチが最初に指摘したように*10、フレーゲの普遍主義と、それによって要求される解明という方法は、『論理哲学論考』のウィトゲンシュタインに受け継がれていると考えられる。語りうるすべてのものに浸透し、つまりは「世界を満たし」（Wittgenstein 1922: 5.61）、またそれゆえに「自分で自分の面倒を見る」のでなければならない論理（cf. Wittgenstein 1979: 2）は、フレーゲにとってと同様ウィトゲンシュタインにとっても、語る主題にはなりえないものであったと考えることができる。

　本書が最終的に明らかにしたいことは、大きく分けて次の２つである。第１は、数学の哲学におけるフレーゲの論理主義は、彼の汎論理主義によって動機づけられておりながらも、皮肉なことにその挫折*11 も、ほかならぬ彼の汎論

　　　は、かりにわれわれが本当にこの状況に置かれているとしても、そのことは観念論者の考えるような形而上学的な帰結をもたない、と論証することにある。
*10　Geach 1976: 55-56：「(1) フレーゲはすでに次のような論理的カテゴリーの区別が存在すると考えていたし、また彼の論理学の哲学のせいでどうしてもそう考えざるをえなかった。すなわち、うまく構成された形式言語の中にはっきりと示されているが、言語で適切に主張することのできないようなカテゴリーの区別である。そうした区別を自国語で伝達しようとしてわれわれが用いる文は、論理的に不適切であり、記号論理の適格な式への翻訳を許さない。［…］(2) 問題のカテゴリーの区別は、言語表現の特徴であると同時に、われわれの言語が記述している実在の特徴でもある。その結果として、「意味論的上昇〔semantic ascent〕」という操作——世界の中の物事についての言説を言語の中の表現についての言説に変形すること——は原理的には、問題を解決するための企てとしては、あるいはとくに、(1) の下でもちあがる、語りえないものにまつわる諸々の困難を取り除くための企てとしては、完全に無駄であることになる。(3) ウィトゲンシュタインの『論考』はテーゼ (1) をフレーゲから受け継いでおり、変更点はといえば、フレーゲが認めていなかった他のカテゴリーの区別が認められているということくらいである。テーゼ (2) はそのまま引き継がれ、より声を大にして述べられている」。また、Geach 2010: 13-14, 16 をも参照せよ。
*11　近年では、フレーゲの挫折の元凶を除去したうえで彼の論理主義のプログラムを継承しようとする、いわゆる「ネオ・フレーゲアン」たちの研究が注目を浴びている。この新しい論理主義の試

理主義によって必然的にもたらされたものだということである。第2は、いまなおその解釈をめぐって論争が続行中である「フレーゲの不思議なところ」のいくつかは、彼が解明という方法を用いて汎論理主義を貫徹しようとしたことの結果として理解することができるということである。

以下、まず第1章では、数学の哲学におけるフレーゲの論理主義が、彼の「汎論理主義」とも呼ぶべき形而上学的な根本理念を母胎とし、そこから生い育ってきたものでありながら、最終的にはその同じ形而上学によって完遂を妨げられたということが論じられる。第2章は、彼の汎論理主義が、彼を普遍主義者たらしめ、それによって同時に彼を「内部主義者」（あるいはパトナムの言い方では「内部実在論者」）たらしめ、その帰結として彼が「論理中心的窮境」と呼ばれるものに追い込まれてゆく（ように見える）経緯を追う。それを受けて第3章は、それが実はフレーゲにとって窮境ではなかったことが理解されないのは、自身の汎論理主義が自身の方法にいかなる制約を課すことになるかを（ラッセルとは逆に）彼が完全に認識していたことが真剣に受け取られていないためであると論じたい。彼がそれを自覚していたことの証左が、彼の特異な「解明」という方法なのである。

ところで、ヴァン・ハイエノールトに始まり、リケッツやダメットにまでいたる、フレーゲを内部主義者として読もうとする解釈伝統は、近年、フレーゲが実際に書いていることを素直に読むかぎり、彼にメタ的視点が ── したがってメタ理論や意味論が ── 不可能であったとは到底信じられないと主張する解釈陣営からの猛攻撃に晒されている。フレーゲが論理中心的「窮境」にはまったことは否定するものの、彼の普遍主義はいわゆる「内部主義」と深く関係すると考える本書は、当然ながら、この反論にも対処せざるをえない。それが第4章の主題となる。

いま述べたとおり、このように議論を進めていく中で、本書が期待していること ── したがって本書が配慮せねばならないこと ── がある。それは、現代のわれわれの目から見ると明らかに誤っていると、あるいは控え目に言ってもきわめて奇妙だと思われるフレーゲの数々の主張や議論のいくつかが、彼の形

みについての概説と評価については、野本2012の第IV部ならびに田畑2002の第9章、ならびに以下の1.4を参照せよ。

而上学と方法——「汎論理主義」と「解明」——の観点から見ればその奇妙さを失うということが、読者にとって明らかになることである。

第1章　フレーゲ論理主義の母胎としての汎論理主義

　本章の主題は、数学の哲学におけるフレーゲの立場としての論理主義の母胎である。この「母胎」は、純粋な比喩としてではなく、むしろ字義どおりに近く受けとってもらうほうがよい。というのも、ここで問題となるのはフレーゲ論理主義の単なる理論的動機ではないからだ。彼の論理主義はたしかに素朴集合論のパラドクスによって悲劇的な破綻を迎えたが、その失敗をめぐるフレーゲの言動は、呆れるほど頑なであり、不合理にさえ映る。なぜなら、論理主義を救おうとしてフレーゲが提示した修正案はどれも、その後の論理学と集合論の展開を知っている現代のわれわれの目から見ると、そもそもの問題点を直視していない愚策のように見えてしまうからである（1.4.5 を参照）。だがこれは、見方を変えるなら、彼のこの理不尽とも思われる態度は、数学の哲学において論理主義をとることの理論的メリットだけからは説明できないということを意味していると考えることができる。そうだとすると、数学の哲学や数学基礎論という狭い範囲を超えたところに、彼の論理主義を生み育てた母胎のようなものがあったと考えるのが理に適っているはずである。「はじめに」でも述べたように、本書はその母胎をフレーゲの汎論理主義という形而上学的信念であると考える。フレーゲの論理主義はこの母胎の外で生きることはできなかった。そしてそのことはフレーゲ自身も明晰に理解していたのである。すると、現代のわれわれから見ると悪あがきにしか見えないフレーゲの苦闘は、この母胎から生まれたものでないかぎりは正嫡の論理主義とは認めないというフレーゲの信念のなせるわざであったと考えることができる。本章の目標は、あくまで比喩で押し通すなら、この母子の血の繋がりの強さを明らかにすることにある。

1.1 論理の普遍性と論理主義

　数（まずは基数）とは一般に何であり、個々の数（まずはやはり0、1、2などの個々の基数）とは何であるかという問いに答えること、そして算術的真理を基礎づけること、これは一般に「数学の哲学」と呼ばれる分野の（べつに19世紀末から20世紀初頭にかぎられるわけではない）永遠の課題であり、論理主義とは、この課題にチャレンジするうえでの――フレーゲの時代では心理学主義や形式主義とならぶ――ひとつの立場である。そしてフレーゲの論理主義は、算術の対象は論理的対象であるという主張（cf. GGA-II: 149）と、もっと有名な「算術はいっそう展開された論理学である」（FB: 15; cf. GLA: 99）というテーゼに集約される。

　ところで現代のわれわれは、「算術がいっそう展開された論理学であることを示す」という意味で算術を論理学に還元する、と聞くと、もしそれに成功するならばたしかにすくなくとも後者の基礎づけの課題は達成されたことになろう、と即断しがちである。つまり、論理主義は（もし成功するなら）数学の基礎づけとして有望だとわれわれは考えがちだと思われる。なぜだろうか。現代のわれわれには、すくなくとも命題論理と1階述語論理の公理系の完全性（構文論的構成と意味論的構成の一致、すなわち証明可能な定理とトートロジカルな論理的帰結との一致）の証明は与えられているからだろうか*12。もちろん、この見通しをフレーゲも共有していたと考えるなら、それはただのアナクロニズムである。それどころか、フレーゲは完全性や健全性の証明という観念すら理解しなかったと考える十分な理由すらある*13。

　それでは、論理学がカント的な意味でアプリオリかつ分析的な諸命題の体系であることはフレーゲにとって自明だったので、彼には論理主義の立場が有望だと思われたのだろうか。アプリオリで分析的な真理は、カントによれば普遍的かつ必然的な真理なので、算術が論理学にほかならないことを示せるなら、

---

*12　だが、フレーゲが算術を還元しようとしている先の「論理」は、成員関係を基礎に置くクラス理論ではなく、述語づけの関係を原初的とする2階の述語論理である。

*13　これについては以下の第4章を参照せよ。

算術の真理は——もちろんトリビアルな真理になるという代償を払ってではあるが——申し分なく基礎づけられたことになる、そうフレーゲは考えたのだろうか。もしそうだとすると、フレーゲ論理主義の最大の理論的動機づけは、カント的枠組みに収まるという意味で典型的に哲学的なものであることになる。現にフレーゲは『算術の基礎』（1884年）の冒頭で、カント以来の「算術の真理の本性に関する問い、すなわち、算術的真理はアプリオリかアポステリオリか、総合的か分析的かという問い」（GLA: 3）に答えるという目標を、自身の算術の基礎研究の「哲学的な動機」（*ibid.*）として挙げているのである。

しかしながら、本書はこの見方にも与さない。たしかにそれは彼の数学基礎論の「哲学的動機」、つまり彼の動機の哲学的側面（カント的側面）ではあるかもしれないが、彼の論理主義の真の動機であるとは言えない。フレーゲは、算術の基礎づけとして論理主義がもっとも有望であるがゆえに、数は論理的対象であると考えたのではない。彼は、*われわれはどんなものでも数えることができる*がゆえに、数は論理的な本性をもつ、と考えたのであり、論理主義が真ではないとしたら、数の普遍的適用可能性——数と数法則が世界をすみずみまで覆い尽くすこと——が説明できないと考えたのである。フレーゲ自身の証言を2つほど挙げておこう。

> 実際、思考の対象となりうるほぼ*すべてのもの*を数えることができる。たとえば実在的なものだけでなく理念的なものも、物体だけでなく出来事も、定理だけでなく方法も数えることができる。数それ自体もまた数えることができる。［数えるためには］境界づけの一定の明確さ、一定の*論理的完全さ*以外には本来なにも必要とされない。（FTA: 94; 強調引用者）

> 幾何学の領域は空間的に直観可能なものの領域ですが、算術にはこうした限界はありません。あらゆるものを数えることができます。空間中に並んでいるものだけでなく、時間的に前後に続くものだけでなく、外的なものだけでなく、心の内的な事象や出来事も、互いに時間的関係にあるのでも空間的関係にあるのでもなく、ただ論理的関係にあるだけの諸概念も、数えることができます。数える可能性の障碍になるものは、ただ概念の不完

全性にだけあります。［…］こういうわけで、数えられるものの領域は概
念的思考の領域と同じだけ広いのです。そして、たとえば空間的直観や感
覚知覚のような範囲の制限された認識源泉では、算術命題の普遍妥当性を
保証するには十分ではないでしょう。（WB: 163f.; 強調引用者）

　ところで、『算術の基礎』（以下『基礎』と略記）の「哲学的動機」をなすカ
ント的な問いに対するフレーゲの答えは、算術の命題をアプリオリな総合判断
とみなすカントとは違って、算術的真理はアプリオリで分析的だというもので
ある。にもかかわらず彼は、カントと同じように、算術的真理はわれわれの認
識を拡張すると考える。これは、分析／総合の区別を個々の判断に内在的な区
別と考えたカントとは違って、フレーゲはそれを命題の正当化（証明）の手続
きにおける違いととらえるためである。「さて、アプリオリとアポステリオリ、
総合的と分析的という［…］区別は、わたしの見解では、判断の内容にではな
く、判断を下すための正当化に関係する」（GLA: 3）。つまり彼によれば、真な
る命題の証明を原初的真理にいたるまで遡っていく途上で、もしも一般的論理
法則と定義にしか出会わないのであれば、その命題の真理性は分析的であり、
逆に、ある特定の知識領域に関係する —— その意味で非論理的な本性をもつ
—— 真理を用いずには証明が不可能であるならば、その命題の真理性は総合的
なのである（cf. *ibid*.: 4）。要するに、カントの場合には、述語がすでに主語の
中に論理的に含まれているか否かという観点からのみ分析／総合の区別が考え
られており*14、その意味で、分析性／総合性は問題の命題それ自体がすでに
もっている概念的構造から直接見てとれるものであるのに対して、フレーゲの
場合にはこの区別は、当の命題の証明を —— 明示的になされた証明部分を超え
てまでも —— 遡っていった結果われわれが逢着する「原初的真理〔Urwahrheit-
en〕」（GLA: 2; LM: 221）がどれだけ普遍的であるか、という観点から考えられ
ているのである*15。

---

*14　Cf. Immanuel Kant, *Kritik der reinen Vernunft*, hrsg. v. R. Schmidt, Felix Meiner, 1. Aufl. 1926,
　　durchgesehener Neudruck 1976, B 10f. 以下、本書を KrV と略記する。
*15　もっともフレーゲは、たったいま引用した『基礎』の文章（GLA: 3）に付した注で、この見解
　　はカントに反するものではなく、カントが言わんとしていたことをもっと的確に表現しただけにす
　　ぎないと主張してはいるのだが。

1.1 論理の普遍性と論理主義

以上から帰結すると思われるのは次のことである。すなわち、算術法則を論理法則に還元するという論理主義の立場が、算術の基礎づけの企てとして有望だとフレーゲに思われたのは、論理法則が（カントにおけるように）認識を拡張しないという意味で自明であるという代償を払って普遍的かつ必然的な真理であるからではなく、むしろ、数学と数学的自然科学を経験のアプリオリな形式的条件（直観の形式、形式的直観、純粋悟性概念、構想力の図式、超越論的統覚など）に連れ戻すことによってそれらの普遍妥当性を説明できるということがカントにとって自明であったのと類比的な意味で、算術法則を論理法則という原初的真理に残りなく連れ戻すことによってその普遍妥当性が説明されることが、フレーゲには自明であったからなのである。

この点が理解されないと、『基礎』の「結び」の章の冒頭でそれまでの考察を回顧して言われている次の文章も誤解されることになろう。

> わたしは本書において、算術法則が分析判断であり、よってアプリオリだということを確からしくしたものと期待している。そうだとすれば、算術は論理学のいっそう発展したものにすぎず、どの算術命題も、派生的であるとはいえ、ひとつの論理法則であることになろう。（GLA: 99; 強調引用者）

たしかにこの主張は、算術法則がアプリオリな分析的判断であることが示されるなら、それが派生的な論理法則であることも示される（そしてその逆ではない）、という考えを前提としているように見える。しかし、『基礎』でフレーゲが実際におこなっているのは、算術法則がアプリオリで分析的であることを、論理的なものに言及せずに示すということではなく——そもそもそんなことがいかにしてフレーゲに可能なのか？——算術の基本法則（具体的にはペアノ算術の公理群）を論理的原理だけから導出するための証明手続きの非形式的素描である*16。そうだとすると、上の引用で言われていることは、偽りであるか、

---

*16 実際 G・ブーロスは、素朴集合論のパラドクスの温床となる概念の外延（値域）の明示的定義に訴えずに、いわゆる「ヒュームの原理」（「概念 F の基数と概念 G の基数が同一なのは、F と G が等数的である（1対1対応の関係にある）場合かつその場合にかぎる」: $N(F) = N(G) \leftrightarrow F \approx G$; cf.

さもなければ循環しているように見えるだろう。しかし、フレーゲのこの一見すると不注意な言葉は、彼にとって、認識を拡張しつつも分析的であるようなものは論理的なもの以外ではありえなかったことからくる。すると結局のところ問題は、「分析性」をめぐる親殺し、つまり分析判断の価値をカントが過小評価したことへのフレーゲの批判に帰着する。そしてこの過小評価の根本原因は、概念確定というものについてのカントのあまりにも狭い理解にある*17。

　カントは、伝統的論理学での慣例に従って、概念は徴表（Merkmal）の列挙によって確定されると考えていたが、フレーゲによればそれは、もっとも非生産的なたぐいの概念形成である。判断「すべての物体は延長している」が分析的であるのは、「延長を物体と結びあったものと考えるために、わたしが物体と結びつける概念を超えてゆく必要がない［…］からである」（KrV: B11）

GLA: 73f.）を『概念記法』の2階述語論理に追加した体系から、2階ペアノ算術の5つの公理を導くことができることを示した（cf. Boolos 1987）。ヒュームの原理については以下の1.3を参照せよ。もっとも、その導出の鍵を握る当の原理については、その分析性についてのみならず（cf. Boolos 1998; Wright 1999）、そもそもそれが本当に論理的な原理であるのか否かについても議論の余地がある。

*17　ここでのカントとフレーゲの対比は、H・スルガが強調する、フレーゲの概念論がカント的伝統の下にあるという所見（cf. Sluga 1987: 87）となんらかの緊張関係があるように見えるかもしれない。フレーゲは、単独で確定できる概念から判断が構成されるという、当時の論理学研究においては主流であった考えに反対し、概念に対する判断の優位性を唱え（判断の優位性原理）、判断の関数論的分析によってこそ概念が確定されると主張したが、スルガによればこれは、「さてこの概念を、悟性は、それによって判断する以外の仕方で使用することはできない」（KrV: A68）とか、「しかし概念は、可能な判断の述語であるかぎりで、まだ規定されていない対象についてのなんらかの表象に関係する」（ibid.: A69）とするカントの伝統に連なる考えである。これは、言ってみれば、概念の述語的本性についての両者の一致のように見える。しかしながら、スルガが典拠として挙げたカントの発言（いま挙げた2つの引用文）の文脈を、彼は誤解していると思われる。その文脈とはこうである。対象に直接的に関係することができる直観とは違って、概念は——したがってそれを用いる悟性も——けっして直接的に対象に関係することができない。したがって概念が、せめて間接的にでも対象に関係するためには、判断の中で他の表象（対象を直接与える直観であれ、他の概念であれ）と関係づけられねばならない。「よって判断とは、対象の間接的な認識であって、かくしてまた対象についての表象の表象である」（ibid.: 68）。これが言っているのは、概念は可能的述語としてしか意味をなさないということではなく、概念は述語として判断の中で使用されなければ——なんらかの仕方で対象とかかわる他の表象と結合されなければ——対象認識には寄与しえないということにすぎない。そしてこれは、カントの概念観がフレーゲの批判する古い概念観に属するという本書の解釈とはなんら矛盾しない。カントの主張は、概念の同一性条件や確定条件を述べているのではなく、概念が認識に寄与するための条件——概念の客観的妥当性の条件——を述べているのだからである。

のに対して、判断「すべての物体は重い」が総合的であるのは、「物体という概念をわたしがそこから引きだした経験をふりかえって見ることによって、上に挙げた［延長、不可入性、形態などの］徴表にはまた重さがつねに結びついていることを見いだし、かくてこの重さを物体の概念に、その述語として総合的につけ加える」(*ibid.*: B12) からである、とカントは言う。それゆえにカントは、ある判断が生産的（認識拡張的）であるためには、「経験」や、あるいはすくなくともアプリオリな「直観」が必要だと考えるのである。これに対してフレーゲは、概念の外延間の論理的関係を直観化するオイラー図の方法を例にとって、次のように主張する。

> 概念（あるいはその外延）を平面上の領域によって表せば、徴表の並列によって定義される概念には、徴表の領域全部に共通する領域が対応する。この領域はそれらの境界線の部分によって囲まれる。したがって、このような定義で問題となるのは――比喩的に語れば――ある領域を境界づけるために、すでに与えられている線を新たな仕方で用いることである［…］。しかし、そこでは本質的に新しいものはなにも出現しない。もっと生産的な概念確定というのは、いままでにまったく与えられていなかった境界線を引く。そこから何が推論できるかをあらかじめ見通すことはできない。そこでは、箱の中に入れておいたものを単純にまた箱から取りだすというのではない。これらの帰結はわれわれの知識を拡張するので、カントにしたがえば総合的と見なされるべきだろう。それにもかかわらず、それらは純粋に論理的に証明可能であり、よって分析的なのである。たしかに、そうした帰結は定義の中に含まれているが、しかし、種子の中の植物のようにであって、家屋の中の梁のようにではない。(GLA: 100f.)

フレーゲは、算術における概念形成はまさにこうした、分析的でありながらも生産的な概念確定であると信じたのである。これは、算術は生産的な概念形成によって――創造ではなく――発見をするという考えに等しい (cf. GGA-I: XIII-XVI)。だからこそフレーゲは、上で『基礎』から引用した、誤解を招きかねない回顧の言葉をあえて残したのだろうと考えられる。この言葉は、証明

の論理的順序を提示したものではなく、算術法則がいま示したようなフレーゲ的な（非カント的な）意味で分析的真理であるということは、算術が論理学のいっそう展開された姿であるということと同値であるということを言わんとしているのである。なぜなら、すでに述べたようにフレーゲにとって、経験や直観をいっさい必要としないという意味で分析的でありながらも、生産的で認識拡張的でありうるものとは、論理的なもの —— ならびに論理的なものを経験や直観に訴えずに拡張したもの —— 以外にはありえないからである。

1.2 汎論理主義

　ここでわれわれはフレーゲの根本的な形而上学に直面しているのだが、以上の考察から、なぜ本書がそれを、「論理中心主義」や「普遍主義」、あるいは「論理的実在論」といった流通している名称ではなく、あえてヘーゲルの臭いのする「汎論理主義」という新奇な名で呼ぶのかも理解されるのではなかろうか。ヘーゲルの「論理学」にもやはり外部はない。つまり、ヘーゲル論理学がその外部から正当化されたり根拠づけられたりすることもありえなければ、ヘーゲル論理学を補強すべく外部からなにかが体系内に補填されることもありえない。カントの場合には物自体やヌーメノン、あるいは超越論的対象によって暗黙裡に担保されていた「異他的なもの（das Fremde）」は、ヘーゲル論理学においては、あくまで閉じた体系内での矛盾とその弁証法的止揚によって確保される。にもかかわらず——いやむしろ、だからこそ、なのか——ヘーゲルの論理学は、理性ないし精神が自己自身をすみずみまで明察してゆく過程としての成長・発展の描写である。そして、ヘーゲルがこの弁証法的展開を、種子からの植物の生長という比喩を用いて説明するのを好んだこともよく知られている*18。これに関しては、フレーゲ自身の非常に示唆的な言葉がある。彼は

---

*18　もっとも、概念が本来的に矛盾を孕んでいるからこそ概念は発展するというヘーゲル論理学の典型的に弁証法的な契機をフレーゲに読み込むことはできない。L・ランゲの科学史の書（Lange: 1886）に対する書評（TG）の中の次の文章は、フレーゲの静態的な汎論理主義を如実に物語っている。「ランゲは、「なおも発展してゆく概念は、その本性上、内的矛盾を孕んでいる、さもなければ、さらなる発展へのいかなる動因もないことになろう」と考える。これはわたしには完全に誤った記

1.2 汎論理主義

『基礎』の締め括りに、ゲーテの有名な言葉「人間の本来の研究対象は人間である」をもじってこう言っているのである。

> 理性の本来の研究対象は理性である。われわれが算術で扱うのは、外部から感官をつうじてなにか異質なものとしてわれわれに知られる対象ではなく、理性に直接与えられる対象であり、理性が自分にもっとも固有なものとして完全に見通せる対象である。(GLA: 115)

類似の、やはりヘーゲル的と呼びたくなる考えは、論理主義のプロジェクトがほぼ完全に断念された晩年の論文「思想」(1918年) にも見られる。

> 論理学も数学も、課題として、その担い手が個々の人間であるような、心や意識内容を探求すべき筋合いはない。むしろ、もしかするとそれらの課題とは、精神の探究、しかも諸々の精神〔Geister〕のではなく、精神一般〔der Geist〕の探究であると言うことができるのかもしれない。(G: 74)

この汎論理主義がフレーゲの算術の哲学における論理主義の母胎となっているということは、算術と幾何学の違いについての彼の議論にも示されている

述、とくに目下の事例には当てはまらない記述だと思われる。ある概念に矛盾があることは、それが発展することの根拠ではまったくない。自己自身と等しくないものという概念は矛盾を含んでいるが、だからといってその概念が、今あるとおりのもの、ずっとそうであったものでなくなるわけではないし、さらに発展する様子はあいかわらずまだ見せていない。その概念は、論理学において概念として認められる十分な権利をもつ。なぜなら、その境界づけは可能なかぎり明確であり、またその概念は［…］基数 0 を定義するのに十分利用できるからである。［…］ひとは境界線を探し、そして思いがけなく現れた矛盾によって、想定されていた境界づけがまだ不確かな、ぼやけたものであったとか、あるいはそもそも探していたものではなかったということに気づかされたのである。したがってたしかに矛盾が探究心を駆り立てたのだが、しかしそれは概念における矛盾ではない。なぜなら、概念における矛盾にはかならず明確な境界づけが伴うからである。つまり、矛盾した概念にはなにも帰属しない、ということが分かっているのである。それゆえ、所与のものがその概念に帰属するか否かという疑いは、矛盾が認められた途端に不可能になる。先へと駆り立てられるのは、境界づけがぼやけているのが見てとれたときである。こうしてわれわれの事例においても、明確な境界線を見いだすことにすべての努力が向けられてきたのだ。いまやこう言うことができよう。すなわち、その努力が実を結ばなかったのは、探していたところには境界線などまったく存在しないからだと。そのかわりに、別の境界線が見つかったのだ」(TG: 159f.)。

(cf. GLA: 20f.)。どれほど突拍子もない空想でも、それが直観可能であるかぎりは、空間的に直観可能なものの領域を支配する幾何学の公理の制約から逃れることはできない。そこから逃れることができるのは、たとえば4次元空間や正の曲率をもつ空間なども想定することのできる概念的思考だけである。概念的思考によって直観の地盤を離れているかぎりは、どんな幾何学的公理についてもその反対を想定することができるし、明らかに直観に反するそうした想定から論理的な帰結を引き出したとしても、思考が自己矛盾に陥ることはない。しかし、数についての科学の根本命題（公理）については同じことは言えない。そうした命題を否定しておきながら、思考が混乱を免れることは不可能である。「算術的真理は数えうるものの領域を支配する。これはもっとも包括的な領域である。なぜなら、それには現実的なものだけでなく、また直観可能なものだけでなく、いっさいの思考可能なものが属しているからである」(*ibid.*: 21)。したがって、数の法則は、思考の法則と切り離しがたく結びついているはずなのである。

　以上のような立論からフレーゲの形而上学的な確信が読み取れるという本書の解釈を補強するために、やはり算術の基礎づけに同じく論理主義の立場からアプローチしたデデキントの、ある発言を引き合いにだしてみよう。彼は「数とは何か、そして何であるべきか」（1888年）の第1版序文で、まさにこの書の表題となった問いに、次のような文脈で次のように答えている。

　　算術（代数学、解析学）を論理学の一部分にすぎないと言うことによって、わたしはすでに、わたしが数概念を空間および時間の表象ないし直観からはまったく独立のものと考え、数概念をむしろ純粋な思考法則から直接流れ出たものと考えていることを表明している。この書の表題に掲げられた問いに対する主要な解答は、数とは人間精神の自由な創造物〔die freie Schöpfungen des menschlichen Geistes〕であって、事物の相違を、より容易に、より鮮明に把握するための手段として役立つのだ、というものである。純粋に論理的に構築された数科学〔算術〕によって、またこの科学のうちで得られた連続的な数領域〔実数体〕によって、はじめてわれわれは、時間と空間とのわれわれの表象を——それをわれわれの精神のうちに創り出

された数領域と関係づけることによって——精密に研究できる立場に立てる。事物の集合や個数を数える際にわれわれが何をしているのかを精確に追究するなら、諸事物を諸事物に関係させたり、ひとつの事物をひとつの事物に対応させたり、あるいはひとつの事物をひとつの事物によって写像したりする精神の能力の考察に導かれてくる。この能力なくしてはそもそもいかなる思考も可能ではない。この唯一の基礎、しかもまったく欠くことのできない基礎の上に［…］数の科学の全体が打ち建てられねばならないというのがわたしの意見である。(Dedekind 1888: 335f.; 強調引用者)

この「数とは人間精神の自然な創造物である」という考えにもっとも近いのは、明らかに、数学の本質は客観的対象の把握でも記号体系の構成でもなく人間精神の活動そのものであるとみなすL・E・J・ブラウワーの直観主義のそれであろう。実際デデキントがこのテーゼをぶつけている相手は、ロックに見られるような経験論的な数把握や、カントに見られるような、数表象をアプリオリな直観に基づくものとする見方である。デデキントは、経験的な時空表象から数概念が抽象されるのでも、アプリオリな時空直観が数概念を支えているのでもなく、ただ純粋な思考の働きだけから数とその法則が自由に（！）産出されうることが示されるなら、それだけですでに、算術は論理的に基礎づけられると考えているようである。この論調から見てとれるのは、フレーゲの場合のような、論理的なものの普遍性に対する信頼ではなく、むしろ思考の純粋性に対する信頼である。その意味でも、ここでのデデキントの形而上学は、形式化された言語の統語論的規則すら信頼しなかったブラウワーの数学思想に近く、そのぶんだけフレーゲの汎論理主義からは遠いと言わざるをえないだろう*19。

---

*19 その意味ではわたしも、H・スルガ同様（cf. Sluga 1975: 474-477）、フレーゲの書いたものから強引に構築した実在論的言語哲学を中心的根拠として、なおかつ観念論を心理学主義——後者がフレーゲの同時代人たちの共通の敵だったというのは本当だとしても——と同一視したうえで、「フレーゲは当時のドイツ哲学に蔓延していた観念論の伝統全体に抵抗していたのだ」と断言するダメット（Dummett 1973: 198; cf. ibid.: 470, 683f.）は根本的に間違っていると考える（このスルガの批判に対するダメットの応答としては、Dummett 1976 を参照せよ）。他方で、本書が「汎論理主義」と呼ぶものは、スルガがダメットに反対してフレーゲに帰している、カントやロッツェなどの合理主義的伝統に連なる客観的観念論——これはバークリーのような「主観的観念論」、あるいは「現象主義」と対比される（cf. Sluga 1977: 229）——と完全に一致するものではない。というのも、スルガ

1.3 個数言明と概念についての言明

1.3.1 個数言明は概念についての言明を含む

さて、こうした汎論理主義が——上で引用した論文「思想」の文章からも明らかなとおり——フレーゲの生涯にわたる根本的理念であったということが理解されれば、どうしてフレーゲが、晩年になって論理主義の追求を完全に断念したあとでも、かつての論理主義の中核をなす——そしてツェルメロ-ラッセルのパラドクスの温床である値域ないし概念の外延の導入を最終的に不可避とする——考えに固執し続けたのかも理解できるであろう。それが、「個数言明（Zahlangabe）は概念についての言明を含む」という考えである。

この考えをフレーゲは当初こう説明している（cf. GLA: 58）。わたしが同一の事象を見ながら、「ここに 4 個中隊がいる」と「ここには 500 人の兵士がいる」と述べ、しかもそのどちらの言明も真であるとする。このとき変化しているのは、個々の対象でも、全体や集積でもなく、わたしが用いた単位（Einheit）である、と。しかしこれは、わたしがある概念（〈中隊〉）を別の概念（〈兵士〉）で置き換えたことの結果でしかない。これはプラトン以来の「一と多のパラドクス」とも関連する。多くの人間がいるのにどうして「人間」のイデアは唯一なのかというパラドクスは、結局のところ、単位が一でありかつ多でなければならないというパラドクスと同じだからである[*20]。このパラドクスは、「単位」という語が二重の意味で用いられていることに気づけば簡単に解消される（cf. GLA: 66）。たとえば「木星は 4 つの衛星をもつ」という文で

によれば、フレーゲの観念論は、彼がカントの認識論的問題設定を継承した結果である（cf. Sluga 1975: 477f.）——それゆえスルガはフレーゲを「ロッツェ・カントの伝統にある超越論的観念論者」（Sluga 1977: 227）とみなす——が、本書がフレーゲに帰する汎論理主義は、彼の論理学思想を条件づける形而上学的な立場（あるいは臆断）として考えられているからである。とはいえ本書の見方は、「フレーゲの実在論は、わたしが彼の主要な業績とみなすものの論理的前提条件ではなく、せいぜいその歴史的前提条件にすぎない」（Dummett 1976: 456）というダメットの主張の中の「実在論」を「汎論理主義」に書き換えたものであるのでもない。本書がフレーゲに帰する汎論理主義は、単なる歴史的前提条件と呼ぶには、あまりにもフレーゲの数学の哲学の内実を規定しすぎているためである。

*20 Cf. 野本 2012: 168; 田畑 2002: 148. また、以下の注 34 を参照せよ。

は、単位は〈木星の衛星〉という概念であり、この同一の概念の下に衛星Ⅰ・衛星Ⅱ・衛星Ⅲ・衛星Ⅳが属するのだから、Ⅰが関係する単位はⅡ・Ⅲ・Ⅳが関係する単位と同じであることになり、こうして単位の一性は概念のそれによって確保される。もちろん他方で、衛星Ⅰと衛星Ⅱと衛星Ⅲと衛星Ⅳはそれぞれ異なるのだから、その点では多性——すなわち区別可能性——も確保される。ここで単位の多性は、ひとつの概念に属するものの多性を意味している。かくしてフレーゲは、「いくつか？（Wieviel?）」という問いに答える個数言明は諸対象や諸対象のクラスについての言明であるという考えを斥け、個数言明は概念についての言明を含むと主張するのである。

1.3.2 ヒュームの原理とシーザー問題

この考えは、『基礎』においていわゆる「ヒュームの原理」（Hume's Principle：以下 HP と略記）[*21] に結実するが、これは次のように定式化される（cf. GLA: 73f.[*22]）。

> (HP) 概念 F に帰属する基数と概念 G に帰属する基数が同一なのは、F と G が等数的である（1対1対応の関係にある[*23]）場合であり、その場合だけである。（N(F) = N(G) ↔ F ≈ G）

しかし、これが本当に純粋に論理的な原理なのか否かを吟味するいとまもなく、フレーゲはみずからこの原理の問題点を指摘する。このような文脈的定義では、数とは何であるかという根本の問いに答えることはできない。なぜならこれは、左辺に現れる2つの数の同一性の「規準（Kennzeichen）」（*ibid*.: 73）を右辺に

[*21] この命名は Boolos 1987 によるが、この原理に関するヒュームへの言及は GLA: 73 に見られる。

[*22] フレーゲはこの原理を幾何学における同様の手段とのアナロジーで考えている。それは、「直線 a と直線 b は平行である（a//b）」と「直線 a の方向と直線 b の方向は同一である」とが等値式を形成するということを利用して、「直線 x の方向」という概念を文脈的に定義するというものである。同様に「三角形 D と三角形 E は相似である（D∽E）」から「三角形 X の形」という概念が生じる。Cf. GLA: §64.

[*23] もちろん「1対1対応」は、左一意的かつ右一意的（$R \subseteq M_1 \times M_2$ について、$\forall x_1 \forall y_2 \forall z_1 [x_1 R y_2 \& z_1 R y_2 \rightarrow x_1 = z_1] \& \forall x_1 \forall y_2 \forall z_2 [x_1 R y_2 \& x_1 R z_2 \rightarrow y_2 = z_2]$）という、数概念を前提としない「純粋に論理的な関係」に還元できる。Cf. GLA: §72.

よって与えているだけであって、その同一性が問題とされる当のものが数であることはすでに前提されているからである。したがって、左辺の同一性記号の両側が「概念 ϕ に帰属する数」（N(ϕ)）といったかたちで与えられていない場合（たとえば「N(F)＝ユリウス・カエサル」のように）、われわれはその等式の真理値を——右辺の同値関係（'≈'）だけからは——決定できないのである（cf. *ibid*.: §66*24）。もちろんわれわれはカエサルが数ではないことを知っている。しかもわれわれは、数の本質からしてカエサルが基数ではありえないことも知っているように思われる。とすれば、ヒュームの原理は、すくなくとも基数の概念がすでに与えられていないかぎりは役に立たないということである。これが、一般に「シーザー問題」と呼ばれる問題である*25。

　だがこの手の問題は、記号の文脈的定義が多くのばあい部分的定義たらざるをえないことから帰結する、言ってみればレギュラーな問題である。すると、現代の多くの読者にとっては、とくに数学や論理学のような形式的な、しかも公理的な学問体系においては、基数をヒュームの原理によって定義的に与えられるものだと規定してしまってもよかったのではないかと思われるであろう。ところがフレーゲは、この部分的定義につきものの問題を——のちの研究者たちが思わず「シーザー問題」と銘打ってしまいたくなるほどに——自身の論理主義のプログラムの遂行を阻む問題、よって正面から解決すべき問題、として扱っていたように見える。これはなぜなのだろうか。

---

*24　これがなぜなのかは以下のように説明される。命題「N(F)＝ユリウス・カエサル」を（𝔑）とする。もしユリウス・カエサルがひとつの数でなかったとしたら、（𝔑）は否定されるが、反対にもし数であるなら、「ある概念 ϕ が存在して、それに帰属する数がユリウス・カエサルと同一であるならば、ユリウス・カエサルはひとつの数である」ということを説明しなければならない。しかしそのためには、左辺の量化文に含まれている「概念 ϕ の数がユリウス・カエサルと同一である」のあらゆる場合について、その真理値を確定する方法が与えられているのでなければならないはずである。ところが、この文はまさに（𝔑）そのものなので、かくして循環に陥る。Cf. GLA: §66, §107; 野本 2012: 180. フレーゲ自身がこの問題について『基本法則』第I巻第10節において入れ替え関数 $X(\xi)$ を使っておこなっている説明の明快な解説としては、田畑 2002: 166 註5を参照せよ。

*25　ヒュームの原理に対して「（ジュリアス・）シーザー問題」が指摘されている『基礎』第66節（GLA: 77f.）には「ユリウス・カエサル」の名は登場しないが、同様の問題がはじめて指摘された同書第56節（*ibid*.: 67f.）には登場することから、この問題はフレーゲ研究者たちのあいだでそう呼ばれている。

1.3.3 固有名の指示性要件

　それにはいくつかの理由があると考えられるが*26、そのもっとも根本にあるのは、フレーゲが「対象（Gegenstand）」一般の本性について要請していた暗黙の条件である*27。それは、須長の言葉を借りるなら、「およそ対象であるものは、任意の対象と同一または非同一であることが要求されるし、またそうでなければ対象とは呼べない」（須長 2001: 63）という要件である。これはもはや、西洋哲学の伝統において脈々と受け継がれてきたれっきとした形而上学的要求であると言ってもよく、いわゆるライプニッツの法則（同一者不可識別の原理）の根底にある原理だとさえ思われる。この形而上学的要件は、たとえば『基礎』においては次のような論理的要請として機能していたと考えられる。

> 記号 a がわれわれにひとつの対象を表示するためには、b が a と同じものであるかどうかを決定する規準〔Kennzeichen〕が、われわれにはあるのでなければならない。たとえその規準を適用するのはわれわれの力ではかならずしもできないとしても。（GLA: 73）

ここで言われている「対象」は、強い意味で自存的な対象として考えられている。なぜならそれは、厳密にフレーゲ的な意味での「対象」、つまり、単称名辞（フレーゲ的な意味での固有名）の指示するものとしてのみ規定されるもののことだからである*28。するとこの論理的要請は、単称名辞の対象表示のため

---

*26　たとえば須長は、「フレーゲが論理主義の立場を維持する上で、数が自存的（＝主観的で曖昧なものではなく、客観性を持つ）対象であると主張していたこと、『基礎』を支配していたのは文脈原理だったこと、『基礎』の段階では Sinn と Bedeutung の区別がなく、語の意味内容は単に 'Inhalt' としか表現されていなかったこと、そして、対象言語とメタ言語の区別も存在しなかったこと、の四点に注意する必要がある」（須長 2001: 63）と指摘している。この点については本書も同意見であるが、『算術の基本法則』においては一転、「シーザー問題」がもはや問題視されなくなった——これはそれが問題ではなくなったということではない——のは、同書ではすくなくとも後2者が放棄された（意味と意義の区別と対象言語とメタ言語の区別が導入された）ためであるという須長の説明（ibid.: 68-69）には同意できない。フレーゲには生涯をつうじてメタ理論という発想がなかったというのが、本書の中心的主張のひとつだからである。この問題については以下の第4章を参照せよ。

*27　「対象」に対してフレーゲが課す強い論理的要求は、彼の論理学の「方法」に対しても掣肘を加えていた。これについては、本書の3.1ならびに3.2を参照せよ。

*28　Cf. BG: 197, Fn. 10：「わたしはひとつの対象をあらわす記号をどれも固有名〔Eigenname〕と

の条件であると言える。これを「固有名の指示性要件」と呼ぶことにしよう。したがって、各数詞が固有名である――よってそれの指示する数が自存的対象でありうる――ためには、数詞もこの要件を満たすのでなければならない。すなわち、数詞と数詞からなる等式だけではなく、数詞と任意の固有名との等式についても、その真理値が確定可能である――その真理条件を与えることができる――のでなければならない。この要件があるからこそ、基数の論理的本性（基数はあくまで概念に帰属するかぎりで問題となりうる）をすでに示していると思われるヒュームの原理にとって、「シーザー問題」がなおも問題となったのである。

1.3.4 基数の明示的定義、外延、そしてパラドクス

ともかく、こうしてフレーゲは「概念Fに帰属する基数」という表現の明示的定義を与える必要に迫られ、概念の外延（のちの『算術の基本法則』では関数の値域（Wertverlauf）*29）と〈概念Fと等数的〉という2階の概念を導入して「概念Fに帰属する基数とは、〈概念Fと等数的〉という概念の外延である」という定義を与える（cf. GLA: 79f.*30）。そうしておいてから彼は、この明示的定義からHPが導き出せることを示すことによって、「外延」という概念への訴えを正当化しようとする（cf. *ibid*: §73）。だが、この集合論的戦略への方向転換はやがてフレーゲの論理学を、素朴集合論のパラドクス（ツェルメロ・ラッセルのパラドクス*31）に直面させることになる。その経緯にはいくつ

呼ぶ。」
*29　フレーゲは外延を値域の一種とみなし、その値がつねに真理値となる関数を「概念」、その値がつねに真理値となる関数の値域を「外延」と呼ぶ。Cf. FB: 15; GGA-I: 7f.
*30　この定義もまた、幾何学における類似の手続きとのアナロジーで考えられている。直線aが直線bと平行なら、〈直線aと平行な直線〉という概念の外延は、〈直線bと平行な直線〉という概念の外延と等しく、その逆もまた成り立つ。ここから、「直線aの方向」を、「〈直線aと平行である〉という概念の外延」として定義できる。同様に、三角形Dの形とは〈三角形Dと相似である〉という概念の外延である、と定義することができる。Cf. GLA: §68.
*31　このパラドクスの発見を、ラッセルは1902年6月16日付のフレーゲ宛て書簡で次のように告げている。「ただ1点においてわたしは難点に逢着しました。あなたは［『算術の基本法則』の］17頁で、関数は未確定の要素を構成することもできると主張しておられます。わたしも以前はそう信じておりましたが、いまではこの見解は疑わしいと思えるのです。その理由は次の矛盾にあります。wを次のような述語とします。すなわち、自己自身については述語づけられない述語とします。このwをそれ自身について述語づけることはできるでしょうか。いずれの答えからもその反対が帰結

かの説明が可能であろうが、そのひとつはこうだ。すなわち、この定義を使うなら、たとえばHPの右辺の同値関係を左辺と同様の1階の同一性関係に書き換えて、「概念Fに帰属する基数と概念Gに帰属する基数が同一なのは、〈概念Fと等数的〉の外延と〈概念Gと等数的〉の外延が同一である場合であり、その場合だけである」という新しい原理（「HP′」とする）を置いたり（cf. GLA: §69）、あるいは左辺の「概念ξに帰属する基数」という表現（基数ターム）を消去して、「概念Fと概念Gが等数的であるのは、〈概念Fと等数的〉の外延と〈概念Gと等数的〉の外延が同一である場合であり、その場合だけである」という原理（「HP″」とする）を置いたりすることができる。しかし、HP′とHP″の右辺で主張されている同一性関係が、「外延」という未定義の対象間のそれであるかぎり、その等式の真理条件をいかにして与えるのかが、やはり問題となる。そのもっとも自明と思われるやり方は、たとえば概念Fの外延と概念Gの外延のあいだの同一性言明の真理条件を、同値式「任意の対象xについて、xがFであるのはxがGである場合であり、その場合だけである（$\forall x[F(x)\leftrightarrow G(x)]$）」との同値性によって与えるというものである。ところが、外延という対象のふるまいを本質的に規定するこの同値式（概念Fの外延＝概念Gの外延 $\leftrightarrow \forall x[F(x)\leftrightarrow G(x)]$）こそ、後の『算術の基本法則』（以下『基本法則』と略記）で定式化され、パラドクスの元凶となった[*32]基本法則Vにほかならないのである。

1.3.5　放棄と固執

晩年のフレーゲは、基本法則Vの部分的修正や、他の方策で外延・値域を

します。それゆえ、w は述語ではないと結論せざるをえません。同様に、全体として自己自身に属さないような諸クラスのクラス（全体としてのクラス）は存在しません。ここからわたしは、一定の事情の下では、定義可能な集合が全体を形成しないことがあると結論いたします」（WB: 211）。この発見をフレーゲは大きな衝撃をもって受けとめ、同月22日付のラッセル宛て書簡で、基本法則Vが偽であり、概念間の相等性の普遍性を無条件に値域の相等性に変換することは許されないこと、また『算術の基本法則』第31節の論証が概念記法記号のすべての結合に意味（Bedeutung）を保証するわけではないことを認めるにいたる（cf. *ibid.*: 213）。ラッセルのパラドクスのインフォーマルな説明としては田畑 2002: 203-206 を、またフレーゲ 2001: 207-208 の岡本賢吾氏によるきわめて詳細かつ明快な解説を参照されたい。

[*32]　もっとも、基本法則Vそのものがラッセル・パラドクスの原因であるという解釈には、異論もある。たとえば津留 2003 を参照せよ。

利用して論理主義を貫徹することを断念し*33、概念から概念の外延へと移行したことが自分の最大の過ちであったことを認め（cf. WB: 121）、ついには「だれも概念を対象に変換しようなどと思ってはならない」（*ibid.*: 87）と警告するまでになる。また最晩年には、自身の数学思想の根幹である「数は対象である」という考えすら、日常言語の錯覚だとして放棄した（cf. FPT: 1073*34）。にもかかわらずフレーゲは、この一連の悲劇の出発点である「個数言明は概念についての言明を含む」という考えを、最後まで放棄しなかったのである。彼は、算術の幾何学的基礎づけのプロジェクトの始動を宣言している最晩年の未完の草稿「算術の基礎づけにおける新たな試み」（1924/25 年）の冒頭でこう述べている。

　A.) 最初に、わたしがいまだに真だと認めているかつてのわたしの主張をもういちど述べておこう。
　「基本法則　第Ⅰ巻」第 1 節。算術は、経験からいかなる証明根拠をも得る必要はない。今ならこれを次のように表現する。算術は、感覚知覚からいかなる証明根拠をも得る必要はない。
　「基本法則　第Ⅱ巻」第 3 節。数命題は概念についての言明を含む。
　B.) 第 2 に、わたしが以前に表明した考えのうち、維持できないものを撤回しよう。
　算術が論理学の一部門であり、したがって算術ではすべてが純粋に論理的に証明されなくてはならないという見解を、わたしは放棄せざるをえなかった。
　次にわたしは、算術が証明根拠を直観からも得る必要はない、という見解を放棄せねばならなかった。直観ということでわたしが理解しているのは、幾何学的な認識源泉、すなわち、幾何学の公理がそこから流れ出てく

---

*33　この詳細については次の 1.4 を参照せよ。
*34　数は（論理的であるかどうかはさておき）対象であるという考えの論拠としてフレーゲが挙げるのは、ドイツ語では「*die* Zahl 1/2（1/2 というこの数）」という定冠詞付きの表現が許されていることや、数詞は概念語のように複数形を許さないということや、数詞が等号「＝」の一方に登場することなどから、数詞が固有名（単称名辞）であるのは明らかだというものである。Cf. GLA: §38, §106; FTA: 104f.; WB: 270f.

1.3 個数言明と概念についての言明

るような認識源泉のことである。(NV: 298; 強調引用者)

したがって、「個数言明は概念についての言明を含む」という考えは、たとえば次のような実際上の利点によっては説明しきれない。フレーゲは、数の担い手は諸要素からなる系（System）であるとするデデキントや、諸要素からなるクラスが数の担い手であるとするシュレーダーらの、集合論的アプローチ（正確には領域計算やクラス計算による算術の公理論的基礎づけ）よりも、クラスはむしろ概念によって確定される派生的なものであり、数はクラスではなく概念にこそ帰属するとする自身の理論のほうが優れていると繰りかえし論じている（cf. GGA-I: 3; KBS: 451; WB: 122, 177）。その理由は、要素をもたないクラスは本来ならばクラスとして成立しないはずであり、したがってクラス理論は数 0 の定義に難渋する —— さもなければ、最初から空クラスの存在を公理として認めてしまうしかない —— のに対して、その下にいかなる対象も属さない概念でも概念であることに変わりはなく、したがって ——『基礎』でフレーゲが実際にやっているように ——「0 とは、「自己自身と等しくない」という概念に帰属する基数である」（GLA: 87）という定義が容易に可能だからである。

この利点は、フレーゲが論理主義を固持しているかぎりは、「個数言明は概念についての言明を含む」という考えの十分な動機となるかもしれない。しかし実際には、先の引用文から明らかなとおり、その考えは論理主義の放棄を生き残っているのである。したがってその考えは、論理主義のプログラムを遂行するうえでの実際上の利点などによってではなく、フレーゲのもっとずっと深いところに根ざす、根本的な信念によって説明されるべきである[*35]。それは、

[*35] 1919 年の「ダルムシュテッターへの手記」（AD）の冒頭では、数学から出発したフレーゲがまもなく、数がものの集まりではなく、個数言明がひとつの概念についての言明を含むということに気づいた、との告白がなされており、しかもそこでプラトンの『ヒッピアス（大）』300 e 以下への参照指示がなされている。（この箇所の主題は数というわけではないが、ソクラテスとヒッピアスの各人がそれではないにもかかわらず、両人としてはそれであるようなものなど存在しないというヒッピアスの主張に対して、ソクラテスが、だとすると「もしわれわれ両人が二人ならば、われわれ各人も必ず二人でなければならないし、各人が一人なら両人としても一人でなければならない」（プラトン 1975: 61）ことになる、とヒッピアスの綻びを突いている。）ところがこの探究において自然言語の論理的な不完全さが障碍となったので、彼は概念記法の開発にとりかかったのだとされている（cf. AD: 273）。このとおり、個数言明は概念についての言明を含むという考えは、論理学者としての彼のほぼ出発点に位置する。これに対して、数は対象であるという考えを彼がはじめて正面

「いくつあるのか？」という問いへの答えとなりうる諸言明を支配する法則の普遍妥当性は、究極的には、世界とその中のすべての対象に対して概念がおよぼす全包括的な力に基づく、という考えである。たとえば彼は『基礎』でこう言っている。

> 概念のもつ収集力〔die sammelnde Kraft des Begriffes〕は、総合的統覚〔正しくは超越論的統覚、ないしは統覚の総合的統一〕の統合力をはるかに凌駕している。後者を用いても、ドイツ帝国の成員をひとつの全体に結合するのは不可能であろうが、しかし、彼らを「ドイツ帝国の成員」という概念の下にもたらして、数えることはできるのである。（GLA: 61）

ここからも、フレーゲの論理主義の母胎が彼の汎論理主義であったことが推察される。上で述べたことを繰り返すなら、算術法則を論理法則に還元するという論理主義の立場が、算術の基礎づけの企てとして有望だとフレーゲに思われたのは、数学と数学的自然科学を経験のアプリオリな形式的条件に連れ戻すことによってそれらの普遍妥当性を説明できるということがカントにとって自明であったのと類比的な意味で、算術法則を論理法則という原初的真理に還元することによってその普遍妥当性が確証されることは、フレーゲには自明であったからなのである。算術と幾何学のアプリオリ性がカントにとって数学的自然科学の普遍妥当性を担保するのに資するのは、自然科学の対象である現象の総体（自然）の超越論的構成に感性と悟性の形式が必然的に寄与しているからであるのと類比的に、数の法則がフレーゲにとって「自然法則の法則」（*ibid*.: 99）であるのは、概念とその法則である論理法則が自然を含む実在的世界をすみずみまで満たしているからなのである。

からとりあげたのは『基礎』においてである。

1.4 汎論理主義、論理主義、値域、基本法則 V

　ここで、本章の締めくくりとして、フレーゲの数学基礎論における論理主義の帰趨と汎論理主義——あるいはすくなくともそれがフレーゲに課すもの——との関連性を見届けておきたいと思う。

1.4.1 論理的対象としての数

　フレーゲ論理主義の第1の、そして決定的な目標は、数（まずは基数）が論理的対象であることを示すこと、すなわち、数が論理的本性をもつことと、数が自存的な対象であること、この双方を示すことであった。このいずれの考えも、フレーゲにあっては、数詞の実際の言語的ふるまいの観察に動機づけられている。

　たとえば数詞「5」は、典型的な数学的用法においては、「5 は整数のひとつである（Fünf ist eine gerade Zahl）」や「5 は素数のひとつである（Fünf ist eine Primzahl）」といった現れ方をする[36]。これらの文は、「シリウスは恒星のひとつである（Sirius ist ein Fixstern）」と同じ論理形式をもつ。つまり、「5」は「シリウス」と同じく固有名（単称名辞）として現れており、これらの文はいずれも、主語位置にある単称名辞の表示する対象を、述語によって表示される概念のもとに包摂しているのである[37]。「よって数学は数を性質としてではなく、対象として考察します。数学は数詞を述語的にではなく、実詞的に使用しているのです」（WB: 271）。こうしてフレーゲは、シリウスが自存的対象であることを認めるならば、5 も自存的対象であることも認めざるをえず、そのことは、シリウスが「現実的（wirklich）」であるのに対して 5 はそうではな

---

[36] これに対して「日常生活の非学問的使用」（WB: 271, Fn.）においては、たとえば「5つの林檎（fünf Äpfel）」というように、数詞がいわば述語的に登場することがある。この現れ方と、たとえば「赤い林檎（roter Apfel）」という表現との類似性から、「5つ」は、「赤い」がそうであるのと同様に、林檎にある性質を帰属させていると考えられるかもしれない。しかしフレーゲはこれを日常言語の錯覚であるとみなす。その根拠については上の 4-5 頁ならびに前注 35 を参照せよ。

[37] 数を対象とみなすことを正当化するものとしてフレーゲが挙げている他の言語的証拠については、上の注 34 を参照せよ。

い*38 という違いには影響されないと考える。

　他方、数が論理的本性をもつという考えは、前節で見たように、根本的には、われわれはありとあらゆるものを数えることができるという事実のフレーゲによる形而上学的解釈（汎論理主義）に基づいているが、言語のレベルでは、数言明は概念についての言明を含むという観察に動機づけられている。ものの数を数えるとき、われわれは諸対象をひとつの概念のもとに包摂せざるをえない。たしかにわれわれは、目の前にある任意の対象たちを、なんの目的も連関もなくただ数えることはできる。しかし、それは本当の意味で「ものの数を数えること」ではない。なぜなら、その数え上げには明確な終わりがないからである。数え上げが終わらないかぎり、「いくつあるのか？」という問いに答えることはできない。それはつまり、個数が確定していないということである。たしかに、好きなところで数え上げを終わらせることはできる。しかし、そこで「いくつあった？」と訊かれても、本当の意味で答えることはできない。なにがいくつあったのかが不明だからである。その「なにが」を与えてくれるものこそ概念である。トリビアル極まりないが、〈いまわたしが数えたものたち〉という概念でもよいのだ。このように、概念なきところには個数もないということ、したがって概念を支配する法則である論理法則は数を支配する法則でもあるということは、われわれの実際の言語使用から明らかだとフレーゲは考える（cf. GLA: 62; GGA-I: IX; RH: 321f.）。

　しかしながら、以上から帰結するのはまだ、数は対象として概念に帰属するという不明瞭なテーゼだけである。とくに不明瞭なのが、この「帰属する」ということでいかなる関係が意味されているかである。それが、ある対象がある性質を属性としてもつという関係でないことははっきりしている。数は性質ではなく対象であり、概念は対象ではないからである。したがってフレーゲが示さねばならないことは、「数は対象として概念に帰属する」が実質的には「数それ自体が論理的本性をもつ自存的対象である」を意味するのだということである。そこに至るためにフレーゲがとった経路を、節をあらためてもういちど確認しておこう。

---

*38 「現実的（wirklich）」のフレーゲの用法については上の注4を参照せよ。

1.4.2 『基礎』第68節における方針転換

どの数も、ひとつだけでなく多くの概念に「帰属する」。たとえば数ゼロは、〈自己自身と等しくない〉という概念にも、〈イマヌエル・カントの長男〉という概念にも、〈富士山より高い日本の山〉という概念にも、その他無数の概念にも「帰属する」。他のどの数についても同様である。すると、〈自己自身と等しくない〉という概念に「帰属する」基数は、〈イマヌエル・カントの長男〉という概念に「帰属する」基数と等しいと言うことができる。つまり、概念に「帰属する」基数のあいだの同一性が問題となるわけだ。フレーゲによれば、本来の意味での同一性が問題となりうるのは対象と対象の間だけである（cf. WB: 154f.）。とすれば、任意の2つの概念に「帰属する」2つの基数が同一であるのはどのような場合なのかを知ることは、概念にかかわるかぎりでの基数同士の、しかも2つの対象としてのそれらの、同一性の条件を知ることであることになる。ここからヒュームの原理（HP）まではすぐである。概念〈自己自身と等しくない〉に「帰属する」基数と概念〈イマヌエル・カントの長男〉に「帰属する」基数が等しいのはどんな場合であるかといえば、それは両概念の下に属する対象を1対1で対応させて余りが生じない場合であり、その場合だけだからである。もちろん、この方策では不十分なことは先に（1.3.2）見たとおりである。それはいわゆる「シーザー問題」のためであり、それを解決すべくフレーゲは、HPの文脈的定義から一転、「概念の外延」を導入し、概念Fに帰属する基数とは〈概念Fと等数的である〉という概念の外延であるという明示的定義を与えたのだと言われる。

けれども、よくよく考えてみれば、これは根本的な解決にはなっていないように見える。そもそもシーザー問題を克服すべき問題だと受けとめるようフレーゲに強いたのは、やはり先に（1.3.3）見たとおり、「固有名の指示性要件」である。そしてこれは、あるものをフレーゲ的な強い意味での自存的対象としてわれわれに認識させる、認識論的にも存在論的にもきわめて強力な原理である。ところが、フレーゲが『基礎』の第68節で与えている基数の明示的定義は、当然ながらそれだけでは、固有名の指示性要件を満たすものではない。つまり、「〈概念Fと等数的〉という概念の外延」の対象表示性が、したがってそもそも外延の対象性が、まったく問題にならないのである。なぜなら、「概

念 ξ の外延」という外延タームの対象表示性を確かめるためには、外延タームと任意の固有名との等式の真理条件を与えることができるのでなければならないからである。こうして、問題は結局ふりだしに戻るように思われる。

ここで、フレーゲは自身にとって重大な原理を途中から裏切ってしまっているように見える。あるいは、真相はむしろこうだったのかもしれない。前節でわたしが「固有名の指示性要件」という原理を取り出した『基礎』の文章は、フレーゲ研究者たちが「文脈原理（Context Principle）」と呼ぶ意味論的原理をフレーゲに帰する際の典拠としてよく挙げられる文章と同じ節にある——「ひとつの文という連関の中にあってのみ、語はなにかを意味する」（GLA: §62）。この命題の眼目は、元来はもっぱら反心理学主義的なものである。なぜなら、『基礎』の「序論」では、同書の研究が遵守すべき原則として、「心理的なものを論理的なものから、主観的なものを客観的なものから、峻別しなければならない」という反心理学主義的な第1原則に次いで、「語の意味を問うのは、孤立させてではなく、命題という連関の中であってでなければならない」という第2原則が立てられ、この両者の関係について、「第2原則をなおざりにすると、各人の心の内的な像や作用を語の意味とみなすことが、またしたがって第1原則にも抵触することが、ほとんど不可避となる」と言われているからである（*ibid*.: X*39）。現にフレーゲは、問題の第62節の冒頭を、「われわれは数について表象や直観をなにももてないのだとすれば、いったい数はどのようにしてわれわれに与えられるというのか？」という問いから始めている。この問いは明らかに、心理学的‐主観的な本性をもつ表象や直観を数概念の源泉とは認めない反心理学主義を前提としている。そうした問いに対してフレーゲは、序論で掲げた第2原則を持ち出して、数詞が登場する文の意味を説明することが肝要だと主張する。ところが、数詞が登場する文ならなんでもよいというわけにはいかない（その意味では、この「文脈原理」と呼ばれている第2原則だけでは、「意味論的」にはたいした働きはしないと思われる）。ここでその意味を説明され

---

*39　その意味でわたしは、この第2原則は、典型的にはダメットがそうみなしているような、なにか意味論的な原理——たとえば、名辞の意味はそれが現れる文全体の真理値への寄与としての意味論的値という観点からのみ考えるべきであるという原則——などではないと考えている。すくなくとも、第1原則が意味論的である、あるいは意味論的ではないのと同じ程度に、第2原則も意味論的である、あるいは意味論的ではない。

ねばならない文は、数が自存的対象であることを含意するような文でなければならないのだ。よってその文は「再認（Wiedererkennen）を表現する文」（*ibid*.: 73）でなければならない。

すでに明らかなとおり、いまの「よって」を媒介するのが「固有名の指示性要件」である。このように見てくれば明らかなとおり、数詞の再認文（等式）の意味を説明する——つまりそれに真理条件を与える——という作業には、反心理学主義的要求と、固有名の指示性要件という、独立でもありうる2つの要件が課されていることになる（数学の哲学における反心理学主義は、数の独立自存性を認めるいわゆる「プラトニズム」を含意しない）。

すると、『基礎』の第62節から第68節までの実際の流れは、次のようなものであったと考えることができる。すなわち、第62節で上のような2つの要求を背負わされた数の再認文（等式）の真理条件を与える手段として、概念間の等数性に訴えるヒュームのやり方が候補に挙がる。ところが、このやり方に対して、第66節で「シーザー問題」が提示される。1.3.3で見たように、「シーザー問題」がここでのフレーゲにとって「問題」になるのは、固有名の指示性要件があるからこそである。だが彼は問題の第68節で、固有名の指示性要件を満たすことによって「シーザー問題」を解決するべく、基数の明示的定義をおこなっているのではない。なぜなら彼はその節の冒頭で、「これでは［…］基数の明確に境界づけられた概念を得ることができないので、別のやり方を試してみよう」（*ibid*.: 79）と言っているからである。これはつまり、数と数の等式は、固有名の指示性要件が求めている再認文としては使えないということを彼が認めたということである（実際、第67節の結論はまさにそのことを含意している）。したがって第68節は、解決策を提示している節というよりは、むしろ方針転換の節であると言ってよい。つまり、再認文の意味の説明によって固有名の指示性要件を満たす（それによって数の対象性を保証する）のではなく、概念から直接的に論理的対象を手に入れてしまうという方針への転換である——もちろんその方針転換は、最終的にパラドクスの原因になったということは措くとしても、先に見たような理由からも、『基礎』の文脈においてすら正当とは言い難い。だがいずれにせよ、この第68節のもつ意味合いを無視すると、「シーザー問題」をめぐるフレーゲは、「概念間の等数性」という純粋に論理的

に定義可能な関係の（論理主義のプログラムにとっての）重要性に目を奪われ、また数学において常套手段である同値類別による抽象的定義（直線の「方向」や図形の「形」をそれぞれ直線間の「平行」や図形間の「相似」という同値関係の同値類として定義するやり方）と自身の基数の明示的定義とのあいだの類比の成立に満足して、概念の外延と問題の指示性要件との関係性を考え抜くことを単に怠っているようにしか見えなくなってしまうだろう。

1.4.3　外延への不信と値域への自信

こうした観点からあらためて眺めてみると、外延（値域）の導入に対するフレーゲの態度が、『基礎』の末尾と『基本法則』の冒頭では、正反対と言ってよいほどに異なるのはどうしてかの説明もつく。『基礎』末尾でフレーゲは、概念の外延を導入するに至った経緯を振り返って、次のような及び腰の発言をしている。

> **(A)** その際われわれは、「概念の外延」という表現の意味は知られているものと前提した。こうしたやり方で困難を克服することは、おそらく皆から賛同を得られるわけではなく、その懸念は別のやり方で取り除くほうがよいという人も中にはいることだろう。わたしもまた、概念の外延を引き合いに出すことに決定的な重点を置いているわけではない。（GLA: §107）

ここでフレーゲが譲歩して認めているのは、シーザー問題という「困難」を切り抜けるべく基数の明示的定義を与えることにとって、概念の外延に訴えることが決定的に重要であるわけではないということのように見える。けれどもそれは、概念の外延に訴えての基数の明示的定義は、そもそもシーザー問題を彼にとって「困難」たらしめている根本的原理（固有名の指示性要件）を回避しているということを、フレーゲが自覚していたためではない。そもそも、基数の明示的定義を与える方法として、他にどんなものが可能であるとここで彼が考えていたかははっきりしない。むしろ彼の懸念は、他の可能性がありうるということではなく、「概念の外延」という観念がなんの説明もなく導入できるほど自明なものなのかということにあったのだと思われる。だがいずれにせよ、

1.4 汎論理主義，論理主義，値域，基本法則 V

フレーゲのこの譲歩は、彼が自身に課している（われわれであれば、彼の汎論理主義が彼に課している、と言いたいところだが）要件、すなわち数が自存的対象性をもつことを示すための要件を、彼がこの脈絡ではなぜか重要視していなかったことを示していると思われる。そのことを強く示唆するコメントが、ほかならぬ『基礎』の第68節に見られる。フレーゲはそこで、定式化したばかりの「概念Fに帰属する基数とは「概念Fと等数的」という概念の外延である」という明示的定義の、「外延」の語にさっそく注を付し、次のように述べている。

> (B) わたしは「概念の外延」の代わりに単に「概念」と言ってもよかろうと考えている。しかし、そうすると2通りの反論がなされるであろう。
> 1. それは、個々の数は対象であるというわたしの以前の主張と矛盾している。[…]
> 2. 概念は互いに一致しなくとも、等しい外延をもつことがありうる。
> わたしとしてはたしかに、どちらの反論も斥けることができると思ってはいるが、しかしここでそれをするのは余計なことであろう。わたしは、概念の外延が何であるかは知られているものと前提する。(*ibid*.: 80, Fn.)

(B) の発言は、たとえばラッフィーノが言うように (cf. Ruffino 2003: 58-63)、概念がその外延の代理をする、すなわち定冠詞付きの「〈馬〉というこの概念 (the concept *horse*)」は「概念〈馬〉の外延 (the extension of the concept *horse*)」と意味が同じであるという「同一性テーゼ」をフレーゲが奉じていることの証拠などではなく、(A) に示されているフレーゲの無自覚の証左であると見たほうがよい。さもなければ、個々の数は対象であるという主張との矛盾を解くことが「余計なことだ (zu weit führen)」などと言うことはできないはずである。ここでフレーゲが身を置く文脈を主に形成しているのは、繰り返しになるが、シーザー問題を受けて、数の再認文として数等式を用いることによって固有名の指示性要件を満たすという方針から、概念から直接的に論理的対象を手に入れてしまうという方針へと転換するという流れであって、概念の外延に訴える基数の明示的定義が自身の重要な認識論的-存在論的原理を満た

しているのかどうかがフレーゲにとって問題だったのではない。(B) の最後の１文も、(A) と同様、フレーゲの懸念が何であったのかをはっきり示している。問題があるとすれば、「概念の外延」という観念の自明性にこそあるのだ*40。

ところが、これが『基本法則』になると、「概念の外延」の導入に対する『基礎』での消極的な態度から一転、冒頭でさっそく「値域」の導入に関してかなりの自負を公言するようになる。

(C) 関数の値域の導入は本質的な進歩であり、そのおかげで［記号表記に関して］従来よりもずっと大きな柔軟性が得られる。［…］だが値域はまた、大きな原理的重要性ももつ。実際わたしは基数そのものを概念の外延として定義しているが、概念の外延とは、わたしの規定からすると、値域だからである。よって値域なしに済ますことはまったくできないであろう。(GGA-I: IXf.)

(D) 値域のための表記の導入は、わたしの概念記法の補足としては、それについてのわたしの最初の公刊［1879年の『概念記法』の公刊］以来もっとも実り豊かな補足のひとつであるとわたしには思われる。(*ibid.*: 15f.)

(A)・(B) から (C)・(D) への変化は、自身の論理体系に関数の値域を——したがってまたその概念記法名を——導入することのメリットが、フレーゲの中で、概念の外延という観念の自明性に対する疑念を背景へと押しやったことを物語っている。そのメリットとはもちろん、『基礎』の中でそもそも「シーザー問題」を克服すべき困難として受けとめるようフレーゲに強いた「固有名の指示性要件」を、つまり数の自存的対象性を示すという要求を、値域の導入が満たしてくれるということである。もっと言えば、『基本法則』のフレーゲ

---

*40 ちなみに２の仮想反論は、ラッセルのパラドクスの発覚によって現実のものとなった。パラドクスによって、基本法則 V の左辺から右辺への移行 (Vb) の論理的正当性が、すなわち、「ある概念の外延が第２の概念の外延と一致するということから、第１の概念の下に属するどの対象も第２の概念の下に属するとつねに推論できるのか」(GGA-II: 253) ということが疑わしくなったからである。

1.4 汎論理主義，論理主義，値域，基本法則 V

は，数の論理的本性と自存的対象性の両方を証明する —— 要するに論理主義的還元を完遂する —— 唯一の方法は，値域（ならびに外延）を論理的対象として導入して数を（そして両真理値も）それに還元し，「数は対象として概念に帰属する」の「数は論理的対象である」への読み替えを正当化することだ，とはっきり自覚するにいたったのである。

　以上の経緯を，パラドクス発見後にフレーゲがジャーデインに宛てたメモ書き（日付は不明）がこれ以上ないほど簡明に要約している。そこで彼は次のように回想している。

> (E) そして，つい最近明らかとなったように，クラスを導入する際に困難が生じるのである（ラッセルの矛盾）。概念を関数として把握するというわたしのやり方では，わたしの概念記法『概念記法』でなされたように，クラスについて語らずに論理学の主要問題を扱うことができ，その場合には先の困難は問題とはならない。わたしはやっとのことで，クラスあるいは概念の外延を導入する決意を固めたのだった。というのも，わたしには事態が完全に安全だとは思えなかったし，いまでは明らかになったように，それは正しかったわけだから。数の法則は純粋に論理的に展開されるべきだった。だが，数は対象であり，また論理学においてはさしあたり対象は２つしかない。両方の真理値である。そこで至極当然だったのは，概念から対象を手に入れること，すなわち，概念の外延もしくはクラスを手に入れることであった。このことによって，わたしはみずからの葛藤を押さえつけ，概念から概念の外延へと移行するのを容認するよう迫られたのである。そして，いったんそう決意を固めた後は，わたしはクラスについて，必要であった以上の拡張された使用さえおこなった。というのも，そうすることですくなからぬ単純化[*41]が成功したからである。もちろんわ

[*41] その一例が，『基本法則』第Ⅰ巻第25節で言われている，値域によって可能となる「節約 (Sparsamkeit)」である。つまり，２階関数の項となる１階関数を値域で代理させることによって，２階関数を１階関数で代理させることができるということである。これによって，無限高階関数を導入する必要がなくなる。だが，このためには対象の概念への包摂関係（$\Phi(\Delta)$）を，集合に対する対象の成員関係（$\Delta \cap \varepsilon\Phi(\varepsilon)$）で代理させる必要がある。そして問題の基本法則 V はこの操作に基づいている。フレーゲが「わたしが誤りを犯したのはそこである」と言うのはそのためである。（そ

たしが誤りを犯したのはそこである。すなわち、論理学においてはとっくの昔から概念の外延というものが語られてきたという事実によりかかって、自分の当初の疑念を簡単に手放してしまったのである。(WB: 121)

ここでフレーゲがはっきり言っているように、『基本法則』の喫緊の課題は、概念から自存的対象を手に入れること、しかも、概念を支配する法則と同一の法則に従う対象——要するに文句なく論理的であるような対象——を手に入れることであった。しかもフレーゲにとって、認識論的に正当な仕方で論理的対象を手に入れるには、概念からそれを手に入れるしかなかったのである。このことは、(E) と似たような回顧をしている 1902 年 7 月 28 日付のラッセル宛書簡ではっきり述べられている。

(F) ところであなた［ラッセル］はシステムだけを認め、[概念の外延としての] クラスのほうは認めたくないようにお見受けいたします。わたし自身長いあいだ、値域を、したがってクラスを認知するのに抵抗を感じてきましたが、算術を論理的に基礎づけるにはそれ以外の可能性はないことが分かりました。ここで重要な問題は、われわれはいかにして論理的対象を把握するかですが、これに対する答えとしては、次のものしかわたしには見つからなかったのです。すなわち、われわれは論理的対象を概念の外延として、より一般的には、関数の値域として把握する、というものです。これに諸々の難点が伴うことをけっして見落としていたわけではありませんし、あなたの矛盾の発見によって難点はさらに増したわけでありますが、しかし他にどういう道があるでしょうか？ (*ibid.*: 223; 強調引用者)

この文脈で基本法則 V を見てみるならば、その導入がフレーゲにとって必然的であったことが分かる。ここでフレーゲがもっとも重要視しているのは、われわれはいかにして論理的な対象を把握できるのかという認識論的な問題である。そして、論理的であるような対象をわれわれが把握するには、われわれ

の操作は「包括公理」と呼ばれるものと同じで、素朴集合論のパラドクスを回避するために放棄されるか制限されるのは、この公理である。)

が実際に概念から対象を手に入れることができるのでなければならない。そしてそれを可能にするのが基本法則 V なのである。なぜなら、この公理こそ、値域タームに関して「固有名の指示性要件」を満たすための再認文に真理条件を与える文にほかならないからである。

1.4.4 見失われる基本法則 V の必然性

だが、基本法則 V 導入の必然性は、『基礎』での論述の流れの中でその法則を見た場合には、しばしば見失われがちである。『基礎』の脈絡で見ると、フレーゲは、基数間の同一性を概念間の等数性と同値とする HP から、「シーザー問題」に対処するための基数の明示的定義を経て、基数間の同一性を外延間の同一性と同値とする改訂版のヒュームの原理（HP'）へといたるが、この同値文は結局のところ、概念間の 2 階の「同一性」を外延間の 1 階の同一性と同値とする法則を原初的な法則として前提せざるをえない。この観点から見ると、最後の概念からその外延への法則的移行という考えは、フレーゲにとっても窮余の策であったように見える。たしかに、概念間の「相互従属（gegenseitige Unterordnung）」という 2 階の関係には、反射律・対称律・推移律がいずれも成り立つという意味で、対象間の「相等性（Gleichheit）」ないし「同一性（Identität）」という 1 階の関係と論理的によく似たところがある。だが、やはり概念と概念は、本来は対象間の関係である同一性という 1 階の関係に立つことはできない（cf. ASB: 132f.; S: 197f.）。フレーゲにとって概念と対象の区別はいわば「論理的原始事実〔logische Urtatsache〕」（WB: 224）であり、概念の論理的ふるまいと対象の論理的ふるまいの違いを無視することは、論理学における致命的な誤りである。よって、概念間の「同一性」について論理的に問題のない仕方で語るためには、「いわばすべてが 1 階分押し下げられる」（S: 198）のでなければならない。そして、この「押し下げ」を許容するのが基本法則 V だというわけである。

この文脈のなかで『基本法則』における基本法則 V を眺めると、その法則の導入のフレーゲにとっての必然性は見えにくくなるだろう。たとえばヘックは、フレーゲが値域と基本法則 V を導入した主たる目的は彼の形式体系の簡略化だけであり、『基本法則』第 I 巻第 2 部の「基数の基本法則の証明」の

——ヒュームの原理の導出を除く——ほとんどの部分にとって値域の使用は非本質的であり、消去しても問題はないと論じる（cf. Heck 1993: 581-584）。値域を使うことでフレーゲは関数への2階の量化を値域への1階の量化に置き換えることができたとしばしば言われるが、ヘックによれば、彼が概念記法体系から2階の量化を消去したがっていたと考えるのでないかぎり、どうして彼がそうした置換を望んだのかがまったく分からなくなる。だが、実はそんな置換をしても2階の量化が消去されるわけではなく、せいぜい隠されただけである。しかし、なぜフレーゲが2階の量化を隠す必要があったのかは、なおさら分からなくなる。ヘックによれば真相はこうである。フレーゲは、関数への2階の量化を対象への1階の量化で置き換えようとしたのではなく、2階関数の表現を1階関数の表現で置換して、形式体系の簡略化を図っただけなのである*42。

この解釈を共有する者たちは、『基本法則』における算術の公理のフレーゲによる証明は、2階の論理にヒュームの原理を公理として加えた「フレーゲ算術（FA）」の中で——したがって値域をいっさい用いずに——再構築できると主張する（cf. Wright 1983: chap. 4; Boolos 1987; Heck 1995）。のみならずヘックは、ヒュームの原理から2階論理によって2階の算術が導出できるという「フレーゲの定理」（Boolos 1990: 243）にフレーゲ自身が気づいていたとまで主張する（cf. Heck 1995: 297*43）。

---

*42　たとえば $\varPhi_x(\varphi x)$ を2階の概念とすると、値域を使うならば、$\varPhi_x(\varphi x)$ に対応する1階概念を、

$$\varPhi(z) \equiv_{df} \exists F[z = \acute{\varepsilon}F(\varepsilon) \ \& \ \varPhi x(Fx)]$$

というように定義でき、これによって証明の大幅な簡略化が期待できる（cf. Heck 1993: 582）。フレーゲの値域導入の目的が主に形式体系の簡略化にあるという解釈の典拠としてヘックが挙げているのが、前注で触れた『基本法則』第Ⅰ巻第25節でのフレーゲのコメントと、同35節の次の発言である。「すでに第25節で指摘しておいたように、ここから先は2階の関数の代わりに1階の関数を使うことができる。ここでそれを示したいと思う。そこで示唆されていたように、このことは2階関数の項として現れる関数がその値域によって代理されることによって可能となる。だがもちろんそれは、それらの関数が単純に値域に場所を譲るということではない。というのは、それは不可能だからである」（GGA-I: §35）。

*43　このことの証拠としてヘックが挙げているのは、ヒュームの原理を襲う困難（「シーザー問題」）と基本法則Vを襲う困難（ラッセルのパラドクス）がまったく別物であることをフレーゲが自覚していたことを示すとされる、1902年7月28日付ラッセル宛書簡の文章である（cf. WB: 224）。だが野本は、これはヘックの依拠する英訳の誤訳に基づく単純な誤りであると指摘している（ドイツ語原文では両方の困難は「同じである（sind dieselben）」となっているのに、なぜか英訳では不要な

1.4 汎論理主義，論理主義，値域，基本法則 V

こうした事実や、2階ペアノ算術と相対的に整合的である「フレーゲ算術」の可能性を背景として見ると、どうして『基礎』での懸念をフレーゲが『基本法則』の序文でこうもあっさり無視できたのかがなおさら謎めいて見えるだろう。実際、『基本法則』の序言（これはパラドクス発覚前に書かれたものである）には、『基礎』でのフレーゲの不安が本当は『基本法則』にも持ち越されていたのだという解釈の典拠としてよく挙げられる文章もある。

> (G) ここで論争が起こりうるとすれば、わたしの見るかぎりでは、それは値域に関するわたしの基本法則（V）を巡ってだけである。この法則は、たとえば概念の外延について語るときにはそれにしたがって思考がなされているにもかかわらず、論理学者がおそらくまだ明確に言い表したことのなかったものである。わたしはそれを純粋に論理的な法則とみなす。これによってすくなくとも、決断が下されねばならない場所がどこなのかが示されているのである。(GGA-I: VII)

同じ解釈脈絡でよくこの文章とセットで引用されるのが、パラドクス発覚後に執筆された『基本法則』第II巻の「あとがき」の文章である。というのもその文章は、まさにこの序言の文章を引き合いに出しているからである。

> (H) 問題はわたしの基本法則（V）である。それが他の基本法則ほどの、また論理法則というものに本来要求されねばならないほどの自明性はもたない〔nicht so einleuchtend〕ということを、わたしはけっして隠し立てしなかった。だからわたしは現に、第I巻の序言のVII頁でこれらの弱点を指摘しておいたのである。なにかそれの代わりになるものが分かっていたなら、わたしはこの基礎をすすんで放棄していたことだろう。(GGA-II: 253)

だが、フレーゲが (G) の文章で「論争」の余地を認めているのが基本法則

「not」が挿入されて「同じではない（are not the same）」となっている）。野本 2012: 442-443, 499-500 ならびに 479 の注 6 を参照せよ。

Vの何に関してなのかについては慎重であらねばならない。見てきたように、『基本法則』のフレーゲは、『基礎』においてとは違って、値域の導入と基本法則 V が概念から論理的対象を手に入れる唯一の手段であると強く確信するにいたっている。「そもそも論理的対象が存在するとすれば —— そして算術の対象は論理的対象である —— それを把握し認識する手段も存在するはずである。そして、われわれにとってその役に立つのは、相等性の普遍性から相等性への変換を許す先の論理的基本法則［V］である。こうした手段なしでは、算術の学問的基礎づけは不可能であろう」(ibid.: 149)。しかも彼は、(G) でも明言されているとおり、概念間の相互従属から外延間の同一性への変換は、論理学者たちが概念の外延について語り、数学者たちが集合について語るときに、暗黙裡に論理的な基礎にしているものだと信じている（同じことは GGA-I: 14 と GGA-II: 148 でも繰り返されている）。フレーゲの懸念は、基本法則 V の真理性、あるいは法則としての妥当性にあったのではなく、それが本当に論理的真理であるのかどうかという点にあったのだ (cf. Heck 2010: 349f.)。よって、(G) で言われているフレーゲの「決断」の場所とは、基本法則 V の導入そのもののことではなく、「自明 (einleuchtend)」ではないその法則を「純粋に論理的」と判定したことにある ((E) の文章でも概念の外延の導入は「決意」を要することであったと言われていた)。

フレーゲはすでに 1891 年の講演「関数と概念」で、この「決意」を表明している。「さて関数値間の等式の普遍性をひとつの等式として、すなわち値域間の等式として把握することが可能であるということは、証明されねばならないようなことではなく、論理的な基本法則とみなさねばならないとわたしには思える」(FB: 10)。したがって、パラドクスの発覚後に彼が見せた後悔の念は、この「決意」に関してのものだったと考えるのが理に適っている。現に彼は、1906 年に執筆された「シェーンフリースについて。集合論の論理的パラドクス」で次のように述懐している。

(I) しかし、この変換においては概念には概念の外延が対応し、相互従属には相等性が対応しているけれども、そうした変換がおこなわれることにはどんな正当性があるのだろうか。本当の証明を与えることはほぼできな

1.4 汎論理主義，論理主義，値域，基本法則Ⅴ

いであろう。ここではひとつの証明不可能な法則を受け入れざるをえないであろう。もちろんその法則には、およそ論理法則というものに望めるだけの自明さはない〔nicht so einleuchtend〕。そして、すでに以前から疑いを容れる余地があったのだとすれば、この法則はラッセルのパラドクスによってなおさら大きく揺るがされたことになる。(S: 198; 強調引用者)

この時点においてもフレーゲは、基本法則Ⅴは証明不可能な法則としてであれ受け入れざるをえないと考えている。たしかに彼のこの態度は、値域を用いない「フレーゲ算術」が『基礎』の枠組みで可能であったはずという事実から強く印象づけられている者には、不合理なまでに頑なにしか見えないかもしれない。しかし、繰り返して言うなら、論理主義者のフレーゲにとっては、相等性の普遍性から相等性への変換を——したがって概念からその外延への移行を——許す基本法則Ⅴこそが、われわれが論理的な対象を把握する唯一の手段であり、ひいては数を論理的な対象として把握する唯一の手段だったのである*44。実際、『基本法則』第Ⅱ巻「あとがき」の (H) の後には、次のような言葉が続いていたのである。

(J) そして、概念からその外延へと移行することが——すくなくとも条件付きで——許されないのなら、どうすれば算術を学問的に基礎づけることができるのか、どうすれば数を論理的対象として把握し、考察の俎上に載せることができるのかが、いまもってわたしには分からないのである。(GGA-Ⅱ: 253)

そして『基本法則』第Ⅱ巻の「あとがき」は、次の文章で締めくくられている。

(K) 次の問いは算術の根本問題〔Urproblem〕とみなすことができる。すなわち、われわれはいかにして論理的対象を、とりわけ数を把握するのか。

---

*44 本書の3.4と3.5で詳しく見ることになるが、当初は値域とは別の論理的対象と考えられていた両真理値も、『基本法則』においては値域の一種と見なされることになる。

何によってわれわれは、数を対象と認めることを正当化されるのか。この問題は、わたしがこの巻の執筆にあたって考えた範囲ではまだ解かれていないとしても、解決のための道筋がすでに見いだされているということをわたしは疑ってはいない。(*ibid.*: 265)

そうだとすれば、値域を用いない「フレーゲ算術」は、数の論理的対象性を示すことを絶対条件とするフレーゲ的論理主義のプログラムとはなんの関係もないことになるだろう*45。

1.4.5　基本法則 V の延命処置と汎論理主義

さて、この絶対条件を念頭に置いておくなら、『基本法則』第 II 巻の「あとがき」での、基本法則 V をなんとか救い出そうとするフレーゲの試行錯誤 (cf. GGA-II: 254ff.) を、問題の元凶を直視しない悪あがきのようなものと見るのは憚られることだろう。そこでフレーゲは、パラドクスを回避する手段をみずから 3 つほど提案しながらも、そのすべてを却下し、結局は基本法則 V の部分的修正を『基本法則』の最終結論として提示している。たしかにその 3 つの提案の中には、パラドクスを回避するという目的のためには有効なものもあったかもしれない。しかし、フレーゲにとっての難点は、それらはいずれも、われわれに認識論的に問題のない仕方で論理的な対象を得させてくれないという点にあった。もっと言うなら、それらはいずれもフレーゲの根本的形而上学である汎論理主義と折り合いが悪いのである。「あとがき」でフレーゲが検討した解決策は以下である。

(1) 排中律が無条件に妥当するわけではないことを認め、排中律の妥当する「本来的対象」と妥当しない「非本来的対象」を区別する。(cf. *ibid.*: 254-255)

(2) 「非の打ちどころのない概念にも、その外延であるようないかなるクラスも対応しないような場合があると想定する」(*ibid.*: 254)。これは

---

*45　この点ではわたしも Ruffino 2003 や井上 2001 と同意見である。

1.4 汎論理主義，論理主義，値域，基本法則 V

実質的には、「クラス名を単に見せかけの固有名〔Scheineigenname〕として、したがって本当は［それ単独では］いかなる意味〔Bedeutung〕ももたない名前とみなすこと」(ibid.: 255) である。

(3) 基本法則 V の右辺から左辺への移行、すなわち関数における相等性の普遍性から値域の相等性への移行 (Va) はそのままにして、その反対の、値域の相等性から関数における相等性の普遍性への無条件の移行 (Vb) は認めない。(cf. ibid.: 257)

(1) の案をとった場合、値域は排中律が妥当しない「非本来的対象」とみなされ、すべての1階関数に項として登場するわけではないことになる。たしかにそうすれば、値域を体系内に温存したままでもパラドクスの発生は防げる*46。これはいわば、階差に加えて等階内での関数の分岐も（単項関数だけにかぎっても、本来的対象だけを項にとる関数、非本来的対象だけを項にとる関数、本来的対象と非本来的対象のいずれをも項にとる関数、さらには、本来的対象だけを値にもつ関数、非本来的対象だけを値にもつ関数、本来的対象と非本来的対象のいずれをも値にとる関数、という具合に）認める分岐タイプ理論の原型である。この案の問題点は、それによってフレーゲの論理体系と算術公理の導出がとてつもなく複雑かつ煩雑になるということだけではない。真の問題点は、その案をとった場合「われわれはクラスに十全な対象性〔volle Gegenständlichkeit〕を認めないよう強いられることが分かるだろう」(GGA-II: 254) ということにある。排中律が無条件に妥当するフレーゲ的対象でもなく、かといって不飽和性をもつ関数・概念でもない「非本来的対象」などというものは、フレーゲの論理主義にとってなんの役にも立たないし、論理法則を実在を支配するもっとも普遍的な客観的法則とみなす汎論理主義の精神に背くものでしかない。

(2) の案をとった場合、クラス名は、全体としてはじめて意味 (Bedeutung) をもつ記号列の不可分な一部であることになる。これは、ラッセルによる確定記述句の分析・解体の手法に見られるのと同じ論理学的洞察に基づく提案である。ラッセルの分析によって明らかになったように、言語的には確定記述句と

---

*46 これはラッセルが 1902 年 8 月 8 日付のフレーゲ宛書簡で提案している解決策である（cf. WB: 226）。この提案は、同年 9 月 23 日付のラッセル宛の返信で却下されている（cf. ibid.: 227f.）。

して現れている表現のすべてが論理的には単称指示をもつわけではない。その意味では、「現在のフランス王（the present king of France）」と「関数 F の値域（der Wertverlauf der Funktion F）」はいずれも、言語的には定冠詞付きで現れているにもかかわらず、それ単独で意味（単称指示）をもつ本物の固有名ではなく、全体として意味をもつ文の中に埋め込まれることではじめてその文の意味と意義に貢献する「見せかけの固有名」にすぎないというわけである。この案は、「あとがき」の執筆以前にラッセルが書簡でフレーゲに提案したものでもある。1902 年 7 月 10 日付の書簡でラッセルは次のように書いている。「わたしはクラスをつねに固有名として許容してもいいわけではないと考えます。2 個以上の対象からなるクラスは、まずもってひとつの対象であるわけではなく、むしろ多なのです。さてたしかに通常のクラスはひとつの全体をなしますし、たとえば兵士たちはひとつの軍隊をなします。しかしわたしにはそう考えねばならない必然性があるとは思えません。ただクラスを固有名として使おうとするならそれが不可欠だというだけです。それゆえわたしは、ある種のクラスは［…］単に多なるもの〔Vielheit〕であり、まったく全体を形成しない、と言っても矛盾にはならないと考えます。それゆえ、そうしたクラスを一なるもの〔Einheiten〕とみなすと、偽な命題や、それどころか矛盾が生じるのです」（WB: 219f.）。この提案の基礎には、フレーゲのものとは正反対の論理観がある。要素から集合が形成されたとしても、それがひとつのクラス、ひとつの対象を形成するとはかぎらず、多様としての集合が概念によってひとつにとりまとめられるかどうかは別の問題だというのだから。たしかにこの考え方は、集合とは空集合から出発して同じとりまとめの操作を反復することによって得られるものだという反復的集合観として、公理的集合論では通例となっているし、それが素朴集合論のパラドクスを避けられているのも、根本的にはこの集合観のおかげである。ところがこの提案に対してフレーゲは、返信（同 28 日付）の中では、無意味でないクラス名（値域名）はかならずなんらかの対象を指す、なぜならクラス名は単称命題の主語として登場するからだ、と応じているだけである（cf. *ibid.*: 222）。しかしこの返答は、ラッセルが書簡の中で疑問視している前提をただ繰り返しているにすぎない。本来なら、ラッセルの提案に対してフレーゲは、彼がブールに対して言ったのと同じことを述べるべきだ

1.4 汎論理主義，論理主義，値域，基本法則 V

ったろう。すなわち、概念の統合力に依存しないそうした集合論はまったく論理学ではなく、したがって、クラスでもあるかどうかが非本質的であるような集合は、論理的な本性をもつものではないと。この方策は、フレーゲ論理主義の絶対条件を満たさないだけではなく、そもそも汎論理主義に基づくフレーゲの論理観とまったく相容れないのである*47。かくしてフレーゲは、「したがってたぶん残っているのは次のことだけである。すなわち、概念の外延ないしクラスを、言葉の本来の、かつ十全な意味での対象として承認し、だが同時に、「概念の外延」という言葉の従来の理解には正当化が必要であると容認することである」(GGA-II: 255f.) と述べ、あくまで値域と外延を対象として認めることに固執する。

(3) の案は実質的には、公理的集合論で採られている、内包公理 ($P(x)$ を満たす x の全体 $\{x | P(x)\}$ が集合である、あるいは、いかなる $P(x)$ についても $\exists y \forall x [x \in y \leftrightarrow P(x)]$ が成り立つ)を制限する(代わりに分出公理*48か置換公理*49を置く)という方策である。これによってもちろんパラドクスは阻止される。だが、Vb を拒否して、値域の相等性(関数 $\Phi(\xi)$ は関数 $\Psi(\xi)$ と同じ値域をもつ)から相等性の普遍性(関数 $\Phi(\xi)$ と関数 $\Psi(\xi)$ は同じ項に対してつねに同じ値をもつ)への無条件の移行を禁止することによって、いかなる外延ももたない概念が存在する可能性を認めざるをえなくなる。そしてこれは結局のとこ

---

*47 T・バージも同様のことを論じている (cf. Burge 1984: 31-32, Fn. 9)。フレーゲは、解析幾何学のグラフになぞらえて値域を直観的に説明することがある (cf. FB: 8f.)。たとえば、$y = x^2 - 4x$ から得る曲線は $y = x(x-4)$ から得る曲線と同じであり、このとき、この 2 つの関数は同じ値域をもつと言うことができる、という具合である。ところで現代のわれわれは、グラフによって直観化される値域という観念を、集合論的な観点から、関数がとる項と関数値の順序対の集合として把握しがちである。しかしながらこれはフレーゲの論理観とは水と油である。問題は、フレーゲの値域という観念が、順序対の成員となりうる対象にいかなる制限もかけていないという点にあるだけではなく、反復的集合観によって課される制限というものがそもそもきわめて非フレーゲ的だということにある。彼は値域を、要素から構成されるものではなく、むしろ述語(関数、概念)からの投射として考えていたのであり、その観点から見るなら、ある値域が自分自身の外延に含まれるということには、ある述語が自分自身に適用されるということと同様、なんら奇妙な点はないからである。

*48 典型的には、「A が集合で、$P(x)$ が x をふくむ命題のとき、$P(x)$ を満たす A の元 x 全体 $\{x \in A | P(x)\}$ は集合である」というもの。

*49 「x, y を含む命題 $P(x, y)$ があり、どんな x に対しても $P(x, y)$ が真となるような y はたかだか 1 つしかないとする。このとき、A が集合ならば、$\{y | P(x, y)$ が真である $x \in A$ が存在する$\}$ は集合である」というもの。

ろ、2階の値域関数 $\dot{\varepsilon}\Phi(\varepsilon)$ の関数としての正当性をきわめて疑わしいものにする。よって、値域と外延を十全な対象として認めることを絶対条件とするフレーゲにとっては、この方策も問題外となる。

　こうして彼が最終的にとった方策は、

(4) Vb を、関数の項に値域自身が含まれないように修正して、基本法則 V を V'（現代風に表記すれば
$\dot{\varepsilon}f(\varepsilon) = \dot{\alpha}g(\alpha) \leftrightarrow \forall x[(x \neq \dot{\alpha}g(\alpha) \ \& \ x \neq \dot{\varepsilon}f(\varepsilon)) \rightarrow (f(x) \leftrightarrow g(x))]$）として生き残らせること（cf. *ibid.*: 262）

であった。この V' からも矛盾が生じることが発覚したのはフレーゲ没後のことであったとはいえ（cf. Quine 1955）、彼がこの結論に満足していなかったことは確実である。この先の物語は前節で見たとおりである。死の前年の 1924 年の日記には、彼の論理主義の絶対条件の一角をなしていた「数詞は固有名であり、数は対象である」という考えは言語による欺きにすぎなかったという告白が見られ、その翌日のエントリーには、途方に暮れたフレーゲの様子を示す次のような記述が見られる。

　　われわれは、最初に教わったときからこのかた「数」という言葉を使うことと数詞とに慣れ親しんできたので、そのような使い方を正当化することが必要だとは思いもしない。[…] だが、この問題にもっとじっくり取り組むなら、ひとは次のような推定にいたることだろう。すなわち、言語使用はひとを誤りに導くものであり、数詞は対象の固有名ではまったくないし、「数」、「平方数」などの語も概念語ではなく、したがって「4 は平方数である」のような命題によってある対象のある概念の下への包摂が表現されているのではまったくなく、よってこの命題はけっして「シリウスは恒星である」といった命題と同じように解することはできないのだと。だが、ではどうすればよいのか？（FPT: 1073）

さらに、死のほぼ 3 ヶ月前の 1925 年 5 月 4 日付のヘーニヒスヴァルト宛の書

簡には、「何人も、概念を対象に変換しようなどと考えるなかれ。さすれば集合論のパラドクスはさしあたり片付いたとみてよかろう」(WB: 87) という、皮肉とも自嘲ともとれる警告が見られる。にもかかわらずフレーゲは、やはり前節で見たように、数言明は概念についての言明を含むという考えのほうは最後まで放棄することがなかった。たしかに、ある見方をすれば、それも結局は単なる言語的慣習の観察でしかなく、それを文字どおり信じると言語に欺かれることになる、と考えることはできる。だがそれは、ひとつの専門分野としての数学基礎論の中でひとつの立場としての論理主義を見た場合のことである。そして、フレーゲが最後まで立っていた観点はそこではない。彼の目には、数とその法則の絶対的普遍性は、概念とその法則の普遍性としてでなければ考えられないものとして映っていたのであり、数言明が概念についての言明を含むという言語的事実は、数詞が固有名として現れるという言語的事実とは違って、論理的な原初的事実の真正の発露だったのである。だからこそフレーゲは、上で見てきたように、概念からの変換――そして概念間の「同一性」と外延間の同一性とのあいだの行き来――という方法から離れて集合論的な戦略で対象を手に入れることに価値を見いださなかったのである。そのようにして手に入れた対象は、論理的対象を求める彼にとってなんの意味もなかったからである。これはまことに皮肉なことだと言わざるをえない。フレーゲの汎論理主義は、数学の哲学における彼の論理主義にたえず滋養を送り続けたものでありながら、最終的に彼に論理主義の貫徹を放棄させた張本人でもあるからである。その意味で彼の汎論理主義こそが彼の論理主義の母胎であり、またたからこそ彼の論理主義は月満ちることができなかったのである。

第2章　フレーゲの普遍主義と論理中心的窮境

2.1　推論計算としてのブールの計算論理と、普遍的記号言語としてのフレーゲの概念記法

　第1章では、ある重要な事柄が触れられないままになっていた。それは、汎論理主義を奉じるフレーゲにとって、形式的な論理言語である「概念記法」はいったい何であったのかという問題である。この問題に関しては、フレーゲが自身の概念記法とG・ブールの式言語（Formelsprache）あるいは計算論理（rechnende Logik）[*50] とを比較している文章から多くを知ることができる。

2.1.1　推論計算と記号言語

　フレーゲは、概念記法をブール論理学の二番煎じ——しかもその劣化版——と断ずる周囲の（とくにシュレーダー[*51] の）無理解に抗して、見通しのよさや簡潔性や使用上の利便性や汎用性などの点で概念記法がブールの式言語をはるかに凌駕するのだと、おりにふれて力説する（cf. BrLB: 52f.）。論理学史的に見れば、ブールの式言語やそれを発展継承するシュレーダーの論理計算に対するフレーゲの概念記法の圧倒的な優位は、前者には不可能な多重量化の表現が後者には可能だということにあるだろう（cf. ZB: 9f.）しかし、そうしたことよりずっとフレーゲにとって重要なのは、ブールの表記法は論理形式を表現することしかできないのに対して、概念記法は内容も表現できるということであった（cf. GLA: 103, Fn.）。その意味で、ブールの論理表記法と概念記法は、そもそも目的を異にするのである。

[*50]　Cf. Boole 1854.
[*51]　Cf. Schröder 1890; 1891; 1895.

[…] わたしの目的はブールの目的とは異なっていた［…］。わたしが目指したのは、抽象的な論理を式で表すことではなく、言葉でできるよりもいっそう正確に、また見通しが利くように、書かれた記号を用いて内容を表現することであった。実際、わたしが創りたいと思ったのは、単なる「推論計算〔calculus ratiocinator〕」ではなく、ライプニッツの意味での「記号言語〔lingua characterica〕」［…］だったのである。(ZB: 1f.)

概念記法ということでわたしはそもそものはじめから、内容の表現を念頭に置いていた。わたしの努力が目指すものは、まずもって数学に対する記号言語〔lingua characterica〕であって、純粋論理に限定された計算法〔calculus〕ではない。(BrLB: 13)

フレーゲによれば (cf. ibid.: 36-39)、ブールの論理計算は、所与の構成要素からしかるべき手続きを踏んで適格な (well-formed) 複合物を構成する方法の体系としての「推論計算」ではありえても、ライプニッツの夢であった「記号言語」（ライプニッツ自身の正確な言い方では「普遍的記号言語 lingua characteristica universalis」）ではありえない。対して概念記法は——再帰的手続きによって進展する公理系であるのだから、いま述べた意味での「推論計算」であるのはもちろんのこと*52——内容を表現することのできる「普遍的記号言語」たりえている。ブールの論理学が「推論計算」でしかないがゆえに内容を表現できないというのは、概念記法にはそなわっているような量化装置や関数論的分析手法が欠けているために、ブールの式言語では、科学の進歩をなす生産的な概念形成（「学問的に実り豊かな定義」(BrLB: 39)）としての概念規定、「すでに存在している境界線を利用せずになされる真の概念形成」(ibid.))が表現できないということである*53。

---

*52 「さて推論はわたしの概念記法では計算の流儀でおこなわれる。わたしはこれを、あたかもそこでは通常の足し算や掛け算のアルゴリズムと同じであるか似ているアルゴリズムが支配している、という狭い意味で言っているのではなく、そこにそもそもひとつのアルゴリズムがある、つまり、ひとつの文あるいは2つの文から新しい文への移行を支配し、よってそれに従わないものはなにも生じないような諸規則からなるひとつの全体がある、という意味で言っている」(BHP: 364f.)。

*53 ブールの計算論理には不可能であった「学問的に実り豊かな定義」の例として、フレーゲは、

ブールの論理計算の場合、新しい概念を定義的に形成するには、論理積によるか（「人間とは、理性的でも動物でもあるもののことである」）、論理和によるか（「死刑に値する犯罪とは、〈殺人〉または〈皇帝、自分の領主、その領地におけるドイツ侯爵に対する謀殺計画〉のことである」）のいずれかの方法しかない。しかし、この概念形成をオイラーの円で図示すれば明らかなとおり、いずれの方法の場合も、新しい概念の境界は、すでに与えられている概念の境界の一部から構成されている。概念記法は、これとはまったく異なる種類の概念形成を可能とする。たとえば、「$2^3 = 8$」という真なる思想が与えられている場合、2を変項で置き換えるなら、〈3乗すると8になる数〉、すなわち〈8の3乗根〉という概念が手に入るし、逆に3を変項で置き換えるなら、〈2を底とする8の対数〉という概念が手に入る。量化と関数論的分析によってはじめて可能となるこうした概念形成はブール論理学の外部にあるので、ブールは論理的に完全な概念がすでに形成あるいは把握されて所与となっていることを前提せざるをえず、彼の計算論理にできることといえば、機械的な計算プロセスによって所与の前提からその帰結を引き出すことだけである。しかしそれはけっして「思考」ではない。フレーゲにとって形式的記号体系は、「形式的」であるからといって「内容を欠いた」ものではありえない（cf. GGA-I: XIII）。さもなければそれは単なる文字あるいは図形（Figur）の集まりでしかなく（cf. FTA: 97）、けっして「記号言語（*lingua characteristica*）」ではない。したがって、形式論理学も、「形式的」であるからといって、「内容を欠いた」単なる論理計算であってはならない（cf. BrLB: 51f.）。さもなければ、それは単なる機械的なアルゴリズムでしかなく、けっして思考の法則としての論理学ではないことになる。

その意味で、フレーゲが概念記法の効果を空気の凝縮に喩えているのは非常に示唆的である。たしかに概念記法の効果は、「感覚によって与えられるあらゆる内容を、あるいは直観によって与えられるあらゆる内容をすら排除した思考が、それだけで、すなわちその固有の性質に由来する内容から、一見したと

『概念記法』第26節の「数列における後続（das Folgen in einer Reihe）」の定義を挙げている。この定義を非形式的に述べるなら、「手続きfをxに適用したあらゆる結果は性質Fをもつ、ならびに、Fが何であれ、性質Fはf-系列において遺伝する、という2つの命題から、yは性質Fをもつということが推論できるとき、わたしは「yはf-系列においてxに続く」あるいは「xはf-系列においてyに先行する」と言う」（B: 61f.）となる。

ころなんらかの直観に基づいてのみ可能であるように思われる判断をどのようにして産み出すことができるか、が分かる」(B: 55) ことにある。しかしながら概念記法は、通常われわれが自然言語を用いておこなっている思考から、経験的なものや直観的なものという不純物を除去して、純粋に形式だけを取りだしたものなのではない。概念記法の効果はむしろ、「素朴な〔kindlich〕意識には無と映る空気が、目に見える水滴を形成する液体へ変換することに成功するあの凝縮にたとえることができる」(ibid.: 55)。結露は、空気から不純物を取り除いた結果なのではなく、われわれを取り巻く大気をいつもすでにすみずみまで満たしていた水蒸気が、凝縮して目に見えるようになったものである。それと同じように、概念記法は、不純物を除去したものという意味での形式言語なのではなく、われわれの思考をいつもすでにすみずみまで満たしていた論理が凝縮されて目に見えるようになったものという意味での形式言語なのであり、いわば結晶言語なのである*54。

2.1.2 ブールとフレーゲの真の対立点

ブール代数に対するフレーゲのこの批判は、一般に、フレーゲの「判断の優位性原理」と呼ばれるものに基づくと見られている (cf. Dummett 1981; Sluga 1987)。フレーゲは1882年8月29日にアントン・マルティ*55 に宛てた書簡でこう述べている。「ところでわたしは、概念の形成が判断に先立ちうるとは思いません。なぜならそのためにはまず概念が自立的に成立していることが必要となるでしょうが、むしろわたしは、概念は判断可能な内容の分析をつうじて生じるのだと考えるからです。わたしは、どの判断可能な内容についてもたったひとつの可能な分析の仕方しかないとか、いくつもの可能なやり方のうちのひとつがつねに実際上の優位を要求してもよいとは思いません」(WB: 164)。

---

*54 もちろんこれは、ウィトゲンシュタインが『哲学探究』(Wittgenstein 1953) で、『論理哲学論考』(Wittgenstein 1922) でのかつての自身の思想とも重ね合わせながら、「われわれの言語の論理を昇華させようとする傾向」(Wittgenstein 1953: §38) や論理の「結晶のような純粋さという先入観」(ibid.: §108) として批判しているものである。他に ibid.: §94, 97, 107 をも参照せよ。

*55 書簡集 (WB) の編者はこの書簡が、ブレンターノの弟子でプラハ大学哲学教授のマルティに宛てられたものと判断しているが、H・スルガは、状況証拠から、本当の宛先はカール・シュトゥンプフである可能性が高いと推測している。Cf. Sluga 1987: 96, note 10.

だが、もっと視野を広げてみるなら、ブールの論理計算に対するフレーゲの不満は、単に判断の優位性原理の遵守だけに基づくのではなく、ブールの概念原子論が、フレーゲの論理主義のプロジェクトに、はては彼の汎論理主義的信条に反するからでもあると見ることもできる[*56]。またそうした観点から見ないことには、目的を異にすることを自認している両者のあいだの論争を、ただのすれ違い以上のものとして見るのは難しくなるだろう。

　ブール代数は、通常は数のあいだの演算と関係性を表現するとみなされている代数式を、クラス計算（集合計算）としても、命題計算としても解釈することができるという発想に基づいている。その場合、「x」や「y」といった文字は、解釈に応じてクラスや命題をあらわすことができるし、「＋」と「・」といった加法記号・乗法記号も、解釈に応じてクラス和（'∪'）やクラス積（'∩'）の演算や、命題の論理和（'∨'）や論理積（'∧'）の演算をあらわすことができるし、「0」と「1」という数詞も、空集合と議論宇宙（全体集合）などをあらわすことができる。こうして、「x＋y＝y＋x」や「x・y＝y・x」という交換律の式は、代数式としても、クラス計算式としても、命題計算式としても解釈できるのである。このときブールにとって、クラス計算の式こそが「1次的命題」であり、命題計算の式は「2次的命題」であるとされる。フレーゲが自分とブールの「本当の違い」（BrLB: 15）を見るのはここである。

> わたしは、そのように2つの部分に分解し、第1の部分を概念の関係（1次的命題）に、もう一方を判断の関係（2次的命題）に割り振るということを避けて、全体を一体となったものとして打ち立てる。ブールにおいてはこの2つの部分が並列しているために、一方がまるで他方の鏡像のようになってはいるが、だがまさにそれゆえに、他方と有機的に繋がっていないのである。（ibid.: 15）

フレーゲのこの批判を裏づけるように、ブールは次のように言っている。

[*56] 汎論理主義に関わる部分は別として、以下の議論は Sluga 1987 から示唆を得たものである。

［記号の］解釈は純粋な取り決めである。われわれはそれらを自分たちの好きな意味で用いることが許されている。だがこの認可は2つの欠くべからざる条件によって制限される——第1に、いちど取り決めによって確立した意味から、同じ推論過程の中でけっして離れないこと、第2に、推論過程を実行するための諸規則はもっぱら、使われている記号の、上で固定された意義ないし意味にのみ基づくこと、の2つである。これらの原則に従うなら、論理学の記号の諸法則と代数学の記号の諸法則とのあいだに成り立ちうるいかなる一致も、過程の一致に帰着する以外にない。この2つの解釈分野は別々で独立のままであり、それぞれが独自の法則と条件に従うのである。(Boole 1854: 25)

この文章にはっきりと示されているブールの考えがフレーゲにとって到底認めがたいのは、数は論理的対象にほかならず、数学はいっそう展開された論理学にほかならないというフレーゲの論理主義と対立するからだけではない。論理法則と算術法則の一致は、最初に任意に約定された解釈を順守する記号の変形過程の一致にほかならないという考えは、そもそもフレーゲの汎論理主義的信条とまったく相容れないのである。フレーゲにとって、代数計算も、クラス計算も、命題計算も、すべて客観的かつ普遍的な思考の一種であり、代数の法則も、クラス理論の法則も、命題論理の法則も、すべて客観的かつ普遍的な思想を表現するものである。だがそれらの客観性と普遍性は、究極的には、それらが根本的には論理的な思考、論理的思想として同一であることを示すことによってしか確証されえないのである。したがって、フレーゲにとってのブールの誤解は、論理学と数学の同一性が、それぞれの内部の計算手続きの同一性——正確には同形性——を示すことだけで証明されると信じたことにあると言えるだろう。

2.2　計算としての論理と言語としての論理

ヴァン・ハイエノールト（Heijenoort 1967）によれば、フレーゲ論理学とブ

2.2 計算としての論理と言語としての論理

ール論理学のこの相違はそのまま、20世紀以降の論理学史における2つの相反する伝統の相違を体現している。第1の「計算（calculus）としての論理」の伝統は、ブールとそのドイツでの継承者であるシュレーダー（Schröder 1890; 1891; 1895）に、そしてさらに洗練されたかたちではレーヴェンハイム（Löwenheim 1915）に代表され、論理はいくとおりにも解釈可能な計算であると考える。反対に、フレーゲとラッセルに代表される第2の「言語（lingua）としての論理」の伝統は、論理を純化された普遍的言語とみなす*57。論理についてのこの2つの見方がもっとも鋭く対立するのは、すでにフレーゲとブールの対立にその萌芽が見えてはいたが、議論領域（universe of discourse）*58 と解釈を変動させ、量化をその変動と連動させるというモデル論的な発想の許容可能性に関してである。ハイエノールトが計算としての論理の伝統の中興の祖とみなすレーヴェンハイムは、ブールやシュレーダーを受け継いで論理学を集合論（クラス算）の上に基づけ、証明可能性（provability）の観念を妥当性（validity）の観念で置き換えたが、彼のいう適格な式の妥当性という観念は、現代的に言えば、可変的な対象領域 D と D 中の対象を各文字図式に任意の仕方で付値するやはり可変的な解釈（付値関数）との順序対 ⟨D, I⟩ あるいは ⟨D, V⟩ としてのモデルによって定義される。こうした発想の可能性がフレーゲには塞がれていたか、あるいはすくなくとも許容不可能であったのに対して、ブールには開かれていたことは、上の論述から明らかであろう。たしかにブールの計算論理には、フレーゲの概念記法と比べて多くの技術的不備はあったが、フレーゲが指摘したブール論理学の無内容さは、未解釈の文字図式の集合とそれに対する複数のモデルという考えを容れる余地を開いたのである。

ところでハイエノールトは、フレーゲは単に最初からひとつの議論領域に限定しているのではなく、彼の領域が唯一の領域（the universe）なのであると解

---

*57 とはいえ、ことシュレーダーに関しては、問題はブールの場合よりも複雑であるのかもしれない。たとえば三平 2003 は、フレーゲとシュレーダーの関係を「言語としての論理 vs 計算としての論理」という対立軸で捉えることに異を唱え、シュレーダーもまたフレーゲと同じくライプニッツの「普遍的記号言語」としての論理的伝統に立つ――「シュレーダーが目指したのは、算術、幾何学、集合論などが書けるような「数学のための記号言語」、さらには普遍言語であった」(ibid.: 42)――と見ている。

*58 Cf. Boole 1854: 74「さて、われわれの言説のすべての対象がそのうちに収まるような場がどれだけの大きさになろうとも、そうした場を議論領域と呼ぶのが適切であろう」。

説しているが（cf. Heijenoort 1967: 325）、この言い方は不正確である。むしろ、フレーゲにはいかなる「議論領域」も存在しないと言うべきであろう。このことは、フレーゲの量化理論が、現代において標準的とされるものと、ある重要な点で異なっていることからも示される。フレーゲは、概念記法命題中で特定の対象や関数を意味する（bedeuten）のではなく、ただ不確定的に暗示する（unbestimmt andeuten）だけの記号としてラテン文字（'a', 'b'; 'f', 'g'）を導入し、「ラテン標識（lateinische Marke）」と呼ぶ（cf. GGA-I: 31-33）。これは現在でいう自由変項にあたり、逆に束縛変項には、概念記法ではドイツ文字（'𝔞', '𝔟'; '𝔣', '𝔤'）が使われる。とはいえ、ラテン標識とドイツ文字をそれぞれ現代論理学的な観点から「自由変項」とか「束縛変項」とか呼ぶのは、本来であれば不適切であろう。現在では、自由変項を含む開放文の真理条件は、その普遍閉包（universal closure）によって与えられるのが通例である*59。「xは歩く」や「x＞y」といった開放文は、それ自体は真でも偽でもない（cf. Quine 1970: 36）。変項は、個体からなるドメインと連動する量化子によって束縛されることによって、はじめて真や偽でありうるなにごとかを述べることができるからである。つまり、束縛変項を含む量化文としての普遍閉包の真理が先にあって、それとの同値関係によって、自由変項を含む開放文の真理が与えられるということである。しかし、フレーゲの場合は順序が明らかに逆である。彼にとっては、判断線と内容線（合わせて "⊢"）を前置されるなら、たとえば「xが2より大ならば、xの平方は2より大である」のような文も、「普遍的思想を表現する文」（EL: 206）であり、それゆえ真理値をもちうる——立派に真理値の名前になる——のである。彼はすでに『概念記法』の第1節で、「ひとつの完全に定まった意味をもっている記号」、すなわち単称名辞や論理定項を、「一般性を表現する」のに用いられる「文字（Buchstabe）」から区別するべきだと言っている（cf. B: 1）。この「文字」とは後にラテン標識と呼ばれたものである。つまりフレーゲ

---

*59 たとえばクワインによれば、「ある開放図式が妥当であるのは、その普遍閉包が、つまりその図式の全体をその自由変項のそれぞれに関して普遍量化子に従わせることによってつくられる閉図式が、妥当である場合であり、その場合にかぎる」（Quine 1950: 139）。つまり、「∀(x)Fx→Fy↔∀y [∀(x)Fx→Fy]」と約定されるということである。Cf. *ibid*.: 135-140 (chap. 24); 野本 2012: 240-241. これに対して、フレーゲにおいても開放文は普遍閉包に還元されると解釈する者もいる。たとえば Resnik 1986: 180 を参照せよ。

2.2 計算としての論理と言語としての論理

にとって文字の導入は、量化とはまったく無関係に、ということは、変項がドメイン全体の上を走るという考えや、いわんや自由変項が対象列によって一挙に充足されるといった考えともまったく無関係に、一般性を表現するためになされたことなのであり、フレーゲ論理学においてラテン文字が表現する一般性とは、全称量化子によって束縛された変項が示す一般性と同じではない。ラテン標識は、ある議論領域のすべての対象を、あるいは任意のどの対象をも「意味する」のではなく、ただ対象を不確定的に「暗示している」だけである。

たしかにこうした考えは、現代のわれわれにとってすんなりと呑み込めるものではないかもしれない。しかしこの考えは別の文脈でも、たとえば固有名と概念語の区別についての自身の考えを述べたフレーゲの次の文章において、はっきりと表明されている。

> 「すべての人間」を文法上の主語にもつ文をわたしが発話するとき、わたしはそれでもって自分のまったく知らない中央アフリカの酋長についてなにかを言おうとしているのではけっしてない。したがって、「人間」という語でもってわたしがこの酋長をなんらかの仕方で指示しているとか、あるいは、この酋長がなんらかの仕方で「人間」という語の意味〔Bedeutung〕に属する、などと言うのはまったくの誤りである。(KBS: 454)*60

とはいえこれが、フレーゲが変項の代入的解釈（cf. Heck 2010）——たとえば、"$\forall x \Phi(x)$" はその例化の無限連言（"$\Phi(a) \& \Phi(b) \& \Phi(c) \& ...$"）と等しいとする見方——に与しているということの証拠になるかどうかは明らかではない*61。そもそもフレーゲは、「項（Argument）」と「項座（Argumentstelle）」という表現しか使っておらず、むしろジャーデイン宛の書簡の中で、ラッセルの「変項（variable）」という表現は不合理で理解不可能なのでやめるべきだと進言しているほどである*62。ひとつだけ言えることは、後からドイツ文字と

---

*60 RH: 326f. や LM: 230 にも同じような文章が見られる。こうしたフレーゲの発言は、すくなくとも『基本法則』にタルスキ的な自由変項への同時的付値（対象列による充足）という考えの代替となるもの（「補助名」による方法）を見ようとするヘックの解釈（cf. Heck 1997: 441-442）には問題点があることを示唆している。この解釈については以下の 3.4.4.5 を参照せよ。

*61 これについては以下の 3.4.4.4 で詳しく扱う。

ともに導入される「束縛変項」に似た考えは、ほうっておけばひとつの推論全体のすべての式を覆ってしまう一般性の作用域を限定するためのものだったのであり、あくまで概念記法という言語の内部で生じた問題を解決するためのものだったということである（cf. BHP: 377f.; GGA-I: §17）。

2.3　フレーゲの形式主義批判における汎論理主義

　フレーゲの汎論理主義は、彼の形式主義批判の動機のひとつとなっているとも考えられる。フレーゲの形式主義批判は、彼の学問的キャリアのすべてを覆うものだが、この立場を彼が批判する理由にはいくつかある。たとえば、形式主義を「数学者たちの近来の病〔morbus mathematicorum recens〕」と呼び、「この病気の主要症状は、記号とそれが表示するものとを区別する能力の欠如である」（LM: 241）と批判するときは、彼はそれをどちらかというと、数は数詞の指示する対象であるという自身のプラトニズムと対置しているように見える[*63]。あるいは、概念が無矛盾であればそれはすでに有意味であるという考えや、無矛盾性証明をもって真理性の証明に代えようとする企てや、あるいはそもそも無矛盾性証明という考え自体を批判する場合（cf. GLA: §94-96; FTA: 101-104; WB: 70-76）は、「論理法則とは、「真」という語の内容の展開にほかならない」（L-I: 3）とする彼の論理観をそれと対置しているように見える[*64]。しかし、目下の論脈で重要なのはむしろ、『算術の基本法則』第Ⅱ巻の第86節から137節で詳細に展開されている、ハイネとトーメの形式主義に対する批判

[*62]　Cf. WB: 116f., 129-133. この問題についても以下の3.4.4.4でもっと立ち入って論じる。

[*63]　「感官で知覚しえないようないかなるものも、対象として承認しないという、今日ひどく蔓延している傾向が、この場合も、数字それ自体を数、つまり考察の本来の対象と見なすように誘うのである」（FB: 3）。

[*64]　もっとも、この2つの批判はフレーゲにとって根本の部分では繋がっているとも考えられる。名前とその意味（Bedeutung）との峻別は、文をそれが表現する意義（Sinn）、つまり思想（Gedanke）だけではなく、その意味、つまり真理値という面からも考察しなければならないという主張と一緒に、研究者たちが「実在論的」と呼びたがるフレーゲの根本思想を構成していると見ることもできるからである。現に論文「算術の形式理論について」（FTA）における形式主義批判は、後者のタイプの批判から始まり、前者のタイプの批判で終わっている。

2.3 フレーゲの形式主義批判における汎論理主義

である。フレーゲは1904年の講演で、「記号をこの学問の対象だと称する形式的理論を、わたしの『算術の基本法則』第II巻における批判が、たぶん決定的に片付けてしまったと見なすことができよう」(WF: 662f.) と自負を述べているが、M・レズニクによれば、形式主義はすくなくとも (1) ゲーム形式主義、(2) 理論形式主義、(3) 有限主義の3つのタイプに分かれる (cf. Resnik 1980: 54)。(1) は、数学をそれ自体は無意味でチェスのようなゲームとみなす立場であり、(2) は、数学を形式的体系についての理論とみなす立場、(3) は、数学の一部を一定の記号的対象についての有意味な理論とみなし、それ以外の部分を前者の道具主義的な拡張とみなす立場である。(3) はヒルベルトの立場であるが[*65]、(1) と (2) はいずれもハイネとトーメにその源流がある。われわれが注目すべきなのは、(1) に対するフレーゲの批判である。

(1) のゲーム形式主義の立場がどういうものであるかは、フレーゲが引用しているトーメの次の文章で明快に論じられている。

> 形式的な解釈は、数とは何でありまた何をしようとするものかは問わず、むしろ算術において数に何が必要とされるかを問う。形式的解釈にとって算術は、空虚と言ってもよい記号を使っておこなわれるゲームにすぎない。このことによって言わんとしているのは、(計算ゲームにおける)諸記号には、一定の結合規則(ゲーム規則)に応じてそのふるまいに関して与えられる内容以外に、いかなる内容も付与されない、ということである。これと似た仕方でチェスの競技者は、チェスの駒を用いる。つまり、彼はゲームにおける駒のふるまいを制約する一定の性質を駒に付与するが、駒はこのふるまいに対する外的な記号にすぎない。もちろん、チェスと算術のあいだには重要な違いがある。チェスの規則は任意の規則であるのに対して、算術の規則体系は、数を単純な公理を介して直観的な多様に結びつけることのできる体系であり、その結果自然認識において本質的に役立つような規則体系なのである[*66]。

[*65] ただし、以下の注82のヒンティッカの見解を参照せよ。
[*66] Thomae 1898. GGA-II: 97f. に引用。

フレーゲは、この文章の後半の主張を形式主義者は正当化できないと言う。なぜか。第 1 に、形式的算術における数記号が、チェスの駒以上の地位を得るための条件として、トーメは自然科学への応用可能性を挙げているが、そうだとすると、この違いを生みだすものは形式的算術の外部にあるのだから、形式的算術それ自体はやはりチェスのゲームと変わるところがないことになる（cf. GGA-II: 100）。第 2 に、かりに外部の応用可能性が形式的算術をチェス以上の存在にするということが本当だとしても、チェスの駒の配置が応用されることなどないのに、どうしてそれ自体はチェスゲームとなんら変わるところのない形式的算術の等式や不等式だけが応用可能性をもちうるのか。フレーゲに言わせるなら、そのようなことが可能であるのは、なんの思想も表現していないチェスの駒の配置とは違って、算術の式が思想を、しかも真なる思想を表現する場合だけである。ある記号列が真なる思想を表現している場合にのみ、われわれはその応用を考えることができ、また、ある記号列から別の記号列への移行が、ひとつの真なる思想から別の真なる思想への移行を表現している場合にのみ、記号列における移行を支配する規則の恣意性が掣肘されうるのである（cf. *ibid.*）。したがって、算術の式とその応用のあいだの裂け目が架橋される「ためには、式がひとつの意義〔Sinn〕を表現し、規則は記号の意味〔Bedeutung〕のうちにその根拠を見いだすことが必要である。目的として認識が立てられていなければならず、なされるすべてのことがそれによって規定されているのでなければならない」（*ibid.*: 101）。ここから、算術の式に現れる名前（フレーゲ的固有名）は、けっして空虚な図形であってはならず、意味（Bedeutung）をもっていなければならない——ある対象を指示していなければならない——ということが帰結する。さもなければ、いわゆる真理値ギャップが生じるからである。かくして、数詞は数を意味としてもち（したがって意義ももち）、数式は真理値を意味としてもち、思想を表現していなければならない。

　それにしても、チェスのゲームがいかなる応用ももたないというフレーゲの考えには疑問を抱くむきもあろう。チェスや将棋のようなゲームも、シミュレーションや訓練のためのモデルとして役立ちうるはずではないか？　記号列が応用されるためには、それが真なる思想を表現していなければならないというのは、フレーゲの偏狭な実在論的先入観でしかないのではないか？——この批

2.3 フレーゲの形式主義批判における汎論理主義

判はある意味で当たっている。すぐ上で引用した『基本法則』第Ⅱ巻の文章からすでに明らかなことは、ダメットも指摘するように (cf. Dummett 1991a: 256)、フレーゲが数学の定理の応用を演繹的推論の一例とみなしているということである。そうだとすれば、なんの思想も表現しないものについて応用を云々することなどできないということは、フレーゲには自明であったろう。応用というものが問題になりうるのは、彼にとって、前提が結論よりもずっと大きな一般性をもっている場合だけであり、思想を表現しない駒の配列は、そもそもいかなる一般性ももたないからである。ここでもやはりわれわれは、フレーゲの汎論理主義に逢着する。なぜなら、次のダメットの解説が示唆しているように、フレーゲにとって算術の数式の応用可能性は結局のところ論理の——そして論理だけがもつ——無条件の普遍性に帰着するからである。

> フレーゲは暗黙のうちに、算術の定理の応用が、2階やもっと高階の量化を含むきわめて一般的な論理的真理の、特殊な概念や関係による例化に存すると考えていた。その特殊な概念や関係が数学的なら、数学の内部での応用になるはずだし、経験的概念なら、外的な応用になるはずである。数学理論自体も高階量化だけを含む論理的真理だけからなるということはありえないだろう。数学的対象 […] への指示が必要となるからである。[…] しかしながら、応用に関するかぎり、問題となるのは応用先となっている理論の対象であろうから、それに比べれば数学理論の対象は、さほど役割を果たさないか、あるいはそもそもなんの役割も果たさないであろう。それゆえ応用は、主として論理のきわめて一般的な真理からなると考えることができる。明らかに、形式主義者にはこのようなものとして考えられた応用を容れる余地はない。(*ibid.*: 256-257)*67

フレーゲにとって、算術の定理のたとえば物理学への応用が保証ずみなのは、計算するとは推論することにほかならず、自然の物理的説明に際してなされる算術の応用が「観察された事実の論理的な加工処理」(GLA: 99) にほかならな

---

*67　ダメットは指摘していないが、フレーゲのこの考えは GG-III: 380-382 で詳説されている。

いからである。それというのも、「観察するということ自体がすでに論理的な活動を含んでいる」(*ibid.*, Fn.)からである。これは明らかに、数の本性についてのひとつの見方としての論理主義を超えた主張である。その意味ではたしかに、算術の応用可能性をめぐるフレーゲの形式主義批判は、汎論理主義という彼の「先入観」に基づいていると言えるだろう。

2.4　汎論理主義と概念〈馬〉問題

ここで、ヴァン・ハイエノールトの区別した、論理学における2つの相反する伝統——「計算としての論理」と「言語としての論理」——に話しを戻そう。ハイエノールトは、フレーゲのように「言語としての論理」の伝統に属する者は、いくつかの重大な帰結を受け入れねばならなくなると主張する。そのうちのひとつが、「体系の外側ではなにも語れない、あるいは語る必要がないということである。また事実フレーゲは、メタ体系的な問い(無矛盾性、公理の独立性、完全性)をけっして立てることがない」(Heijenoort 1967: 326)[*68]。論理がフレーゲの考えるようにひとつの言語であるのなら、それは学ぶことのできるもののはずである。しかし、ハイエノールトが正しいなら、たとえば『概念記法』は、概念記法体系の外部からドイツ語をメタ言語として使って、概念記法言語をまったく知らない読者にゼロからこの言語を手ほどきする書ではありえないことになる。するとひとは、『概念記法』を理解するためにはすでに概念記法言語を習得しているのでなければならないことになる。事実、フレーゲはその「窮境」にはまったのだとハイエノールトは見ている。その証拠にフレーゲは、自身の概念記法を「解説(darlegen)」[*69]するときにはほとんどいつ

[*68] もっとも、「公理の独立性」に関してはハイエノールトに誤認がある。フレーゲは論文「幾何学の基礎について」(1906)で、公理の独立性の証明と思われるものの非形式的な素描を与えているからである。とはいえ、これはけっしてモデル論的な意味でのメタ体系的な発想をフレーゲが抱くようになったことを意味するわけではないという意味では、依然としてハイエノールトは正しいとも言える。これについては最後の4.4で論じる。

[*69] 概念記法の原始記号の「定義」に始まり、6つの基本法則の定式化を経て、重要な派生的論理法則の導出で終わる『基本法則』第Ⅰ巻の第1部は、「概念記法の解説(Darlegung der Begriffsschrift)」と銘打たれている。

2.4 汎論理主義と概念〈馬〉問題

も、次のような断り書きをしている。いわく、自分が概念記法についてドイツ語でおこなっている「解説」は結局のところ「比喩的な表現」(GG-III: 301)に頼った「予備学〔Propädeutik〕」(ibid.; WB: 63) でしかなく、概念記法について理解をしてもらうために自分にできることはせいぜい、自分の言わんとしていることを「ヒントによって示唆する〔durch Winke hinweisen〕」(GGA-I: 4) ことだけである。だからもちろんそうした表現は、比喩である以上、文字どおりに受け取られると事態を歪曲し自分の真意を逸することになる（cf. LM: 269）。したがって十全な理解のためには、読者の側からの「多少の善意や、好意的に理解してもらうとか、推察してもらうことなどを当てにすることができるのでなければならない」(GG-III: 301) のだと。

　フレーゲがこの「窮境」の中でもがく姿を克明に描き出しているものとしてよく引き合いに出されるのが、概念の述語的本性、あるいは関数の不飽和性についての彼の議論である。よく言われるように、フレーゲは、対象と概念あるいは関係の ── 項と関数の ── 峻別を自身の論理学の不可欠の基礎とみなしていた。両者を分かつ決定的な規準は、概念や関係（関数）は本質的に空所を含み、それゆえ補完を必要とするのに対して、対象（項）は本質的に完結しているということである。前者をフレーゲは概念の「不飽和性〔Ungesättigtheit〕」(BG: 205) や「述語的本性」(ibid.: 200) と呼ぶ。しかし彼は、このこと──これを彼は「論理的原始事実〔logische Urtatsache〕」(WB: 224) とか「論理的原始現象〔logische Urerscheinung〕」(GG-II: 371) と呼ぶ──を言語で（ドイツ語で）表現するのは不可能だと考える。なぜなら、言語で概念について語ろうとすると、概念は飽和して対象化されてしまい、その述語的本性を失ってしまうからである。

　さて概念のこうした本質は、事柄に即した表現にとっても、他者への伝達にとっても大きな障害となる。わたしがある概念について語ろうとすると、言語がほとんど逃れがたい力でわたしに不適切な表現を強制してくるのであり、そうした表現によって思想は──改竄されたと言えるほどに──不明瞭にされてしまう。わたしが「海王星というこの惑星〔der Planet Neptun〕」と言うとき、わたしがひとつの惑星を名指しているのは疑いないが、

それとちょうど同じように、わたしが「〈等辺三角形〉というこの概念〔der Begriff *gleichseitiges Dreiek*〕」と言う場合、言語的類推から、それでもってわたしがひとつの概念を指示しているのだ、と想定されてしまうのもむりはない。しかし事実はそうではない。なぜならそこには述語的本性が欠けているからである。それゆえ、「〈等辺三角形〉というこの概念」という表現の意味〔die Bedeutung〕は（そうした意味が現に存在するかぎり）ひとつの対象なのである。われわれは「というこの概念（der Begriff）」という語なしで済ますことはできないが、しかしその場合にはつねにそうした語の不適切性を考慮に入れておかねばならない。（ASB: 130）

たとえば、ベンノ・ケリーがフレーゲによる概念と対象の峻別への反例として挙げた文「概念「馬」は獲得しやすい概念である（Der Begriff ›Pferd‹ ist ein leicht gewinnbarer Begriff）」を見てみよう（cf. BG: 195ff.）。この文に関しては、ケリーが可能だと信じたことは実は不可能である。すなわち、この文においては、文法的主語の位置を占めている「der Begriff ›Pferd‹」が、まさに「馬」という概念を指し、その概念に、「獲得しやすい概念であること」という性質が帰属されている、と考えることはできない。この主語は、定冠詞が冠せられていることによってすでに、それで意味されているものがひとつの対象であることを示している。記号として見ても、それは空所を含まず、したがって補完を必要とせず、完結している。ドイツ語（や日本語）でこのような文を形成することによっては、われわれは〈馬〉という概念について語ることはできないのである。

もちろん、概念〈xは馬である〉を1階の概念とし、〈Fは獲得しやすい概念である〉を2階の概念とするなら、この文が言わんとしていることを概念記法で表現することは可能である[*70]。しかしそのときには、ケリーがこの例文を持ちだしたことの眼目も失われる。ケリーは、この文によって、概念が同時

[*70] たとえば、ダメットが指摘するように（cf. Dummett 1981: 219）、フレーゲの意図しているような論理的に完全な言語、すなわち、意味（Bedeutung）を欠いた固有名や述語がすべて放逐された記号言語においてであれば、任意の述語 $G(\xi)$ について、$\exists f \forall x[f(x) \leftrightarrow G(x)]$（Gと同値な概念 f が存在する）が成り立つので、述語〈$\varphi(\xi)$ は概念である〉を $\exists f \forall x[f(x) \leftrightarrow \varphi(x)]$ として定式化できる。

2.4 汎論理主義と概念〈馬〉問題

に対象でもありうるということを——したがってフレーゲの概念と対象の峻別が誤っていることを——示したかったのである。ところが、この文に相当する概念記法命題 "⊢∃x[B(Px)]" には、「der Begriff ›Pferd‹」に当たる対象名（フレーゲのいう固有名、一般的に単称名辞と呼ばれるもの）は存在せず、束縛変項をともなう1階の概念の名前（'Px'）が登場しているだけである。重要なのは、この概念記法命題においてすら、概念〈馬〉の概念性（不飽和性、述語的本性）が語られているわけではないということである。またそのことは、そもそもどんな概念記法命題でも語ることのできないものである。この論理的な原初的事実は、正しく構成された概念記法命題のうちで示されるしかないものであり（cf. Anscombe 1971: 111-112）、したがって、概念記法をマスターした者であれば知っているはずのものである。

> 思想ないし思想部分の補完を要する部分にも、意味〔Bedeutung〕の領域でなにかが対応する。だが、それを概念、関係、関数と呼ぶことは、われわれがそうするのはほぼ避けられないことだとしても、誤りである。「神というこの概念〔der Gottesbegriff〕」という表現は言語的にはなにか飽和されたものとして現れている。したがって、その意義〔Sinn〕はなにか補完を要するものではありえない。われわれが「概念」「関係」「関数」（解析学の意味で）という語句を用いる場合、われわれが的中させたいと思っているものを外してしまっている。こうした場合、本来であれば、定冠詞をともなう「その意味〔die Bedeutung〕」という表現も避けるべきなのである。（AD: 275）

> それゆえわたしは、概念記法に怖じ気づかない読者には、さらに次のことも付け加えておきたい。すなわち、（1階の）概念の不飽和性は、概念記法のうちでおのずと示される〔sich darstellen〕のだが、それは、その概念の表示名に、当の概念への帰属が問題となる対象の名前を受け入れるためのすくなくともひとつの空所が含まれていることによって示される、ということである。（ASB: 131; 強調引用者）

ここから帰結するのは、「概念の不飽和性」や「対象の完結性」といった表現それ自体は、概念記法の存立と習得にとって不可欠のなにものかを示唆していながら、概念記法体系の中に居場所をもたない表現だということだけではない。この表現はまた、ケリーの誤解と失敗から明らかなように、概念記法についてのメタ理論のようなものがかりにあるとしても、その中にも居場所をもたないのである。つまり、そうした表現を使って、概念についてなにか本質的なことを定義的に説明することはできないということである。

> 定義によっては、関数とは何であるかを述べることは不可能である、なぜなら、ここで問題となっているのは単純で分析できないあるものだからである。できるのはただ、意図されているものへと導いてゆき、既知のことを引き合いにだすことでより明瞭にするということだけである。定義の代わりに解明〔Erläuterung〕がなされねばならないのだが、この解明はもちろん好意的な理解を当てにせざるをえないものである。(LM: 254)

言うまでもないことだが、「関数」や「不飽和」という表現は概念記法の原始表現ではない。かといってそれらは、概念記法についてのメタ理論の中に登場するメタ表現であり、しかも当のメタ理論自体では定義できない原始表現である、ということなのでもない。「関数」は、概念記法のメタメタ理論においても定義できないし、したがってどんな理論の中でも定義できないのである。それはなぜか。

関数（概念、関係）はまさに概念記法にとって原初的なものであり、関数一般について妥当する論理法則を概念記法は表現できるが、関数それ自体のもつ論理的特徴を概念記法で表現する——語る——ことはできない。なぜなら、概念記法がそもそもそうした論理的表現力をもつのは、ほかならぬ関数のその論理的特徴のおかげだからである。よって、フレーゲが非形式的な文章の中でたとえば関数について述べていることを、概念記法関数についてのメタ言語での定義とみなすことはできない。概念記法を可能としている関数の原初的な論理的特徴——フレーゲが「論理形式〔logische Form〕」(GLA: 83)とか「論理的基本関係〔logische Grundbeziehung〕」(ASB: 128)と呼ぶもの[*71]——は、言語

（日本語やドイツ語）の論理的表現力を可能にしているものでもあるからである。論理はひとつであり、そもそもなにかが言語の資格をもっているなら、それはその唯一の論理によって可能となっているのである。こうしてフレーゲは、「「完結した」や「不飽和」は、たしかに比喩的な表現にすぎないが、しかしわたしが与えようと思っているのは、また実際ここで与えることができるのは、ただヒント〔Winke〕だけなのだ」（BG: 205）と認めることになる。

　フレーゲにとって重要なのは、この事実の自覚である。概念と対象の区別について、ケリーが誤ったことを言っているのに対して、フレーゲが正しいことを言っているというわけではないのは明らかである。もしフレーゲが正しいのなら、概念と対象についての彼のメタ理論（あるいはメタメタ理論）が正しいということになってしまうからである。そもそも、ケリーに対して、「〈馬〉というこの概念はいかなる概念でもない（Der Begriff *Pferd* ist kein Begriff）」と抗弁してもなんの意味もない（cf. ibid.: 196f.）。ここでは、ケリーにできないことは、フレーゲにもできないのである。ケリーとフレーゲを分かつのは、概念とその論理的本性のことを考えながら自分が綴っている自然言語の文が、比喩を使った暗示でしかないということの自覚の有無である[*72]。フレーゲは、この自覚が欠けているとき、つまり、単なる比喩によるヒントにすぎないものを、文字どおりの定義的説明と考えてしまうなら、ナンセンス（Unsinn）を生みだすことになる、と考えるのである。

　したがって「概念〔Begriff〕」という語自体に、厳密にとるならすでに欠

[*71] これらはいずれも、"F(a)" や "R(a, b)" や "∀x[Fx→Gx]" といった命題のもっている論理構造のことを指していると思われる。しかしこれらの構造を、たとえば「対象 a が概念 F の下に属する（Der Gegenstand *a* fällt unter den Begriff *F*）」とか「対象 a は対象 b と関係 R にある（Der Gegenstand *a* steht mit dem Gegenstand *b* in der Beziehung *R*）」とか「概念 F は概念 G の中に属する（Der Begriff *F* fällt in den Begriff *G*）」のように表現することはできない。それでは概念や関係が対象化されてしまうだけではなく、概念の階差もうやむやになってしまうからである。

[*72] フレーゲは 1902 年 6 月 29 日付ラッセル宛書簡で、『基本法則』第 I 巻の「関数名はけっして固有名の位置を占めることができない」（GGA-I: 37）という主張に対するラッセルの反論を受けて、「関数の概念は本当は 2 階の概念でなければなりませんが、言語においてはいつも 1 階の概念として現れるのです」と自分が書いているさなかも、言語が不可避的に自分を裏切っていると漏らし、「大事なことは、われわれが何をしているのか、どうしてそういうことになるのかを自覚することでしょう」と続けている。Cf. WB: 217-219.

陥がある。というのは「はひとつの概念である〔ist ein Begriff〕」という語句は、文法的主語として固有名を要求するからである。したがってこうした語句は本来、矛盾を要求しているのである。というのも、いかなる固有名も概念を指示できないからである。あるいはもしかすると、そうした語句はナンセンスを要求していると言ったほうがいいかもしれない。(S: 192)

だが、単純であるものは、分解できず、それゆえ定義できない。それでもなお定義しようとするなら、ナンセンスが出てきてしまう。関数のあらゆる定義もやはりこの種のものである。(EM: 290)

ここでフレーゲは、たしかにある窮地に陥っているように見える。彼は、「言語の［…］避けがたい硬直性〔unvermeidbare sprachliche Härte〕」(BG: 196)のゆえに、概念記法体系にとって本質的に重要な諸々の論理的区別を、有意味には説明できないでいる。それゆえ、ケリーのしているような誤解に対しても、説得力ある反論どころか、自身の規準に照らして有意味であるような反論すらできないでいる。彼にはただ、「その際にドイツ語の一般的な言語感覚に訴えることで、定義するのではなく、ただヒントを与えることだけ」(ibid.: 195)しかできないのである。「言語はわれわれに不適切な表現を強いる。この不都合を避けることは難しい。しかし、この不適切さを自覚し続けることによって、その不都合を無害なものにすることはできる」(LM: 258)——こう彼は言うけれども、だれもがこの楽観を共有できるわけではないことは、ケリーのような事例の存在からも明らかであるように思われる。この事態はフレーゲを「窮境」に追い込むのではなかろうか。

2.5 普遍的媒体としての言語と意味論の表現不可能性

2.5.1 意味論の語りえなさ

フレーゲ論理学のこの「窮境」を、言語全般と意味論一般へと拡張してみせたのがJ・ヒンティッカである。彼は、ヴァン・ハイエノールトが論理学の歴

2.5 普遍的媒体としての言語と意味論の表現不可能性

史の中に読み取った、計算としての論理と言語としての論理という対立を、さらに言語全般へと一般化し、言語——とくに自分の母語——に対する2つの相反する見方を区別した*73。

一方の「計算としての言語」という見方をとる者にとって、言語とは多様な目的に仕えさせることのできる便利な道具であり、そのつどの目的に応じて解釈し直されたり、改良や変更を施されたり、場合によっては全体として他の言語体系と置換されたりしうるものである。この見方に立つ者は、われわれの母語といえども数ある現実の言語、それどころか無数に存在しうる可能な言語体系の中のひとつにすぎないと考える。したがって、この見方に与する者にとっては、自分がふだん世界について語るために用いている言語から身をふりほどき、その言語と世界とを目の前に並べて、両者の意味論的関係について、やはり・言・語・で——もちろん別の言語で——語ることは可能である。

これと対立するのが、ヒンティッカが「普遍的媒体としての言語（language as universal medium）」と呼ぶ見方である。この見方によれば、われわれの言語（とくに母語）とは、われわれが——たとえ何についてであれ、そもそも——語ろうとするときにはつねにその中を生きているのでなければならない普遍的な媒体である。したがってわれわれは、言語を用いることでわれわれが指示したり、記述したり、議論の主題としたり、それについて理論を構築したりしている対象に対するのと同じように、自分の言語を外側から見て記述することはできない。なぜなら、「ひとが言語を使ってなにかについて語ることができるのは、所与の決まった解釈に、言語と世界のあいだに成り立っている意味関係〔meaning relations〕の所与のネットワークに、頼ることができる場合だけだ」(Hintikka & Hintikka 1986: 1) からである。この「意味関係」が何であり、どのようにして成り立っているのかを、われわれは言語で有意味に語ることはできない。なぜなら、それについて語ろうとするなら、その関係がすでに——そして語っている今も——成り立っていることを前提せざるをえないからである。こうして、普遍的媒体としての言語という見方からは、意・味・論・の・不・可・能・性という考えが必然的に帰結する。正確にいうなら、不可能なのは、われわれがなに

---

*73 Cf. Hintikka 1979; Hintikka & Hintikka 1986: 1-2.

かを語ろうとするときに前提とせざるをえない「意味関係」を語ろうとする論理的意味論とモデル論である。というのも、言語を普遍的媒体として見る者が、それにもかかわらず、言語と世界のつながりについて多くの正しいことを知っているということは可能だからである。したがって、普遍的媒体としての言語という見方からの帰結は、正しくは、意味論は表現不可能だという考え、「意味論は語りえないというテーゼ〔the thesis of the *ineffability of semantics*〕」（*ibid*.: 2）である。

　本章での考察は、普遍的記号言語としての概念記法に対するフレーゲの態度が、普遍的媒体としての言語という見方と一致する、という考えを支持するように思われる。実際ヒンティッカは、ハイエノールト同様、フレーゲは意味論の表現可能性には懐疑的であったと主張する。たしかにフレーゲの書いたものには、概念記法のような外延的言語の意味論についての明確で詳細な考え方が見られ、概念記法についての彼の非形式的な「解説」には、論理結合子や量化子についての真理関数的な定義のように見えるものが登場する。しかし彼は、そうした意味論的関係が言語で正しく表現できるとは信じていなかった。その証拠に彼は、そうした意味論的言明を、自身の体系的理論の展開の中にはけっして組み入れなかったのはもちろん、概念記法で表現可能であるとさえみなしていなかったのである。すぐ前で見たように、フレーゲの論理中心主義は彼を「言語の文法を信じない論理学者」たらしめたと言える。それと同じようにここでは、言語を普遍的媒体とみなすフレーゲの立場は、ヒンティッカの言うように、彼を「意味論を信じなかった意味論家」[*74]たらしめたのだと言えるだろう。（そしてギーチと同じくヒンティッカも、このフレーゲの考えが、論考のウィトゲンシュタインの「語る」と「示す」の区別の起源であると見ている[*75]。）

[*74]　Cf. Hintikka 1981a: 57-82; Hintikka & Hintikka 1986: 3.
[*75]　このギーチやヒンティッカとは逆の解釈——ウィトゲンシュタインとは違ってフレーゲにはこの「語りえなさ」を哲学的に積極的に利用する気はなかったという、どちらかというと標準的な解釈——の古典的代表が、Black 1964: 378-379である。このブラックの古典的解釈を拒否しつつも、語りえないものに対するフレーゲとウィトゲンシュタインの態度を同一視することを拒むのがConant 2000である。

2.5.2 フレーゲの消極的形式主義

　ヒンティッカはさらに、ウィトゲンシュタインのある断章から着想を得て、普遍的媒体としての言語という考えはカント哲学の言語論的な対応物であると指摘する[*76]。その断章とは、『雑考（Vermischte Bemerkungen）』に収録された1931年の次の書き込みである。

> 言語の限界は、ある命題に対応する（その命題の翻訳である）事実を記述しようとしても、まさにその命題を繰り返すことしかできないということのうちに示される。
> （ここでわれわれは哲学の問題のカント的解決と関係している。）[*77]

　しかし、カントにはそれが「解決」に見えたというのが本当だとしても、ウィトゲンシュタインと、そしてフレーゲにとってはそうではなかったであろう。カントは、われわれの知識探索活動とそれが利用する概念枠組みとは独立に、それ自体として見られた（an sich spectata）事物の不可知性を主張したが、超越論的認識の可能性は信じていたと思われる。しかし、物自体の不可知性と、われわれの知識探索活動とその概念枠組みの不可知性――あるいはすくなくともそれらの表現不可能性――とのあいだには、『論考』のウィトゲンシュタインがはっきりと示したように、相互依存の関係がある。これをヒンティッカにならって「超越論的認識のパラドクス」と呼ぶとすれば、カントはこのパラドクスを十分真剣に受けとめていたとは思えない。この超越論的認識のパラドクスに、言語哲学の側で対応するのが、言語（とそれが体現する論理体系と概念体系）とは独立のものとして考えられた事物の語りえなさと、言語と事物とのあいだに成り立つ意味論的関係の語りえなさとの相互依存関係である。われわれがこれまで見てきたフレーゲは、まさにこのパラドクスの前で立ち往生しているように見える。

　M・クッシュは、以上のヒンティッカの議論を受けて、普遍的媒体としての言語と計算としての言語という2つの見方を、言語哲学における2つの「理念

[*76] Cf. Hintikka 1981b; Hintikka & Hintikka 1986: 4-5.
[*77] Wittgenstein 1984: 463-464.

型（Idealtypen）」と見なすならば、それらは、意味論、モデル論、可能世界、相対主義、カント主義、メタ言語、真理の対応説などについて、相反する立場を含意すると論じている（cf. Kusch 1989: 4-7）。前者の普遍的媒体としての言語という考え方を構成するのは、（1）意味論は到達不可能であり、それゆえ（2）われわれが別の意味論的関係体系を想定することは不可能であり、したがって（3）モデル論と可能世界という考えは拒絶すべきであり、（4）言語相対主義を受け入れるべきであり、また（1）と（2）より、（5）意味論的カント主義（内部主義、あるいは内部実在論）を受け入れるべきであり、同じ理由から、（6）メタ言語は言語の誤用であると考えるべきであり、また（1）より、（7）対応としての真理は理解不可能、すくなくとも説明不可能であり、（8）（1）の意味論の到達不可能性という考えと結びついているかぎりでの――しかし、解釈の変動性という考えとは結びついていないかぎりでの――形式主義は受け入れるべきである、という考えである（言うまでもなく、計算としての言語という理念型は、（1）から（8）すべてのアンチテーゼを含意する）。

　言語を普遍的媒体として見る者が、（8）のような意味で限定的な形式主義を受け入れざるをえなくなるというのは、元来はヒンティッカ夫妻の主張である（cf. Hintikka & Hintikka 1986: 9-10.）。彼らは、論理学において形式主義を支持する動機には2つの正反対のものがあると主張し、それを「論理学における形式化のパラドクス」と呼ぶ。言語を計算と見る者は、言語において解釈を変動させることのできる構成部分を形式主義的に特徴づけることになり、そうした部分を支配する規則を、純粋に形式的な観点から、つまり意味や指示を欠いた単なる記号操作（記号の変形や置換）のための規則として扱うことになる。これに対して、言語を普遍的媒体とみなす者は、まさにその見方から帰結する意味論の語りえなさのテーゼのゆえに、自身の論理学の中では、意味論的機能を捨象された――あるいは前提された――記号を形式的に論じることしかできなくなる。彼が論理と論理的言語について語ることは、純粋に形式的な企てとしての論理的構文論でしかありえなくなる。かくしてヒンティッカはこう診断する。

　　これこそが、フレーゲと初期ウィトゲンシュタインに見られるものである。

2.5 普遍的媒体としての言語と意味論の表現不可能性

1階の論理の最初の完全な形式化が、それどころか形式的論理体系という考えそのものが、論理と数学についての形式主義的哲学の不倶戴天の敵であるゴットロープ・フレーゲによって開発されたということは、ここ最近の論理学史のささやかなパラドクスのひとつであるように見えるかもしれない。しかしながら、言語とは普遍的媒体であるという考えがフレーゲの思想のうちで果たしている役割がきちんと認識されるやいなや、このパラドクスは消え去る。言語を普遍的媒体とみなすことのこの可能な帰結は、フレーゲの思想のまた別の特徴を部分的に説明してくれもする。それは、フレーゲは自身の論理的公理と証明規則になんらかの意味論的内容を（いわんや直観的内容を）割り当てようとするあらゆる試みを放棄しているという事実である。(*ibid.*: 10)

実はこれをフレーゲ自身の発言から裏づけることができる。それは、『基本法則』第Ⅰ巻の「関数名はけっして固有名の位置を占めることができない」(GGA-I: 37) という主張をめぐる、1902年6月24日から7月28日にかけてのラッセルとの往復書簡の中にある (cf. WB: 215-224)。命題「ξ はけっして固有名の位置を占めることができない」は、ξ が固有名なら偽な命題であるし、ξ が固有名でないなら命題として成り立たないので、自己矛盾であると反論するラッセルに対し、フレーゲは、ラッセルの怠っている記号の使用と言及の区別に注意をうながした後で、こう書いている。

> 「関数はけっして主語の場所を占めることができない」という命題の困難はおそらくただ見かけだけのもので、言語表現の不正確さによって惹き起こされたものでしかありません。というのも、「関数」「概念」といった語句は、論理的に言えば本当は放棄すべきだからです。それらは実際には2階の関数の名でなければならないはずなのに、言語上では1階の関数の名として現れているのです。それゆえそれらの語を用いるとき困難にぶつかっても怪しむに足りません。[…] 正確な表現をこころがけるのなら、たぶん語や記号について語るという手だてしかわれわれには残されていないでしょう。(*ibid.*: 224; 強調引用者)

たとえば、文「3 は素数である」は記号「3」と記号「(　)は素数である」に分解できる。前者は記号として完結しているのに対して、後者は空所を含み、したがって記号としては補完を必要としている。同様に、文「4 は平方数である」も、完結した記号「4」と補完を必要とする記号「(　)は平方数である」とに分解できる。ここで、もともとの組み合わせを入れ替えて、「3 は平方数である」と「4 は素数である」という文を作ることは、記号上可能である。しかし、「(　)は素数であるは平方数である」とか「(　)は平方数であるは素数である」という組み合わせを作っても、それは文という記号単位を構成しない。空所がまだ残っているからである。フレーゲの提言はこうである。記号のあいだのこの違い（そして、一方の記号構成は可能だが他方は不可能であること）には、意味（Bedeutung）の領域での相違が（そして、論理的な可能性と不可能性が）対応しているにちがいないとしても、それを語ろうとすると、どうしても——たとえば「関数「は平方数である」の意味（*die* Bedeutung des Begriffes „ist eine Quadratzahl"）」といった表現を使用することで——補完の必要なもの（関数記号の表示する不飽和なもの）を完結したもの（対象）に変えてしまわざるをえず、結果として語ったことにはならないのだから、どうしても語ろうとするなら、先ほどのように記号とその結合可能性についてだけ語るべきだと。これが、意味論の語りえなさテーゼに動機づけられたフレーゲの消極的形式主義の一例であるのは明らかだと思われる。

　しかしながら、もしもこれが、フレーゲの汎論理主義、普遍主義、普遍的媒体としての言語という見方の必然的な帰結のひとつなのだとすると、第 1 に、現代のわれわれの目には、それはあまりにも偏狭で、知的に保守的で、独断的な立場に映らざるをえないと思われる。ひとがこれをシェファーとともに「窮境」と呼びたくなるのも無理はないかもしれない。第 2 に、フレーゲをこうした「窮境」に追い込んでしまうような解釈は、どう贔屓目に見ても健全ではないと思われるかもしれない。もしこの解釈が正しいなら、概念記法がほとんど登場しない『算術の基礎』や、言語哲学の不滅の金字塔である「意義と意味について」を筆頭とするいわゆる哲学諸論文や、自身の論理学についての非形式的説明を駆使して論理主義のプログラムを唱道している数学的諸論文などはすべて、いま見たような慎ましい形式主義の枠を大きくはみ出していることをも

って、詩集と同じであることになってしまう*78。なによりも問題と思われるのは、『基本法則』第Ⅰ巻第1部「概念記法の解説」が、「関数」、「概念」、「関係」、「対象」といった表現をなんの躊躇もなく使用しながら、どうみても**概念記法記号についての意味論的説明**にしか見えないものをおこなっているという事実が説明できなくなるということである。そこに見られる凝縮された緻密な論述を、フレーゲは本当にラッセル宛書簡で言っているように、誤解を招きかねない不正確な論述であると考えていたのだろうか。

　こうした疑問はもっともであるが、しかしわたしの考えでは、その疑問には正当な点と誤解が混在している。そしてその誤解のほうの根は、フレーゲの自覚的な「解明」の方法の本性と重要性があまり理解されていない——あるいはそもそも無視されている——ということにある。この方法がきちんと理解されるなら、ハイエノールトとヒンティッカがフレーゲに見る「意味論の表現不可能性」という挑発的なテーゼと、一見するとそれを反証するような事実、すなわち、フレーゲが意味論的な理論を実践しているように見えるという事実とが、正しい光のもとで見られることになるであろう。

---

*78　J・ワイナーは、次章でわたしが論じるのとほぼ同じ理由から、大胆にもこの帰結を受け入れている。「詩によって表現されるものは——解明とちょうど同じように——不完全に表現されており、完全にはされえない。結論は、フレーゲがこのことに完全に気づいていたということはありそうもないけれども、この意味では彼の著作は詩と同じ身分をもつということである」(Weiner 2001: 61)。

第3章　フレーゲの解明の方法

　フレーゲが「解明（Erläuterung）」と呼ぶものが何であるのかを明らかにするには、それを彼の言う「定義（Definition）」と対比するのがよい。そこで、まずは3.1でフレーゲの理解する「定義」とはいかなるものかを論じ、次に3.2で、定義と対照させつつ「解明」を論じていくことにする。続く3.3節では、その解明という方法と、フレーゲが概念記法を解明するのに用いている自然言語（ドイツ語）との関係性が論じられる。そこで明らかになるのは、言語と論理の関係についてのフレーゲの特異な考え方も、やはり彼の汎論理主義の帰結と見ることができるということである。ところで、3.1と3.2から明らかとなるのは、フレーゲの解明的文章の範囲は、大方の解釈者の想定をはるかに超えて、彼がドイツ語で書いたものの大半を覆っているということである。そのとき——次章の主題との関連からしても——問題となるのは、フレーゲにメタ的な意味論を帰すことはできるのかという問題である。われわれは前節で、ハイエノールトやヒンティカらの解釈に与して、この問いに対してひとまずは否定的な解答を与えていた。従来のフレーゲ解釈史において、この可否が議論されるときにもっとも激しい戦場となってきたのは、『基本法則』第Ⅰ巻の中の特定の数節であった。というのも、それらの節は、現代のわれわれの目から見ると、明らかに概念記法という論理体系についてのメタ理論を実行しているように見えるからである。そこで、本書の中心をなすこの第3章を締めくくる2つの節（3.4と3.5）は、この問題をやや立ち入って考察することにする。それによって、フレーゲの解明という特異な方法のひとつの顕著な実践例が示されることになろう。

3.1 フレーゲの「定義」

ここではまず、フレーゲにとって定義とは何であるか——何であるべきか——を12の項目に分けて見ていくことにしよう。(以下の12項目は、フレーゲが「定義」について述べた事柄をほぼ網羅していると本書は自負するが、フレーゲ自身の手による項目分けではないし、またその順序もフレーゲの著作や思想発展を時系列的に追ったものでないことは明記しておく。)

(**D-1**) 定義の目的は、複合記号の省略形を導入することによって記号上の簡略化をおこなうことにある——科学体系の進展につれて、既知の原初記号から複合的な記号が形成され、そうした複合記号からさらに複雑な複合記号が形成されていく。定義とは、この複合記号の構成のことを指すのではなく、そのままでは扱いづらく、冗長で複雑なそうした複合記号の単純な省略形を導入することを指す (cf. B: 56)。比喩的に語るなら、被定義項となる記号とは、有限なわれわれの精神的能力の労働を軽減するための、「その中身を必要とするときいつでも開くことができることをわれわれがつねに意識し続けることによって、この意義[複合的意義]を収めて携帯できる、いわば容器としての役目を果たす」(LM: 226) ものでしかない (cf. GG-I: 320f.)。

(**D-2**) 定義は恣意的な約定である——「[…] 定義とは、合成のされ方からそれの意義〔Sinn〕が知られるような複合表現の代わりに新しい記号を導入しようという、*任意の取り決め*〔*eine willkürliche Festsetzung*〕である […]。それまで意義をもたなかった記号が、定義によって前者の複合表現の意義を得るのである」(LM: 228f.)。

(**D-3**) 定義はなにも主張しない——定義が、あくまでも記号の同一性にかかわる任意の約定なのだとすれば、定義がなにかを——その真理性の証明が必要だったり、それ以外のなんらかの正当化や根拠づけが必要であるようななにかを——主張することはありえない。たしかに、定義によって約定されたことを、後から主張的に述べることはできる。しかしその認識価値は、同一律 ($\xi = \xi$) のそれ以上のものではない。その点で定義は定理とはまったく異なる。また、たしかに定義からは、公理のように使用できる自明な命題を作ることは

できるが、それでも、定義命題と公理（あるいは基本法則）は、後者には意義と意味の確定していない記号が含まれていてはいけないという点で、まったく異なる。未定義記号を公理の中で定義することは不可能である（cf. GG-I: 319-321; GG-III: 294; WB: 62f.）。この論点は、ヒルベルトの公理的定義（『幾何学の基礎』初版（Hilbert 1899）での「説明（Erklärung）」と公理群による陰伏的定義の方法）に対するフレーゲの執拗な批判の根拠のひとつになっている（cf. WB: 60-80, 147-149）。

(**D-4**) 被定義項と定義項はその意味と意義を同じくする――「われわれは、新しい名前は既知の諸記号から合成された記号と同じ意義と同じ意味をもつと定めることで、定義によって新しい名前を導入する。これによっていまや新しい記号は説明記号［定義項］と同じ意味〔gleichbedeutend〕となる」（GGA-I: 44f.）。

(**D-5**) 定義は非創造的である――定義はただ「省略的な表記（abkürzende Bezeichnungen）」を導入するにすぎないのだから、表記上の冗長さを厭わないのであれば、定義はなしで済ますことができる。よって、定義そのものがなにか新しい対象（あるいは新しくかつ単純な意義）を創造することなどありえない（cf. *ibid*.: VI）。数学者が定義によってなんらかの数学的な対象や概念を創造すると信じることは、地理学者がある海域を線で囲み、それに「黄海」という名前をつけることによって黄海という海を新たに創造したと信じることと同じである（cf. *ibid*.: XIII-XIV）。

(**D-6**) 構成的定義と区別される分析的定義は、本来の意味での定義ではない――D-1 から D-5 のような性格をもつ定義を、フレーゲは「構成的定義〔aufbauende Definition〕」（LM: 227）と呼ぶ。これが、構成要素となる意義から複合的な意義を合成し、この意義を表現するために新しい単純記号を導入する「構成（Aufbau）」の手続きだとすれば、それとは反対の「分析（Zerlegung）」の手続きも可能だと思われる。それは、すでにずっと使用されてきた単純記号の意義を論理的に分析することによって、その意義と同じ意義を表現していると思われる複合表現を定義的に導入することである。フレーゲは、この種の手続きを定義と呼ぶことを拒否する。なぜなら、たとえば「時間は被造物の運動である」という分析的「定義」において、慣例的に使用されてきた「時間」と

いう記号の意義と、分析によって取り出され「被造物の運動」という複合記号で表現されている意義とが一致するかどうかは、認識によって確証されねばならないことだからである。ここでは、まさに「分解（zerlegen）」の結果が問題となっているからこそ、任意の約定の出番はないのである。したがって、これは定義の一種というよりは、むしろ公理とみなすべきである（cf. LM: 226f.）。こうしてフレーゲは次のように主張する。「[…] 定義の定式化に先立つ精神作業は、数学の体系構成の中には登場しない。登場するのはこの作業の結果、つまり定義のみである。そのため、その先行する活動が分析的な種類のものだったのか構成的な種類のものだったのかとか、被定義項はすでに前もってなんらかの仕方で与えられていたのか、あるいは新たに獲得されたのかといったことは、数学の体系自身にとってはどちらでもよいことである。なぜなら、体系の内部では、いかなる記号（語）も、当の記号（語）を導入する定義に先立って登場することはないからである。それゆえ体系にとっては、いかなる定義も命名〔Namengebung〕なのであって、ひとがどのような道筋でその定義に到達したかはどうでもよいことである」（GG-III: 303）。

　(**D-7**) 証明において引き合いに出されないような定義は定義ではなく、ただの飾りである——「さて数学の文献を見渡すと、定義であるように見え、定義と呼ばれてもいるのに、本来は定義ではないようなものに出くわすことがままある。そのような定義は、なにかを支えているように見えるが、実際にはそれが取り除かれても建物の安定性はいささかも損なわれないような、建築の化粧漆喰〔Stuckverzierungen〕に喩えることができる。そのような定義は、̇そ̇れ̇が̇使̇わ̇れ̇る̇こ̇と̇が̇な̇い̇と̇い̇う̇こ̇と̇、̇証̇明̇で̇引̇き̇合̇い̇に̇出̇さ̇れ̇る̇こ̇と̇が̇な̇い̇ということによって、それとして識別される」（LM: 229; 強調引用者）。

　定義の本質についての以上の考察から、フレーゲにとって、以下のような定義の諸原則が帰結する。

　(**D-8**) 適正に形成された名前（rechtmäßig gebildete Namen）はつねになにかを意味している（etwas bedeuten）のでなければならない——ある名前「N」が、原初記号かまたは定義によって導入された複合記号だけから（あるいはその両者の混合から）構成されており、なおかつそれら構成要素記号が、それらの導入時に約定されたとおりに（たとえば固有名は固有名として、1階単項関数名

は1階単項関数名として）そこでも使用されている場合、「N」は適正に形成された名前であり、そのとき「N」はかならずある意味（eine Bedeutung）をもたねばならない（cf. GGA-I: 45, 51）。これをフレーゲは定義の「最高原則〔oberster Grundsatz〕」(*ibid*.: 45) と呼ぶ。

(D-9) 定義の完全性の原則（Grundsatz der Vollständigkeit）(cf. GGA-II: 56-65) ―― 定義は、任意のどの対象についても、その対象が当の概念（ないしは関係）に帰属するか否か（つまりその対象や諸対象について当の概念や関係が述定できるか否か）を一意的に決定しなければならないという意味で、完全でなければならない。比喩的に語るなら、論理学は概念の境界線がきちんと閉じていることと、その境界線が明確であることを要求する。この要求が満たされていない場合、境界線が閉じていない領域や境界のぼんやりした領域が本来はいかなる境界でもないのと同じように、「許容できない疑似概念〔unzulässige Scheinbegriffe〕」(*ibid*.: 74) が生みだされるにすぎない。「はじめに」で触れたように、フレーゲに言わせれば、排中律すらも本当はこの要求を別様に言い替えたものにすぎない。

ここから、次の原則が帰結する。

(D-10) 同じ記号を何重にも（段階的に）定義してはならない ―― 同じ記号が何重にも定義されたりすると、定義の妥当性がこれから証明されるべき諸命題に依存するということが起こりうる。しかしそうすると、これら複数の命題が互いに矛盾していないということの証明が必要となってしまう（cf. GGA-I: 51; BHP: 366f.）。フレーゲによれば、ペアノ[*79] とヒルベルト[*80] はこの誤りを犯している。たとえば、被定義項の加法記号を含む式「$a+b$」を、まずは a と b が正の整数であるときにかぎって定義し、次いで負の整数やゼロを含む事例に関して定義し、さらに、両者が有理数のとき、無理数のとき、複素数のときに関して定義し、はては問題の記号が無限数と超限数のあいだや、2つのベクトルのあいだに現れるとき、というように段階的に定義をおこなっていくことを、フレーゲは頑として認めない。「まだ流動的で、いまだ最終的かつ明確な境界を得ていない概念まがいの構成物を、論理学は概念と認めることはできな

[*79] Cf. BHP: 367; GGA-II: 70-72; WB: 181-198.
[*80] Cf. GG-I: 321-324; GG-II: 368-362; GG-III: §I; LM: 267-270; WB: 60-80.

い。それゆえ論理学はあらゆる段階的定義を退けねばならない。なぜなら、もし最初の定義がすでに完全で、明確な境界線を引いていたのであれば、第2の定義は、同じ境界線を引いていて、したがってその内容が定理として証明されるべきであるがゆえに棄却されるべきであるか、さもなければ、第2の定義が別の境界を引き、それゆえ第1の定義と矛盾するか、のいずれかだからである」(GGA-II: 71f.)。フレーゲにとって定義は「1回かぎりで完全〔ein für allemal〕」(WB: 194) でなければならないのである。

　だが、現実の数学の歴史はむしろそれとは反対で、新たな数の発見とともにすでに使用されていた演算記号の意味が段階的に拡張されてきたのではないか。現にペアノはフレーゲにそう反論している*81。これに対してフレーゲはこう応答する。人類が長い時間をかけ、個々の数学者がそれぞれの限界内でリレー式に数学的認識を拡張してきたという歴史的事実は、これから厳密な体系を構築しようとするわれわれ論理学者・数学者にとってなんの正当化も与えてはくれないのだと。たとえば、「ゼロより大きい」つまり「正である」という概念が疑似概念ではなく本来の概念であるためには、月がゼロより大きいか否かやユリウス・カエサルが正であるか否かが決定できるのでなければならない。定義された概念がそもそもこの要求を満たすことができないのなら、それはフレーゲにとって、論理学の不可能性を意味する。「最終的な定義なしには最終的な定理もない。未完成と不安定性から抜け出してはいないのである」(GGA-II: 74)。「完全で最終的な定義なくしては、われわれは堅固な地盤の上に立っていることにはならないし、定理の妥当性を確信することもできず、概念の、したがってまた関係の明確な境界づけを前提とする論理法則を、確信をもって適用することもできないのである」(*ibid.*: 75)。ここで、ゼロと大小関係に立つことのできるのは数だけであると約定することで（そしてこの約定から、月とカエサルは数ではないがゆえにゼロより大きくも小さくもないと断定することで）切り抜けることはできない。なぜなら、第1に、そのためには「数」という記号がやはり完全に定義されていなければならないからである。そして、数とは何であるかは、フレーゲが彼の概念記法体系の構築をつうじてこれから明らかにし

---

*81　Cf. WB: 187-188; G. Peano, *Revue de mathématique*, Teil VI, pp. 60-61: GGA-II: 71f., Fn. 1 に引用。

ていかねばならないことなのである。第2に、命題「月はゼロより大きい」は偽なのではなくて、まさにその窮余の策の約定のおかげで、真でも偽でもない命題となる。だがそれは、月が概念「正である」に帰属するのか否かという問いには答えることができないということを意味する。そしてそれは、「正である」という概念が本来の概念ではなかったのだということを意味する（cf. *ibid.*: §64）。第3に、論理法則の普遍妥当性を否認しないかぎり、数の領域への制限は最終的には不当にならざるをえない。かりに、「数」という記号が完全に定義されており、かつまた、変項記号は数だけを表示すると約定されているとしよう。その場合、たとえば命題「$a+b=b+a$」は、正確には「aが数であり、かつbが数であるならば、$a+b=b+a$」という命題であることになる。おなじみの論理法則に従うなら、この命題は、「$a+b$と$b+a$が等しくなく、かつaが数であるならば、bは数ではない」に変換できる。だがこれは、数ではないbの存在を ── 上の約定にもかかわらず ── 示唆してしまっている（cf. *ibid.*: §65）。フレーゲに言わせるなら、このことが示しているのは「論理学の法則は明確に境界づけられた概念を前提し、ゆえに関数名 ── たとえばプラス記号 ── の完全な説明［定義］をも前提している」（*ibid.*: 78）ということなのである。（そしてもちろんこの考えは、何度も見てきたように、『基礎』のフレーゲが「シーザー問題」に対処せざるをえなかった原因のひとつである。）

　フレーゲがヒルベルトの公理的定義という革新的な方法にまったく理解を示さなかったのも、上のD-3で挙げた理由以上に、公理的定義がこの多重定義（段階的定義）禁止の原則を破っているように彼には思われたからである（cf. WB: 60-80, 147-149）。フレーゲが問題としている『幾何学の基礎』初版（1899年）では、たとえば「点」「直線」「平面」といった原初記号は、フレーゲの求めるように「一回かぎりで完全に」定義されるのではなく、それらの記号について最初に与えられる説明と、公理群ⅠからⅤの全公理の中でのそれらの使用によって陰伏的に定義される。したがって、公理系が異なればそれらの記号が表示する概念はそのつど変化し、たとえばユークリッド体系での「点」と非ユークリッド体系での「点」は別ものになる。ヒルベルトにとって、概念というものは他の概念に対する関係によってのみ論理的に確定しうるものであり、この関係を表現したものが公理である。どんな理論も、必然的に相互関係する諸

概念の枠組や図式でしかないのだから、基本要素は任意のものでよく、それこそ、愛、法則、煙突掃除人、などを基本要素とする体系でも、ヒルベルトの公理系をこれらのあいだに成り立つ関係と解釈しさえすれば、ピタゴラスの定理もこれらの要素のあいだに成り立つことになる*82。

　だがこのようなやり方が、定義を D-1 から D-7 のようなものとして考えるフレーゲにとってまったく承認できないものであるのは明白である。彼にとっては、ヒルベルトの定義系とも呼ぶべきものは、複数の未知量をふくむ方程式系で、しかもその可解性と未知量の一意的確定に疑いが残るようなものと同様なのである。こうしてフレーゲは、ヒルベルトに抗して——いつもの彼の流儀だが、現代のわれわれから見ると頑迷で保守的と映るかもしれないような仕方で——次のように主張するのである（cf. WB: 73; GG-III: 304f.）。点の定義とは、それにしたがってたとえばわたしの腕時計が点であるか否かを判断できるようなものでなければならない。もちろんこれは、わたしがわたしの腕時計をよく見知っているということが前提となる。しかし、わたしがわたしの腕時計をどれほどよく知っていても、与えられた点の定義を参照することでは、わたしの腕時計が点であるのかどうか判断がつかない場合には、定義が不完全なのである。実際、点についてヒルベルトが与えていると称する公理的定義からは、わたしの腕時計が点であるのか否かはまったく分からない。なぜなら、たとえば公理 I の 1「2 つの相異なる点 A、B はつねに一直線 a を確定する。AB＝a あるいは BA＝a とおく」がもうすでに 2 つの点を扱っていて、この公理がわたしの腕時計について成り立つかどうかを知るためには、まずはわたしの腕時計とは別の、しかもわたしがよく見知っている対象について、それが点であるかどうかを知らなければならないからである。かりにその別の対象（たとえばわたしの愛犬）が点であるということをわたしがなにかの拍子で知っていたとし

---

*82　この点で J・ヒンティッカは、ヒルベルトの『幾何学の基礎』が、20 世紀の論理学と哲学におけるモデル論的思考の重要な先駆けになったと見ている。そのうえでヒンティッカは、数学理論はそれが指定するモデル（のクラス）からまさにその意味のすべてを得るとするヒルベルトの立場は、数学を自足した記号操作として見る立場からはもっとも遠くにあるため、そうした見方を含意しがちな「形式主義」というラベルを彼に貼りつけることは誤解を招くと主張する。したがって、公理系の無矛盾性という問題が彼の思考において決定的な役割を果たしているのは、彼の「形式主義」の帰結ではなく、彼のモデル論的観点の帰結である。Cf. Hintikka 1988: 6-7.

ても、問題の腕時計が点であるか否かはわたしにはまだ分からない。それを知るためには、わたしの愛犬とわたしの腕時計が一直線を確定するかどうかが決定できなければならない。ところが、直線とは何であるのかがわたしにはまだ分かっていないのだから、それは無理な相談である——フレーゲはおそらく、こうした困難が、ヒルベルトの主張するところとは逆に、すべての公理が与えられても解消しないと考えているのである。

さて、ひとつ前のD-9の原則と次の原則を、フレーゲは定義の2大原則として掲げている（cf. GGA-II: 69ff.）。

(**D-11**) 被定義表現の単純性の原則（Grundsatz der Einfachheit des erklärten Ausdrucks）（cf. *ibid.*: §66）——被定義記号（たとえば「正の整数」）は、その全体の意味がその部分記号の意味から導くことができたり（たとえば、整数の中で正であるものとして）、あるいはその部分記号が別の記号結合の中に登場して（たとえば「正の曲率」）、その記号結合全体の意味に対して独自の寄与をなしたりしてはならない。この意味で、定義によって導入される記号は単純でなければならない。

D-1から**D-7**で述べられた定義の本性と、**D-8**から**D-11**で掲げられた定義の原則とから、われわれが定義に対して要求できることとできないことが明らかとなる。それは、定義されうるのは論理的に合成されたものだけであり、論理的単純者については定義は不可能だということである。任意の省略記号を与えることのできるのは複合的な意義と意味をもつ複合表現だけであり、論理的に単純であるものに略記号を与えることは意味をなさないからである。よって、

(**D-12**) すべてを定義し尽くすことはできない——「ある表現に結び付けられている意義を、できるかぎり明晰にしようとする努力は、たしかに称賛に値することである。だがその際に忘れてはならないのは、かならずしもすべてが定義できるわけではないということである。その本質からして定義可能でないようなものをあくまで定義しようとするならば、容易に非本質的な瑣事にひっかかり、それによって研究を最初から早くも脱線させてしまうことになる」（V: 150）。可能なかぎり正確な定義を求めることは、厳密な科学体系の構築——これは当の科学それ自体の基礎づけと同義である——にとって不可欠のこ

とである。なぜなら、その体系を組み上げている推論——当の体系の基本命題の証明と、その基本命題からの他の一般命題の導出——の連鎖に気づかれぬうちに隙間が生じるのは、もちろん第1に、論理法則を純粋に反映していない自然言語での推論にわれわれが頼りすぎるからでもあるのだが（cf. B: IV）、第2に、明確に定義されていない——したがってその論理的構成が不明確な——記号が暗黙裡に多義的に使用されてしまうからでもあるからだ。とはいえ、当然ながらいつまでも明示的な定義を求め続けることはできない。それは基本命題への到達が無限に延期されることを意味するからである。後期のウィトゲンシュタイン風に言うならば、定義はどこかで終わりになるのでなければならない。かくしてフレーゲにとって、どれほど厳密な科学体系であっても——いや、厳密な科学体系であればあるほど、その基底部分は、もはや分析不可能で、それゆえ定義不可能であることが明白な礎石からなっていることになる。

> どの定義の場合でも、なにかを既知のものとして前提しなくてはならない。われわれはその既知のものを介して、自分がある名前や記号で何を理解するつもりなのかを説明する。直線の知識を前提せずに角を定義することなどできないであろう。ところで、定義の際にわれわれが依拠するものは、それ自体がさらに定義されるかもしれない。けれども、さらに遡っていくなら最後にはつねに、定義不可能なもの、単純でそれ以上分解不可能だと認めざるをえないものに出会うことだろう。学問のこの礎石〔Urbaustein〕にそなわる性質には、当の学問の全内容が［植物の］胚のように含まれているのである。(FTA: 96)

しかし、この帰結はむしろフレーゲ自身を苦境に追いやらないのだろうか。なぜなら、フレーゲははっきりと「総じて、『基本法則』第Ⅰ巻での原初記号に関する約定〔Festsetzungen〕を定義と見なしてはならない。論理的に合成されたものだけが定義されうるのであり、単純なものはただ示唆する〔hinweisen〕ことしかできない」(GGA-II: 148, Fn. 1) と認めているからである。つまり、正規の概念記法命題を構成する部分記号は、概念記法の論理体系の「礎石」や「胚」にかかわるものであるにもかかわらず、そのほとんどが未定義の

3.1 フレーゲの「定義」

記号だということになる。ここでは、ヒルベルトに向けた刃がフレーゲ自身にも返ってきているように見える。しかも事態はヒルベルトの場合よりもずっと悪いように思われよう。なぜなら、「判断（Urteil）」、「真理値（Wahrheitswert）」（真（das Wahre）、偽（das Falsche））、「対象（Gegenstand）」、「概念（Begriff）」、「関係（Beziehung）」、「関数（Funktion）」、「項（Argument）」、「外延（Umfang）」、「値域（Wertverlauf）」といった、概念記法体系の展開そのものの中には登場しない——その意味でメタ的と解されうる——語彙についても、それらが定義不可能な論理的単純者であることをフレーゲは認めているからである（その一例は上の 2.4 で概念と関数についてすでに見たとおりである）。するとフレーゲは、『概念記法』や『基本法則』第Ⅰ巻第1部などで、概念記法の未定義の——そして論理的単純者を表示しているがゆえにそもそも定義不可能な——原初記号について、これまた未定義の——やはり論理的単純者を表示している（?）がゆえにそもそも定義不可能な——原初記号を使って、いったい何をやっているのだろうか？ 彼はそれで何をやっているつもりなのか？

　その問いの答えはすでに明らかである。フレーゲは、1899 年 12 月 27 日付のヒルベルト宛書簡（WB: 60-64）で、数学の命題の全体を、定義とそれ以外の命題（公理、基本法則、定理）とに分けたうえで、数学にとって必要ではありながら数学の外部にある（数学の「前庭〔Vorhof〕、予備学〔Propädeutik〕」（*ibid.*: 63）に属する）第3種の命題の存在を認めている*83。それが「解明命題（Erläuterungssätze）」（WB: 63）である。彼が上掲のメタ言語やメタメタ言語らしきものを使って、概念記法の定義不可能な原初記号についてやっていることは、予備学としての解明なのである。ここでわれわれは、フレーゲ的定義についての見方を劇的に変えねばならないと思われる。定義に対するフレーゲのあ

---

*83　数学や論理学にその「前庭」としてのみ属する「予備学」というフレーゲの考えは、原則の体系である存在論を本来の（超感性的なものにかかわる）形而上学の前庭、ロビー、予備学として規定するカント以来の伝統の中にあるのかもしれない。「存在論は、すべての悟性概念と原則の体系を形成する学（形而上学の1部門として）であるが、それはこれら悟性概念と原則が、感官に与えられ、したがって経験によって確証されうる対象に関わるかぎりにおいてである。存在論は超感性的なものにはかかわらない。ところがそれこそが形而上学の究極目的なのだから、よって存在論が形而上学に属するといっても、それはただ予備学として、本来的な形而上学のロビーや前庭としてでしかない」（Kant 1977: 590）。そして本来的な形而上学の対象である超感性的なものは、理性が実践的な関心を向ける3つの対象、つまり「神と自由と不死性」である。

まりにも狭量と映る見方、またそれと表裏一体の、定義に対するフレーゲのあまりにも強い要求——これらは、体系の基礎構築にとって定義が果たす役割の重要さに対する彼の確信をではなく、むしろ彼が定義というものに寄せる期待の少なさと、その反面として、彼が解明というものに寄せる期待と信頼を示しているのである。

3.2 フレーゲの「解明」

そのことを見るためには、「定義」の場合と同様に、フレーゲが「解明」をどのようなものとして特徴づけているかを悉に追っていかなくてはならない。ここでは7つの項目に分けて見ていくことにしよう。(以下の7項目も、「定義」の場合と同様、網羅的であると自負するが、フレーゲ自身の項目分けでもなく、順序も歴史的なものでないことは明記しておく。)

(**E-1**) 定義不可能な論理的単純者は解明されるしかない——前節の**D-12**で明らかにされたように、概念記法中に登場するものであれ、あるいは概念記法についての「解説（Darlegung）」中に登場するものであれ、論理的に単純であるものは定義されえない*84。定義とは、意味と意義が確定している構成要素記号から論理的に合成された複合記号の省略形として、まだ意味と意義が知られていない単純記号を導入するための任意の取り決めにすぎないからである。そうした論理的単純者についてわれわれがなにかを語るとき、それは定義ではなく解明という身分をもつ（cf. GG-III: 301）。同じことを逆から述べれば、「解明は、記号の意義を［…］より単純な構成要素から組み立てるのではなく、その意義を単一のものとして扱うのである」（LM: 224）。

(**E-2**) 解明の役割は、論理的単純者について研究者間で合意を形成することにある——「われわれは、定義不可能な論理的原始要素〔Urelemente〕を認めねばならない。その場合でも、同じ記号（語）によって同じものが表示されるよう保証しておく必要が生ずる。これらの原始的要素とその表示名について

---

*84　Cf. GGA-II: 148, Fn. 1; FB: 18; BG: 193; GG-II: 371f.; GG-III: 299f.; WB: 63.

研究者間で相互理解が得られているのであれば、論理的複合物に関しては、定義を介して容易に合意が得られる。［ところが］原始要素の場合にはこうしたことは不可能であるから、ここでなにか別のものが登場しなければならない。わたしはそれを解明〔Erläuterung〕と呼ぶ。したがって解明は、研究者間の相互理解と科学の伝達という目的に仕えるものである」(GG-III: 301)。したがって、

(E-3) ひとりで研究を進める者には解明は不必要である (cf. ibid.) ―― その意味で解明の役割は教育的なものであると言える。

(E-4) 解明は比喩表現を用いてヒントを与えることしかできない ―― たとえば対象と概念の区別はフレーゲの概念記法の根幹をなすものだが、いずれも論理的単純者であり、したがって概念記法の解説中に登場する「対象」と「概念」はいずれも論理的原始名辞である。ゆえに、フレーゲがこれらについておこなっている言説は、それらを定義しようとするメタ理論ではなく、解明者の意図を受け手に察してもらうための、比喩的な表現を駆使したヒント (Hinweis) や仄めかし (Winke) にすぎない*85。「概念は述語的本性をもつ」という表現や、「関数は不飽和で補完を要する」という表現も、それどころか「関数名（関数記号）は不飽和で補完を要する」という表現すら、実は単なる比喩にすぎない。したがって、「彼女は太陽だ」という比喩表現を文字どおりに受けとるとナンセンスを生じるのと同じように、それらの解明的表現を文字どおりに ―― 正確には、概念記法で表現可能な本来の思想を表現しているものと ―― 解するとナンセンスに陥る。そしてそれは解明の失敗を意味する。したがって、解明命題は「いくぶん割り引いて〔*cum grano salis*〕」(LM: 259) 理解される必要がある。ここから次のことが帰結する。

(E-5) 解明は受け手の善意、好意的な理解、推察などに頼らざるをえない*86 ―― 定義は「推察に任せる余地を残しておらず、好意的な理解や善意を当てにする必要がない」(GG-III: 302) のに対して、定義不可能な論理的単純者についての解明の場合はそうはいかない。うまい比喩や的確な比喩というも

---

*85 Cf. BG: 195; FB: 18; GGA-I: 3f; GGA-II: 148, Fn. 1; GG-II: 371f.; GG-III: 301; WB: 63; WF: 665.
*86 Cf. BG: 204; GG-III: 301; LA: 279; LM: 224.

のはあっても、正確な比喩というものがどこか矛盾していると思われるのと同じように、正確な解明命題というのはやはり矛盾している。話し手の言わんとすることを正確に伝えるために比喩を正確にすることはできない——比喩の正確化の果ては比喩の放棄であろう——のと同じように、解明者の意図を正確に伝えるために正確な解明命題を構成しようと努めることは、定義不可能なものを定義しようとすることに帰着する。可能なかぎり的確なうまい比喩を用いることはわれわれ伝達者の務めだとしても、確実な理解が見込まれる正確な比喩をつくることは伝達者の務めではありえない。同じように、たとえば関数の何たるかについて、あるいは'$\xi-\xi$'という関数名の規則について*87、どの任意の他者にも通じるような正確な解明命題を構成することは不可能である。われわれが比喩表現を用いるときには、その表現を文字どおりに受けとらない好意的な受け手を期待せざるをえない——さもなければ比喩が比喩でなくなってしまう——のと同じように、解明者は、善意ある受け手の好意的な理解や、こちらの言わんとすることをすすんで推察しようとする態度を期待せざるをえない。さもなければ解明は解明として機能しなくなってしまうのである。しかしこうしたことは、フレーゲに言わせるなら、われわれにとってそれほど特別なことではない。それは、われわれが日常的に比喩を使って、比喩でしか伝えられないことを相手に伝えているからだけではない。もっと基本的な場面、たとえば子供を教育する場面でわれわれはしばしば解明者と同じ立場に立たされ、解明者がやらざるをえないのと同じことをやっているのである。

　子供は大人を理解するということをどうやって学ぶのだろうか。彼らはすでに若干の語と文法的な結合法の理解をもって生まれてくるのだから、あ

---

*87　そもそも、'$\xi-\xi$'を「関数名」と呼ぶこと自体がすでに比喩である。変項記号がこの複合記号の不飽和性を暗示しているため、飽和した対象を表示する名前（固有名）と同列に扱うことはできないからである。「わたしがこれを「関数の名〔Name einer Funktion〕」と呼ぶとき、それはいくぶん割り引いて〔*cum grano salis*〕理解されねばならない。この関数をある固有名で補完することによって得られる固有名、たとえば「3-3」は、その関数名を含んではいるものの、文字「ξ」は含んでいない。したがってこの「ξ」は関数名の構成要素ではなく、この関数記号がそれを補完する固有名とどう結びつくかを認識させるのに役立つにすぎない。われわれはこの「ξ」によって、この関数名の取扱説明書を手に入れるのである」(LM: 259)。ところで『基本法則』では、全編にわたって関数記号はしっかり「関数の名前」と呼ばれている。これは何を意味するのであろうか。

とは、彼らがすでに手にしているこの言語的知識の助けを借りて、彼らのまだ知らないことを彼らに説明してやりさえすればよい、というようなものではない。本当は、子供がもって生まれてくるのは言語的素質〔sprachliche Anlage〕だけである。人間と相互理解に達することのできる動物の場合と同じように、子供たちの場合も、歩み寄って理解してくれること〔ein entgegenkommendes Verständnis〕を当てにできるのでなければならない。歩み寄って理解してもらわずには、論理的に分解不可能な内容をあらわす記号を理解させることも不可能である。「関数」という語もそのようなもののひとつである。(EM: 290; 強調引用者)

すると、概念記法の解明者が受け手に期待すべきものとは、受け手の論理的資質であると言えよう。つまり、受け手が自分と同じ論理宇宙に生きていること、受け手が自分の住む論理宇宙を構成する単純者たちとそれらを支配する法則について（暗黙裡にであれ）すでになにごとかを知っていることを、解明者は前提せざるをえないのである。ここでフレーゲは不思議なほど楽観的である。彼はあるところで、解明の成功を理論的に保証することはできないと明言している（cf. LM: 224）。ところがすぐそれに続けて、にもかかわらず解明は実際にはしばしばうまくいく、と断言する（cf. ibid.; GG-III: 301）。この確信の根拠も、やはり彼の汎論理主義に求めるべきだと本書は考える。解明者たるフレーゲは、解明の受け手（彼の著作を読むわれわれ）と同じ論理宇宙に生きている。論理宇宙はひとつだからである。そして、この唯一の宇宙を統べる唯一の論理法則体系は、彼が解明のために用いているドイツ語という自然言語の論理をも、その基幹部分において統べる体系であるはずだ（概念記法命題を結露にたとえた比喩を思いおこしてほしい）。したがって、理論的には保証できない解明の成功に対する彼の不思議なほどの確信は、彼の解明の受け手が彼と同じ自然言語に熟達していることを前提としていることから来るのだと考えることができる。そう見るならば、概念〈馬〉問題をめぐるケリーへの応答の中のフレーゲの次の発言も、根拠のない楽観論ではなく、彼の汎論理主義の発露として読むことができるだろう。

さてケリーはなるほど、いかなる論理的約定も言語上の区別を基礎にすることはできないと考えている。しかし、こうした約定をする者はみな、わたしのしているようなやり方をそもそも避けることはできない。なぜなら、われわれは言語なしには意思疎通できないからであり、またそれゆえ結局のところ、相手が語や語形や構文を自分自身と本質的に同じように理解しているという信頼につねに依拠せざるをえないからである。すでに述べたように、わたしは定義するつもりだったのではなく、ドイツ語の一般的な言語感覚を引き合いに出すことによって、単にヒントを与えようとしたのである。その際、言語上の区別が事柄における区別とそれほどうまく一致するというのは、わたしにはたいへん好都合なことである。(BG: 195; 強調引用者)

たしかに解明は、「ドイツ語の一般的な言語感覚」に訴えざるをえないからこそ、成功を理論的に保証することはできない。フレーゲがしばしばこぼすように (cf. Gg: 42)、ドイツ語のような自然言語は、論理的思考という目的のためだけに作られているわけではないため、論理を忠実に反映した構造や意味連関をもっているとはかぎらないからである。だが他方で解明は、「ドイツ語の一般的な言語感覚」に訴えるからこそ、成功を期待することもできる。概念記法という論理的言語は、ドイツ語とは別の論理宇宙に属するわけではないからである。

(**E-6**) 解明命題は予備学に属するので、科学体系の内部にはいっさい登場しない——原始要素としての単純者は、たしかに科学体系の礎石 (Urbaustein) であるが、それらについて研究者間で合意を得るための言説である解明は、体系そのものに属するのではなく、フレーゲが「予備学〔Propädeutik〕」(GG-III: 301; WB: 63) や学問の「前庭〔Vorhof〕」(WB: 63) と呼ぶ準備段階に属する (cf. GG-III: 301)。したがって、解明命題が体系の展開それ自体の中に登場することはありえない。これが、フレーゲがヒルベルトの公理的定義 (前節のD-10を参照) を承認しないもうひとつの理由である。上で見たように、「点」という概念についてのヒルベルトの公理的定義からは、わたしの腕時計が点なのかどうか判断できないというのがフレーゲの論点であった。だが、もしも

「点」のヒルベルト的「定義」が実はフレーゲのいう解明の役割を果たしていると考えるとしたらどうか。ヒルベルトの説明を定義として見るからこそ、わたしの腕時計が彼の言う「点」なのかどうかが判定できないのであって、かりにそれを、フレーゲが関数と関数記号についてやっているような解明と同じ役割を果たすものと見なすならば、つまりまさにヒルベルトとフレーゲが共有する一般的な言語感覚に訴え、かつフレーゲの好意的な理解と善意に期待する特殊な命題と解するなら、自分の腕時計がヒルベルト的「点」であるか否かを問題にするフレーゲは、関数の不飽和性についてのフレーゲ的解明を意図的に歪曲するケリーと同じであることにならないだろうか。ところが、フレーゲにとってこれは無理な逃げ口上である。たとえば、ヒルベルトの『幾何学の基礎』初版（1899年）の第3節では、一直線上の点は互いに「の間に (zwischen)」という関係にあるが、この「間」の概念は、順序の公理群（Ⅱ1–Ⅱ4）によって定義される、と言われている。これもまた定義のフレーゲ的規準を満たさないのは明らかであるが、かといってこれを「間」という論理的単純者についてのヒルベルト流の解明とみなすこともできない。なぜなら、ヒルベルトのこの「定義」は、推論の前提として役立つよう意図されており（だから彼はそれをあくまで「定義」と呼ぶ）、したがってそれはヒルベルトの幾何学体系の内部に属するからである (cf. GG-III: 302)。この意味で、「間」についてのヒルベルトの公理的定義は、フレーゲ的規準に照らすなら、定義にもなりえず、かといって解明にもなりえない中途半端なものなのである。

(E-7) 解明は、それが役割を問題なく果たした場合でさえ、偽でありうる——『基本法則』第Ⅰ巻の第34節で、フレーゲは、以下の論述では便宜のために2階関数の代わりに1階関数を用いることができるということを示すために、その準備作業としてある定義をおこなっている。そこで彼は、関数をその値域（'$\acute{\varepsilon}\varPhi(\varepsilon)$' で表示される）で代理させ、たとえば '$\varPhi(\varDelta)$'（「$\varDelta$ は $\varPhi$ である」）は '$\varDelta \cap \acute{\varepsilon}\varPhi(\varepsilon)$'（「$\varDelta$ は概念 $\varPhi$ の値域（外延）に属する」）と同義であると約定する（内包公理）。ところで、この成員関係関数 $\varphi \cap \zeta$ は、ξ 項座と ζ 項座に項として入りうるすべての可能的対象に関して定義されなければならない。そこでフレーゲは、現代風に表記するとおおよそ次のようになる定義を概念記法で与えている。

$$a \cap u =_{\text{def.}} \exists G[u = \dot{\varepsilon}G(\varepsilon) \mathbin{\&} G(a)]$$

右辺の定義項には、この第34節までで導入された既知の表現しか含まれていない。にもかかわらずフレーゲはここで、「若干の解明を与えておくことは無駄ではあるまい」(GGA-I: 53; 強調引用者) と言い、第34節の後半の部分をすべて、右辺の記号列についての解明に費やしている。この解明の部分は——記号の使用と言及の区別がまったくと言っていいほどなされていないことを度外視すれば——右辺の記号列についてのメタ言語での意味論的約定のように見える。定義式中には（またそもそも概念記法の展開の中には）登場しないギリシア大文字（'Δ' や 'Θ' などの対象名）を使って、概念記法文をドイツ語に翻訳しつつ、ドイツ語で解説がなされているからである。しかし、この解明をメタ言語による意味論的約定と解する者は、次の第35節冒頭の文章にとまどうことだろう。フレーゲはこう言っているからである。

> 先立つ諸考察から見てとれることだが、関数名 '$\xi \cap \zeta$' がひとつの意味をもつということがここで確認されたことがわかる。このことだけが後の証明遂行にとっての基礎となる。他方でわれわれの解明は、先の証明の正当性が疑問視されない場合でも偽でありうるだろう。なぜなら、当の定義それ自体だけがこの構成にとっての基礎だからである。その定義は、はじめに言われたように、第2階関数の代わりに第1階関数を用いることができるということのために役立てばよかったのである。(*ibid*.: 54; 強調引用者)

しかし、第34節の後半が解明であるというフレーゲの言葉を真面目に受けとるなら——そして彼が解明について述べていることをつぶさに見てきたわれわれにとっては——これはべつに驚くべきことではない。すでに指摘したように、この箇所では記号の使用と言及がほとんど区別されていないうえに、「もし ζ 項がある値域であるならば、関数 $\xi \cap \zeta$ の値 (der Werth *der* Function $\xi \cap \zeta$) は、その値域が ζ 項であるようなこの関数の、項としての ξ 項に対する値 (der Werth *der* Function, deren Werthverlauf...) である」といった典型的な解明命題が頻出する。このような、偽であるどころか文字どおりに受けとるとナン

センスを生むような文から構成されている言説が、現代的な意味でのメタ言語（ドイツ語）による対象言語（概念記法言語）の意味論的説明であると考えるのは難しい。

　このことは、われわれにとってある重大な疑問を提起する。それは、（技術上のさまざまな不備があるとはいえ）明らかに概念記法命題についてのメタレベルからの意味論のように見える『基本法則』第 34 節の論述でさえ、十全な意味での解明であるのだとしたら、フレーゲの書いたもののかなりの部分がフレーゲ的解明であるとみなさざるをえなくなるのではなかろうか、というものである。それは、意味と意義の区別や対象と概念・関係の区別といった「論理形式」や「論理的基本関係」、あるいは「論理的な原始事実」や「論理的な原始現象」を主題とするいわゆる「哲学論文」(FB, BG, SB, ASB, L-I, L-II, WF, G, Gg, V など) にはかぎられないのではないか。数学の哲学における論理主義の宣言書であるとはいえ、全編が非形式的に著述された『算術の基礎』も、やはり解明的予備学の書ではないのか。それどころか解明は、『概念記法』や『基本法則』のかなりの部分をも占めるのではなかろうか。この問題は、第 2 章の最後であらためて提起された問い、すなわち、解明の方法は、汎論理主義のゆえに窮境に陥ったフレーゲの窮余の策なのか、それとも、汎論理主義を貫徹するための正当化された方策なのか、という問いとも関連する。こうして、フレーゲの書いたもののどこまでが解明なのか、そしてそれはなぜ解明でなければならないのかという問いに答えることは、本章の結論部（3.4 と 3.5）を構成することになる。しかしその前に、E-5 の後半で述べたことに対して当然考えられる反論に応答しておくことが必要になる。それは、解明は自然言語でなされざるをえないという事実をどう見るかという問題である。この問題はわれわれにとって重要である。なぜなら、フレーゲの汎論理主義は、解明が自然言語でなされることに積極的な意味を見いだすはずだからである。

3.3 解明と自然言語

3.3.1 論理学者の格闘

　前節の E-5 の後半で述べられたことは、本書の中心的主張にとってきわめて重要なことである。だが、フレーゲが自然言語一般と、とくにその文法形式について述べていることを知っている者なら、その主張をにわかには承認できないであろう。その箇所でわたしはこう述べたのだった。解明は、「ドイツ語の一般的な言語感覚」に訴えざるをえないからこそ、成功を理論的に保証することはできないが、しかし「ドイツ語の一般的な言語感覚」に訴えるからこそ、成功を期待することもできるのだと。しかし、論理学者が——したがって数学について哲学する者が——気づかぬまま陥りやすいもっとも悪質な罠は日常言語がしかける罠である、とフレーゲが考えていたことも疑いないのではなかろうか。そうしたフレーゲの所信を伝えているものとしてもっとも有名なのは、フレーゲ解説者によってしばしば引用される 1906 年 10 月 30 日—11 月 1 日付フッサール宛書簡の次の文章であろう。

> 言語を調べたり、言語表現の中に何が含まれているかを探ったりすることは論理学の課題とはなりえません。論理を言語から学ぼうとする人は、思考することを子供から学ぼうとする大人のようなものです。人間が言語をつくったとき、彼らはまだ幼稚な形象的思考の段階にいたのです。言語は論理的な規準に合わせてつくられたわけではありません。言語における論理的なものも、かならずしも適切とは言えない心象によっておおいかくされているように思われます。[…] 論理学者の主な課題は言語からの解放と単純化にあります。論理学は言語の審判者であるべきです。（WB: 102f.）

われわれの解釈は、フレーゲのこの力強い所信表明と真っ向から衝突するように見える。言語からはなにも学ぶべきものをもたず、むしろ言語に対する超然たる審判者であるべき論理学——その論理学が、その基盤の部分でどうしてよりによって自然言語と同じ論理を共有し、すくなくともフレーゲにとっては死

活を決するその学問的伝達の場面でよりによって「ドイツ語の一般的な言語感覚」のようなあやふやなものに頼らざるをえないというのか。このフッサール宛書簡の文章に続いてよく引用されるのが、1879年から1891年のあいだに執筆されたと推定される草稿「論理学［Ⅰ］」の次の文章である。

> それゆえ、簡潔に要約するなら、論理学者の仕事は、心理学的なものに対する、また一部は言語と文法 —— それらが論理的なものを純粋なかたちで表現しないかぎりで —— に対する、たえまなき闘争である。(L-I: 7)

さらに、最晩年の1924から25年にかけて執筆されたと目されるある草稿でも、同じように、「哲学者の仕事の大部分は言語との格闘に存する —— あるいは、すくなくともそうあるべきである」(EM: 289) と言われている。こうした発言を見るかぎり、たとえば2.4で見た概念の不飽和性（述語的本性）についてのフレーゲの「解明的」言説などは、またその種の言説についての彼の自己弁護なども、なにかについて述定しようとするとどうしてもそれを対象化してしまうという「言語の［…］避けがたい硬直性」(BG: 196) と格闘する論理学者の窮余の策とその弁明でしかなく、けっして自然言語での解明に寄せる彼の信頼を示すものなどではない、と考えざるをえないと思われるかもしれない。

3.3.2 論理学者の心理学主義批判

しかしながら、たしかにフレーゲがもっとも頻繁に自然言語の硬直性について不満をもらしているのは関数の不飽和性が話題になる場合であるとはいえ、解明が比喩的表現に頼らざるをえないのは、なにも印欧語が関数を関数として表現する力をもたないという偶然的な理由によるのではない。同じことは対象という論理的単純者についても言えるからである。たとえば、「対象とは、関数でないもののすべてで、したがってその表現はいかなる空所も伴わない〔Gegenstand ist alles, was nicht Funktion ist, dessen Ausdruck also keine leere Stelle mit sich führt〕」(FB: 18) という命題も、べつに対象を関数化してしまっているわけでもないにもかかわらず、フレーゲにとっては対象の定義ではなくただの比喩である —— よって解明命題のひとつである。この命題が言わんとしてい

るのは、あるいは語っているように装っているのは、論理を論理たらしめている論理的原始事実、つまり対象性（Gegenständlichkeit）だからである。対象性や概念性（関数性）は、真理の何たるかと同様、適正に形成された概念記法命題のうちで示されているものであり、概念記法命題を理解しかつ適正に形成できる者ならだれもが知っているものである。概念記法命題ですら語ることのできないものを、自然言語の文が正しく語ることができないからといって、どうして自然言語が責められるいわれがあろうか。

　そうだとすると、自然言語とその文法に対するフレーゲのかくも執拗な批判の眼目はどこにあるのか。それは、文法がえてして心理的なものからも滋養を得て生長してきたことに対してわれわれの注意を喚起することにある。つまり、日常言語の文法に対する彼の批判は、心理学主義批判の一部なのである。その意味で、多くのフレーゲ解説者たちは、前項で引用した「論理学［Ⅰ］」からの文章（L-I: 7）を曲解していると言わざるをえない——彼らの口ぶりでは、フレーゲが言語は本質的に非論理的であると考えているかのようだからである。しかし、以下の文章からも明白なとおり（またそもそも先の引用文からも明らかなとおり）、フレーゲが信頼していないのは自然言語そのものではなく、いやその文法そのものですらなく、それらに混入している心理学的要素だけなのである*88。

> ［…］われわれは論理的なものを、それに観念や感情というかたちで結びついているものから意識的に区別する［…］。困難は、われわれがなんらかの言語で考えているという事実に、そしてまた、文法——それは論理が判断に対するのと類比的な重要性を言語に対してもっている——が論理的なものと心理学的なものとの混合であるという事実にある。もしそうでないとするならば、すべての言語は同じ文法をもっているはずであろう。たしかにわれわれは同じ思想をさまざまな言語で表現することができるが、しかしその場合でも心理学的な装飾、思想のまとう衣裳は多様であろう。

---

*88　「この［論理学という］学問の課題はむしろ、論理学をそれとは異質なすべてのものから、それゆえ心理学的なものからも純化することであり、また言語の論理的不完全性を指摘することで、思考を言語という枷から解放することなのである」（L-II: 160f.）。

ここから、外国語習得が論理的な教育にとってもつ価値が明らかとなる。思想のまとう衣裳がさまざまであることが判明することで、われわれは、個々の言語の中でその衣裳と癒合しているように見える核の部分を、よりはっきりとその衣裳から区別することができるようになる。このようにして言語のあいだの違いが、論理的なものの把握に役立つのである。(L-II: 154; 強調引用者；cf. L-I: 6)

注目すべきは、もしも言語の文法の形成に心理学的な掣肘が加わらないならば、すべての言語が同一の文法をもつことになろう、とフレーゲが断言しているということである。文化人類学者が聞けば憤慨しそうなこうした発言の裏には、われわれがこれまで何度も遭遇してきたフレーゲの形而上学的な確信がある。それは、言語が言語である以上——それが自然言語であれ、数学の言語であれ、概念記法言語であれ——それは基礎の部分では、同一の論理的原始事実に基づき、したがって同一の論理法則に従っているはずだという汎論理主義である。重要なのは、心理学的な外皮で覆い隠されているとはいえ、概念記法が純粋に体現している論理的なものは、われわれの自然言語の規則を制約しているものでもあり、概念記法によって曇りなく表現できる客観的な思想は、われわれの自然言語もまた表現しようと試みているものであるということである。それが、フレーゲが外国語学習の益を説くゆえんである。

3.3.3 ある誤解——補助言語としての概念記法

実は、この議論をもうすこし先まで続けていくと、フレーゲにメタ的視点を読み込もうとする解釈者たちの重要な立脚点がひとつ消失することになる。上の引用の最後では、多言語を学ぶことは、それらすべてに共通の論理的な核と、それらのあいだで多様な心理学的な外皮とを区別する訓練になると言われていた。そしてこの文章は次のように続いている。

だが、それでもまだ困難が完全にとり除かれるわけではないし、論理学の本は、本来なら論理学に属さないもの——たとえば、主語と述語——をあいもかわらずたくさん背負い込んでいる。それゆえ、算術の式言語やわた

しの概念記法がそのひとつであるような、まったく別種の手段で思想を表現するのを心得ておくことも有益なのである。(L-II: 154*89)

フレーゲに過剰な形式言語信奉を読み込む解説者や、フレーゲにメタ的視点を見ようとする解釈者は、ここで刮目に値するようなことが言われているとはとても考えないであろう。それは、概念記法は、論理法則以外のいかなるものにも支配されない客観的な思想を（心理的なものに由来する混合物を排除しつつ）把握するための、外国語習得や算術の形式言語と並ぶひとつの——もちろんもっとも有用な、とフレーゲなら言うであろうが——道具であるという考えである。これはフレーゲ自身が『概念記法』の序文で明言していることである。

［…］わたしはまず第1に、すべての特殊性を超越する思考の法則だけを拠りどころにして、算術において推論だけでどこまで到達できるのかを試してみなければならなかった。［…］その際に直観的なものが気づかれずに忍び込むことがありえないようにするには、推論連鎖に隙間をなくすことにあらゆる努力が傾注されねばならなかった。この要求をこれ以上ないほど厳格に満たそうとしたとき、言語の不完全さが障害になっていることがわかった。すなわち、表現がぎこちなくなってくるのはやむをえないとしても、関係がこみ入ってくればくるほど、いよいよわたしの目標が求める正確さが得られなくなってきたのである。本書に見られる概念記法のア

---

*89 この議論とほとんど同じことを論じている別の論文では、対応する箇所は次のように表現されている。「ここから、外国語習得が論理学の訓練に対してもつ価値が明らかとなる。というのも、思想のまとう衣裳がさまざまであることが判明することで、個々の言語の中でそれぞれ分かちがたく衣裳と癒合しているように見える核の部分から、その衣裳が意識的に区別されるからである。このようにして言語のあいだの違いが、論理的なものの把握に役立つのである。このようにして、論理的なものを把握することの困難が、言語のあいだの違いによって減ぜられるのだ。だが、それでもまだその困難が完全にとり除かれるわけではないし、われらが論理学者たちはあいもかわらず、すくなくともわれわれに比較的身近な諸言語には共通であっても、だからといって本来の意味で論理的であるわけではないようなものを、たくさん背負い込んでいるのである。したがって、たとえば代数的な式言語がそのひとつであるような、まったく別種の表現手段を心得ておくことも有用である」(L-I: 6)。さらにフレーゲは、この文章に付した脚注で次のように述べている。「わたしの概念記法もここで挙げるべきかもしれない。ひとつの概念記法をつくりだそうと苦心していなかったら、わたしがいまこの「論理学」を書くことはできなかっただろう」(L-I: 6, Fn.)。

イデアは、このような必要から生まれたものである。それゆえ概念記法はまず第1に、一連の推論の妥当性をもっとも確実な方法で吟味し、気づかれぬままどうしても入り込んでくるあらゆる前提を明らかにし、そのようにしてこれらの前提の起源を調べることができるようにするのに役立つはずである。それゆえ、推論〔*Schlussfolge*〕にとって意味をもたないものはすべて表現しないことにした。(B: IV; cf. BHP: 362f.)

『概念記法』でのフレーゲの具体的な目標は、系列における順序（Anordnung in der Reihe）の概念を論理的帰結（logische Folge）の概念に還元すること、そしてそこから数（基数）の概念を定義することである。フレーゲはここで、後の『基本法則』におけるのとは別の目標を追求しているわけではない。ところが、これを遂行するうえで、先に見たような自然言語の心理学的外皮が彼の障害となった。そのために彼は、論理的な推論関係を余分な夾雑物なく表現できる手段である概念記法の開発を余儀なくされたのである。概念記法のこの由来は、概念記法は客観的な思想の把握のための道具であるという上の解釈とも整合的である。のみならずこの2つの論点は、フレーゲにメタ的視点を読み込む者たちが彼らの解釈の論拠に使いながら、その命名の由来についてはほとんど反省しない——あるいは意図的に無視している——ある区別の眼目を明らかにしてくれるのである。

フレーゲは、最晩年の草稿「論理的普遍性」（執筆は1923年以降と目されている）で、「補助言語（Hilfssprache）」と「説明言語（Darlegungssprache）」という区別を導入している（cf. LA: 280f.）。この区別について、この草稿が収録されている『フレーゲ遺稿集』（NS）の編者たちは、次のように解説している。「「補助言語」と「説明言語」というフレーゲの概念対は、およそ1930年以降、A・タルスキ（とくに *Der Wahrheitsbegriff in den formalisierten Sprachen*〔形式化された言語における真理概念〕in: *Studia Philosphica* I (1935), pp. 261-405 を参照せよ）とR・カルナップ（とくに *Die logische Syntax der Sprache*〔言語の論理的構文論〕(Wien 1934)、IV A を参照せよ）によってはじめて確立された区別、すなわち、対象言語とメタ言語、ないし統語論的言語の区別を先取りしている」(NS: 280, Fn. 1)のだと。このように、フレーゲのこの区別は、フレーゲが形

式言語に対するメタ的な意味論的観点をもっていたという解釈の典拠のひとつに利用される。

　しかしながら、これは明白な曲解だと言わざるをえない。第1に、フレーゲにとって「補助言語」とは、「感覚的なものから感覚的でないものへの橋渡し」(LA: 280)として役立つ、文字どおりの補助言語である。つまり、それはある特定の目的のために必要不可欠な道具として導入されているのである。その目的とは、この草稿においては、「すべての人間は死すべきものである」という全称量化文によって表現されている――しかし感覚的には知覚不可能な――「普遍的思想」を把握すること（読者に把握させること）である。フレーゲは、こうした知覚可能な「書記言語（geschriebene Sprache）」ないし「印刷言語（gedruckte Sprache）」から、知覚不可能な普遍的思想――その論理構造と他の思想との可能な推論関係――を読み取るために、算術の式言語を模して、'a'や'b'のような変項記号（フレーゲの言い方では「不確定に暗示する文部分」(ibid.)）を含んだ補助言語文（「もしaが人間ならば、aは死すべきものである」）を構成するのである*90。このような特殊な目的のために導入される言語を、

---

*90　補助言語と説明言語の区別が対象言語とメタ言語の区別とは無関係であることは、問題の区別が導入された際の文脈をよく読めば明白である。そこでフレーゲは次のように言っているのである。「もし思想が感覚的に知覚可能でないとすれば、思想の普遍性が知覚可能であると期待することはできないだろう。わたしは、鉱物学者がある鉱物を見せて、その独特の光沢に注意を促すようには、思想を披露することができない。定義によって普遍性を規定することは、おそらく不可能であろう。言語が抜け道を開いてくれるように思われるかもしれない。なぜなら、一方で言語の文は感覚的に知覚可能でありながら、他方で思想を表現するからである。言語は、思想表現の手段であるかぎりは、思想的なもの〔das Gedankliche〕に歩み寄らざるをえない。そこで、感覚的なものから感覚的ではないものへの橋渡しとして言語を使うことができる、と期待できる。言語的なものに関してわれわれが合意にいたった後なら、言語の中で写し取られている思想的なものにまでその相互理解を拡張することは、われわれにとってより容易になるかもしれない。ここで問題になっているのは、通常の言語理解でもなければ、言語において表現されている思想をとらえることでもなく、わたしが論理的普遍性〔logische Allgemeinheit〕と呼ぶ、思想の特性を把握することである。もちろんその場合、他者の歩み寄りを当てにせざるをえないし、しかもこの期待が裏切られることもありうる。言語を使うということにも注意が必要である。言語的なものの領域と思想的なものの領域とを隔てている深い裂け目を見逃してはならない。この裂け目によって、2つの領域相互の対応には一定の限界が設けられているからである」(LA: 279)。このように述べた後でフレーゲは、「Alle Menschen sind sterblich.」や「Jeder Mensch ist sterblich.」というドイツ語の文を、まずは同じ通常のドイツ語文「Wenn etwas ein Mensch ist, ist es sterblich.」と同意味だとし、さらに変項文字を導入して「Wenn *a* ein Mensch ist, ist *a* sterblich」と書き換え、論理的普遍性を説明してゆく。補助言語と説明言語という問題の区別は、この後に導入される。この区別の導入の前にたったいま引用

3.3 解明と自然言語

タルスキやカルナップにおける「形式化された」対象言語と同一視することは明らかに誤りである*91。

第2に、たしかにフレーゲは、「補助言語の文はわたしの説明言語において話題にされる対象である」(LA: 280) と明言しているものの、これをもってして、フレーゲのいう「説明言語」をカルナップ–タルスキ的なメタ言語と同一視するのは早計である。なぜならフレーゲは、「この補助言語は、わたしの思考がおこなわれていく言語とは区別されねばならない。これは普通の書かれたドイツ語や印刷されたドイツ語、すなわち、わたしが説明言語と呼ぶものである」(ibid.) と言っているからである。説明言語とは、対象言語である補助言語について語るための——それの意味論的特性について語るための——メタ言語なのではなく、普遍的思想を論理的に説明する (darlegen) 際にフレーゲが用いる主言語のことであり、したがって当然ながら説明言語は、その同じ目的のために補助手段として導入される補助言語をも話題にすることができるのでなければならない。だがそれは、繰り返すが、補助言語という自立した言語、あるいは統語論的構成物を、その外部の存在者と結びつけるための——そしてそれだけを目的とし、それ以外の目的に仕えることなど論外の——意味論的言説などではない。したがって、「補助言語の文というのはその説明言語において話題にされるところの対象である」というフレーゲの発言は、説明言語は補助言語についても語ることができるという意味で理解されるべきなのである*92。

した文章が来ているということは決定的である。そこから明らかなとおり、フレーゲは説明言語であるドイツ語の説明力を完全には信じていないのである。タルスキや、あるいはデイヴィドソンが想定する対象言語とメタ言語の関係性との違いは明らかである。説明言語としてのドイツ語と補助言語としての概念記法の目的は同一であり、それは、そのままの姿では他人に見せることのできない思想がもつ論理的特徴を把握可能にすること、もっと形而上学的な言い方をすれば、そうした思想たちが住まう領域への道案内をすることである。概念記法とドイツ語の違いは、以下で見るように、その目的だけに特化した道具とそうでない汎用的道具の違いにすぎない。

*91 初期のある文章の中でフレーゲは、ある言語が「概念記法」の名に値するための条件は、音声の媒介なしに直接的に内容を表現できること、また——これも音声使用から自由であることから結果することだが——論理的関係を紙面の2次元的拡がりを有効に利用して表現できることであると言っている。その意味では算術の式言語は、論理記号を欠くがゆえに完全な意味ではそうではないと留保されてはいるが、やはり概念記法言語の一種ではある。Cf. WBB: 53f.

*92 もちろん、現代の意味論でもメタ言語に対して、対象言語よりも論理的な部分において「本質的に豊か」であることが要求されるのが普通である。この「本質的豊かさ」の条件は、たとえば

こうして、概念記法の解説のメタ理論的解釈のひとつの重要な足場が消え去る。上で見た『概念記法』の序文からも明らかなとおり、ここで言われている「補助言語」の延長線上に概念記法はあるからである。概念記法の根幹をなす論理的単純者（論理的な原始関係や原始事実）についてのフレーゲのドイツ語での言説が、論理的言語としての概念記法を可能にするものでありながらも概念記法によっては表現できない論理的基盤についてのメタメタ理論ではないというだけではなく、たとえば『基本法則』第Ⅰ巻第１部の「概念記法の説明」も、形式化された概念記法言語の原初記号についてのメタ的意味論や論理法則についてのメタ理論的正当化などではない。補助言語が、普遍的思想についての思考の主媒体であるドイツ語（説明言語）を補助する言語であるのと同じように、『基本法則』での概念記法言語も、算術の論理的基礎づけという最終目標のために必要な論理的精密さを確保するための補助手段なのである。フレーゲは1906年執筆のある草稿で次のように言っている。

> われわれは思考の外的な補助手段に強く依存しているので、たしかに、生活のための言語〔Sprache des Lebens〕が、すくなくともある領域に関しては、より洗練された補助手段に取って代わられねばならなくなってはじめて一定の区別に気づくことができるようになる、ということがある。しかし、学者たちの大半は今日まで、この補助手段をわがものとすることを軽んじてきたのである。(EL: 211f., Fn. 1)

自然言語の使用と概念記法の構成ならびに使用が同一の目的を追求している

タルスキにおいては、「メタ言語が対象言語の変項の論理的タイプよりも高次のタイプの変項を含んでいること」(Tarski 1944: 351) である。だがそれは、「真である」、「意味する」、「表示する」、「充足する」といった意味論的語句を対象言語から放逐してメタ言語に回収することによって、嘘つきのパラドクス（自己言及のパラドクス）を回避することを主眼とした措置である。そして、この条件を別とすれば、メタ言語は対象言語をその一部として含むのでなければならないという要請は、メタ言語は対象言語の任意の文の名前を構成できるほどに——たとえば対象言語の文の構造記述名を作れるほどに——豊かでなければならないということにすぎない。要するに、メタ言語は対象言語について語ることによって、対象言語が（使用されるなら）語るであろうこととは別のことを語ればよいのである。この関係が、普遍的思想について説明言語（自然言語としてのドイツ語）で語ることを補助する言語としての概念記法というものとまったく無関係であるのはもはや明白であろう。

3.3 解明と自然言語

という考えは、上の 2.1 で見た、ブールの論理計算と自身の概念記法の違いについてのフレーゲの説明のうちにも見てとれる。そこで確認したのは、ブールの計算論理に対する概念記法の利点は、前者にはできないことが後者にはできるということ、すなわち、概念記法は内容をも表現できるという意味でライプニッツ的な「記号言語 (lingua characterica)」たりえているということであった。そして、内容を表現できるということで言われていることのひとつは、新しい概念の形成を表現できるということであった。この意味で、概念記法だけが、純粋論理に限定された計算法を超えて、真に数学にとっての「記号言語」たりうるのだとフレーゲは主張する。算術の命題もたしかに形式的な記号で表記されはするが、算術の記号言語はただ数から数を形成し、数のあいだの等しさに関する判断を等式や不等式というかたちで表現することしかできない。だが、もっとも広い意味での数学は、新しい概念形成を積極的におこない、単なる方程式ではないような判断をくだし、数学の新しい部門を切り拓くような基礎的概念を定式化できる。ところが、科学としての数学の発展がかかっているまさにその大事な場面で、数学はその仕事を日常言語に委託せざるをえない (cf. BrLB: 14)。注目すべきは、これに続いてフレーゲが言っていることである。

> このように［算術の式言語が］科学的な概念形成を追うことができない理由は、もっと発達した言語であればかならずそなえているはずの 2 つの要素のうちのひとつが欠けているということにある。つまり、文字言語〔Wortsprache〕では語尾、接頭辞、接尾辞、ならびに形式語［代名詞など］からなる形式的部分を、本来の内容的部分から区別することができる。算術の記号はこのうち後者に対応している。足りないのは、この［算術の式という］石材をしっかり結びつけることのできる論理的な漆喰である。これまでは文字言語がその役を果たしてきたし、それゆえに、論理的なつながりの把握を容易にするためだけの、厳密な推論にとって本質的でない部分においてだけではなく、証明自体の中でも文字言語は欠かすことができなかったのである。［…］そこで、より完全な解決をもたらすためには、数学の記号に形式的な部分を補ってやらねばならないであろう。(ibid.: 14)

ここでも自然言語と概念記法の関係は、メタ言語と対象言語の関係ではない。概念記法は、すでにある内容を表現できている算術の諸々の式のあいだの論理的連関を表現するという役割を、自然言語から引き継ぐのである。この継承が許されるための条件は2つある。ひとつは、発達した言語としての日常言語がそなえている2つの要素、算術の式言語とブールの論理言語がそれぞれその一方しか持ち合わせていない要素、すなわち内容を表現しかつ内容間の論理的つながりを表現する力を概念記法がもっていることであり（これは2.1で見たとおりである）、もうひとつは、自然言語では不完全にしか可能ではないこと、すなわち隙間のない推論連鎖を実現できるということである。それゆえ、「もしここで〔概念記法の〕式が言語表現〔Wortausdruck〕に比べてかさばっているように思われるなら、前者は後者がただ名指しているだけの概念の定義を与えているのだということをつねに考慮すべきである」(ibid.: 27)。

3.3.4　概念記法をめぐる2つのアナロジー

　フレーゲは、日常言語と概念記法の関係をあるアナロジーを使って説明しているが、おそらく別の意味合いで採用されたそのアナロジーは、目下の論点を裏づけるのにも有用である。

　　ここで強調されている欠陥は、言語のもつある種の柔軟性と可変性に根差しているのであるが、他方でこれらは、言語の発展能力と汎用性の条件でもある。この点で、言語は手に譬えることができる。というのも、手はさまざまな仕事に適応する能力をもってはいるけれども、それだけではわれわれにとって十分ではないからである。われわれは人工的な手を、つまり、とても手にはできないほど精密に機能する、特別な目的のための道具をつくりだす。ところで、このような精密さはどのようにして可能なのだろうか。それこそ部分の硬直性と固定性によって可能なのであるが、手にはこれらが欠けているがゆえに多方面で役立つのである。かくして文字言語〔Wortsprache〕も十分ではない。われわれが必要としているのは、曖昧さがことごとく排除されているような、また厳密な論理形式をもつが、だからといってそこから内容が抜け出してしまうことのありえないような、そう

いった記号体系〔ein Ganzes von Zeichen〕である。(WBB: 52)

このメタファーはもちろん、肉眼と顕微鏡の関係になぞらえたもうひとつの、もっとずっと有名なメタファー同様、汎用的であるがゆえに特殊用途での精密性を期待できない自然言語と、汎用性を犠牲にして特殊機能での精密性を追求した概念記法の関係性を比喩的に表現したものである。しかし、ここからはもうひとつの含意を読み取ることができる。手をもたない者は道具も握ることができないだろうというだけではない。手を使ってなにかをしようという目的をもたない者には、精密な道具などそもそも必要ではない。ある機能に特化して精密性を追求した「人工的な手」が必要なのは、手を使ってはとてもできないがどうしても達成したい目標がある者にとってだけである。同じように、概念記法は、算術の根本命題の論理的基礎づけという最終目標のために、自然言語のもつ柔軟で豊かな表現力の放棄をいとわない者にとってのみ、有用な補助言語でありうるのである。

このように見てくると、日常言語と概念記法の関係を肉眼と顕微鏡の関係になぞらえた、フレーゲのもうひとつの有名なアナロジーも、別の相貌を帯びてくる。そのアナロジーとはこうである。

> わたしの概念記法の生活言語〔Sprache des Lebens〕に対する関係は、それを顕微鏡の眼に対する関係に譬えてみると、いちばん分かりやすくなると思う。眼は、その適用可能な範囲や種々様々な状況に適応できる柔軟性の点で、顕微鏡よりはるかに優れている。もちろん、光学機器として見るなら、眼には多くの欠陥がある。そして、それらの欠陥にわれわれがふだん気がつかないのは、眼が精神生活と内的に結びついているからにすぎない。しかし、科学の目的が識別の厳格さを強く要求するやいなや、眼は不十分なことが明らかとなる。それとは逆に顕微鏡は、そうした目的には完璧に適合しているが、それゆえにこそ他のすべての目的に対しては役に立たないのである。(B: V)

この比喩もまた、先のアナロジーと同じように、汎用性を目的とするがゆえに

精密性の追求には不向きな自然言語と、汎用性を犠牲にして特殊領域での精密性を追求した概念記法との関係を、肉眼と顕微鏡の関係になぞらえて表現したものである。しかしこのアナロジーからも、先ほどのものとは異なるが、もうひとつ別の意味合いを読み取ることができる。それは、解明と自然言語の関係についてのわれわれの解釈にとって重要な論点である。眼でものを見たことのない者、したがって眼でものを見るとはいかなることか——眼で色を確認するとは、形を識別するとは、あるいは自分の眼で見たものしか信じないとはいかなることか、等々——が分からない者は、肉眼の機能をある限定された領域に特化して増強するとはいかなることなのかも分からないであろう。こうした者は、顕微鏡という精密機器の使い方をどれほど正確に教えられたとしても、それを使って精密に観察するということの何たるかが分からないのだから、その説明をひとことも理解しないであろう。その説明を本当の意味で理解できるのは、どれほどぼんやりとであれ日常的に肉眼でものを見ている者——もしくは見たことのある者——だけである。同様に、概念記法を用いて論理的に正確な思考をするとはいかなることかを理解できるのは、どれほど漠然とであれ、日常言語を用いて論理的な思考をしたことのある者だけである。肉眼でものを見たことのない者が、顕微鏡の使用説明によってはじめて見ることができるようになることなどありえないのはもちろん、その説明によってはじめて、ものを見るとはいかなることかが分かるようになることもありえないのと同様に、日常言語で論理的に推論をしたことのない者が、概念記法の原初記号や論理的原始事実についての解明によってはじめて論理的な推論をすることができるようになることなどありえないのはもちろん、その解明によってはじめて、論理的に考えるとはいかなることかが分かるようになることもありえない。概念記法についての解明が、3.2のE-3で見たように教育的意味をもっているとしても、その教育の効果が見込まれるのは、フレーゲの考えでは、心理学的外皮をはぎ取ればすべて同じ論理的な核を共有する自然言語で日常的に論理的思考を営んでいる者に対してだけである。したがって、普遍的記号言語としての概念記法について解明をおこなうにあたって、わたしが相手と共有する一般的な言語感覚に訴えるからこそ、わたしは解明の成功を期待することができるのである。

　したがってわれわれは、まるで論理中心主義と普遍主義のゆえに自らが陥っ

た窮境についての嘆き節のように聞こえるフレーゲの言葉よりは、理論的には保証できないにもかかわらず解明の成功を信じて疑わないフレーゲの楽観的な言葉のほうに耳を傾けるべきである。それは、J・コナントの言葉をかりるなら、「彼の読者が日常言語を日常的に使いこなす力のうちに伏在している、言語の論理構造についての理解」(Conant 2000: 184) に対する信頼に裏打ちされたものである。フレーゲ論理学が前提としている論理的単純者や論理的原始事実は、すでにわれわれの日常的思考——つまり日常的推論——の基礎であり、日常言語のもつ心理学的夾雑物のせいでそれらを純粋論理学的に識別することはできないとしても、われわれはそれらについて陰伏的にすでに理解しているのである。したがって、フレーゲの解明命題は、読者がいままで知らなかった新たな論理的事実を教えるためのものではなく、J・ワイナーの言うように、「彼の読者がすでに理解しているものを分節化するための手段の導入にすぎない」(Weiner 1990: 237)。フレーゲのこうした考えは、さらに深い部分で、わたしが汎論理主義と呼んできた形而上学的確信によって支えられている。本書の解釈に賛同してくれる読者でも、それこそがフレーゲの最大のドグマであったと言うかもしれない。しかし、「はじめに」での言葉を繰り返すなら、わたしにはその「ドグマ」こそがフレーゲを、数理論理学の創始者、アリストテレス以来の論理学の改革者(イノベーター)、命題論理の完成者、形式言語の意味論の創始者、分析哲学の祖、といった歴史的レッテルを貼られて博物館に陳列されている単なる過去の知的偉人ではなく、時代を超えた真の哲学者たらしめるものだと思えるのである。

3.4 『基本法則』第31節とメタ理論

ここでいよいよ、3.2の最後で提起された問題にとりかかりたい。その問題とは、典型的なメタレベルからの意味論的言説のように見える『基本法則』第Ⅰ巻第34節の論述すら、本当は3.2でE-1からE-7にかけて規定された意味での解明命題であるとしたら、フレーゲの書いたもののどこまでが解明に分類されるのか、というものであった。このことが問題となるとき、議論の焦点に

なるのが『基本法則』第Ⅰ巻の第28節からの数節、とくに第31節であるのは必然である。なぜなら、概念〈馬〉問題が論じられている「概念と対象について」(BG) ならびに類似の主題を含む他の諸論文 (AD, ASB, LM など) を、典型的な解明命題からなる文章として一方の極に置くとすれば、その対極に位置しているように思われるのが、『基本法則』第Ⅰ巻の「適正に形成された名前はつねになにかを意味しているのでなければならない」(GGA-I: 45) という原則を扱う第28〜31節だからである。これらの節は、現代のわれわれの目には、概念記法の適格な表現はどれも（一意的な）指示をもつという証明をメタ言語としてのドイツ語で提示しているように見える。実際、フレーゲにタルスキ的意味論の先駆を見る論者たちは、そろってこれらの節をその決定的な証拠として挙げている[*93]。しかし、前章の2.5.1で汎論理主義的解釈と親和性の高いヒンティッカの解釈に与して「意味論は語りえない」というテーゼをフレーゲに帰したわれわれとしては、この解釈には同意できない。むしろわれわれは、『基本法則』の問題の諸節もまた、概念〈馬〉問題について語るフレーゲの文章と同様に、語りえないはずのものについて敢えて語り、その失敗からなにごとかを読者に示そうとする解明的予備学であると考える。本節の課題は、メタ理論的解釈に抗いつつそのことを論証することにある。

3.4.1　意味論とは何か

ところで、実際に問題の諸節にとりかかる前に、われわれがフレーゲに拒んでいる「意味論」ということで何が意味されているかをはっきりさせておかねばならない。まず、きわめて大雑把には、次のように規定することができよう。すなわち、ある——典型的には形式化された——言語を対象とし、その言語よりも本質的に豊かなメタ言語で表現され、対象言語の原始表現を当の言語の外の存在者と結びつけ、対象言語における有意味性の条件を確定する理論のことであると。このとき、メタ言語が対象言語より豊かであるとは、対象言語がもたない「意味する」や「真である」といった語彙（意味論的語彙）をメタ言語がもつということと、対象言語に含まれるどんな変項よりも高階の変項をメタ

[*93]　Cf. Resnik 1986; Heck 1997, 2010; Tappenden 1997; Linnebo 2004; 野本 2012: 第8章.

3.4 『基本法則』第31節とメタ理論

言語が含むということを意味する。ここで意味論が対象言語の語彙を言語外の存在者と結びつけると言っても、それはなにか特別な、神秘的なことをおこなうわけではない。意味論はただ、「意味する」や「真である」といった意味論的語彙を用いることで、一方で、対象言語の語彙を使用するのではなく、それに言及することによってメタ視点に立ち（意味論的上昇）、他方で、メタ言語自身の表現を使用しながら、言語外の存在者や事態に言及するだけである。いわば、対象言語と言語外的存在者の結びつきは、意味論が対象言語と世界の両方に言及できることに存するのである。その意味でこの理論においては、たとえば「は真である」という述語（あるいはそれに相当するもの）は消去不可能な仕方で登場する──だが、やがて明らかとなることだが、この程度のぼんやりとした規定で済ますことは、フレーゲとの関連で意味論を問題とする場合には、きわめて危険である。

とはいえ実は、論理的意味論のパイオニアであるタルスキが明示的に与えている規定も、いまのものと比べてもさほど明確というわけではない。タルスキは、1935年の講演「科学的意味論の基礎づけ」（その要約が翌36年にまずはポーランド語で、次いでドイツ語で公刊され、さらに56年に英訳された）で、意味論とは「おおまかに言って、ある言語の諸表現とそれらの表現によって指示される対象や事態とのあいだの一定の連関を表現するような諸概念に関する考察の全体」（Tarski 1936a: 401）であると定義し、そうした「意味論的概念」として、「指示（denotation）」、「充足（satisfaction）」、「定義（definition）」、ならびに──留保付きで──「真理（truth）」などを挙げている（cf. Tarski 1936a: 401; Tarski 1944: 345）。タルスキは意味論のこの観念を通常よりも狭い意味で使っていると述べているが、現代のわれわれからすれば、これでも十分広すぎる観念である。おそらく彼が自身の意味論の観念を狭いと言うのは、言語学における記述的な意味論や、意味論的概念についての伝統的哲学における考察などを除外しているためであろう。だが、いまのタルスキの規定からだけでは、それらを狭い意味での意味論的研究から除外することはできない。

これに対して、論理的意味論のパイオニアとしてタルスキと肩を並べるR・カルナップが与えた規定は、フレーゲとの関連で問題となりうる意味論を申し分なく規定していると言える。彼は、1942年に出版された意味論の入門書で

次のように述べている。「意味論的体系とは、対象言語の文のための真理条件を述べ、それによってこれらの文の意味を確定する諸規則の体系である。意味論的体系 S は、「S における文」を定義する形成の規則、「S における指示」を定義する指示の規則、そして「S において真」を定義する真理の規則からなる。「G_i は S において真」というメタ言語の文は文 G_i それ自体と同じことを意味する。この性格が、真理の定義の適切性のためのひとつの条件をなす」(Carnap 1942: 22; 強調解除)。実際、形式的体系についてのタルスキの意味論的研究の主眼は、意味論的概念（その筆頭は真理の概念である）の形式的に正しく、かつ実質的に適合している定義を与えること (cf. Tarski 1936a: 406; Tarski 1944: 341) や、論理的帰結の観念の形式的定義を与えること (cf. Tarski 1936b) などに置かれていたのである。

基本的には、現代の論理学の標準的な教科書で説明される意味論も、このカルナップ-タルスキ流のメタ理論を踏襲している。そのとき意味論は、言語にモデルを与えるという作業と同一視される。命題論理の部分では、まず言語 L の原子式の集合 Γ に対する真理値の付値関数（V: $\Gamma \to \{T, F\}$）を与え、次に Γ から論理結合子を用いて構成される任意の複合式に真理値を一意的に割り当てられるように V を V' へと拡張する。そのとき、拡張された真理値割り当ての一意性は、V' によっても Γ の各原子式が一意的な真理値割り当てを受けることを示す基底部 (basis) と、任意の複合式もやはり V' によって一意的な真理値割り当てを受けることを示す帰納ステップとによって、帰納的に証明される。またこのモデルによって、トートロジー、矛盾、論理的帰結といった重要な論理的観念も定義される。述語論理の部分においても基本的なやり方は同じである。ただこの場合の L のモデルは、L の各個体定項や各述語記号に割り当てられるべき要素の集合である議論領域 D と、L の各記号に D 中の要素や部分集合を割り当てる解釈関数 I のペア $\langle D, I \rangle$ とからなる（さらに開放式の変項に D の要素（対象列）を値として与える「割り当て」も必要になるが、ここでは省く）。当然このモデルは——つまり言語 L に対する解釈は——可変的である。すると、L の各式の真偽はモデルと相対的にしか定義できないことになる。具体的には、原子式 $\Phi(\xi)$ がモデル M のもとで真であるということは、M の解釈関数 I_M が「ξ」に割り当てる D_M 中の要素が、I_M が「Φ」に割り当てる D_M の部

3.4 『基本法則』第31節とメタ理論

分集合に要素として含まれていること、というように集合論的に定義される（このとき、「Φ」はLの述語記号を、「ξ」はLの個体定項を、それぞれ一括して代表する「図式文字」と呼ばれる）。これを基底部分とし、Lの原子式から論理結合子と量化子を使って構成される複合式に関する帰納ステップを経て、「モデルMのもとで真」も帰納的に定義される。またこれによって、命題論理の場合と同様に、妥当性、矛盾、論理的帰結といった観念もあらためて定義される。

　ここで、やや冗長なようだが、こうした現代的なモデル論的意味論の顕著な特徴を、当節での議論で重要になるものにかぎって確認しておこう。まず第1にこの理論では、繰り返しになるが、対象言語について語るだけの資源をそなえた別のメタ言語が必要となり、メタ言語には、対象言語に含まれない語彙（より高階の変項、図式文字、意味論的語彙など）が含まれていなければならない。だが、この条件を満たしただけでは、できあがるのはただの翻訳マニュアルである。いや、正確に言うなら、それは翻訳マニュアルですらない。たとえば日本語からドイツ語への変換マニュアルが「翻訳」マニュアルであるためには、日本語とドイツ語の両方がすでに意味をもったひとつの言語体系であるのでなければならない。だが、モデル論における対象言語は最初からそういったものであるのではない。むしろ、モデル論において対象となるLの各式は、それ自体として考察すれば単なる文字列でしかないものであり、意味論が解釈を与えてはじめてひとつの言語たりうるものなのである。これが第2の特徴である。つまり、意味論は解釈（モデル）によって対象文字列の集まりをひとつの言語体系たらしめねばならない。タルスキやカルナップがメタ概念としての意味論的概念や論理的概念の形式的定義を意味論において与えることができると考えるのは、この第2の特徴のゆえにである。解釈を与えるモデルの可変性によって、たとえば式Pの妥当性を「すべてのモデルにおいてPが真」として、あるいはPが式集合Γからの論理的帰結であることを「ΓのすべてのモデルがPのモデルでもある」として定義することができるのである。さらに、自然言語においても原理的にはそうであるのと同様に、意味論で対象となる言語には、無限の数の式（文）を形成する力がある。よって意味論はこの事実に、前の段落で見たように、数学で通例となっている帰納的定義をもって対処しなければならない。これを第3の特徴としよう。

さて、以上の準備に基づいて、実際に『基本法則』第28〜31節を見てゆくことにしよう。

3.4.2 『基本法則』第28〜31節の概説

【第28節】 前節の第27節でフレーゲは、既知の記号を用いて新たな記号を導入するための特別な記号（定義二重線「⊫」）を導入したが、それを受けて、「名前の適正な形成」と題されたこの第28節の冒頭で彼は、上の3.1でD-8として見た「適正に形成された名前（rechtmäßig gebildete Namen）はつねになにかを意味している（etwas bedeuten）のでなければならない」を定義の最高原則として定めると宣言する。このとき、ある名前N（固有名ないし関数名）が適正に形成されているのは、Nが、「原初的な（ursprünglich）」記号（原始記号）ないしは定義によって導入された記号だけから構成され、しかもNの中に現れる量化記号や無気息記号（値域関数記号の形成のために必要）の使用規則が順守されている場合であるとされる。

【第29節】 冒頭でフレーゲは、「いつ名前はなにかを意味するのか（Wann bedeutet ein Name etwas?）」という問いに答えると宣言し、(1) 第1階1座関数名、(2) 固有名、(3) 第1階2座関数名、(4) 第2階1座関数名、(5) 第3階関数名のそれぞれが「ひとつの意味をもつ（eine Bedeutung hat）」あるいは「有意味である（bedeutungsvoll ist）」のはいつなのかという問いを立て、それに対して広い意味で文脈原理的と言ってよい答えを与えている。すなわち、(1′) ある第1階1座関数名が有意味なのは、その項座に任意の有意味な固有名を充当した結果の固有名がつねに有意味である場合であり、(2′) 逆にある固有名が有意味なのは、任意の有意味な第1階1座関数名の項座にそれを充当した結果の固有名がつねに有意味であり、かつ任意の有意味な第1階2座関数名のいずれかの項座にそれを充当した結果生じる第1階1座関数名がつねに有意味である場合であり、(3′) ある第1階2座関数名が有意味なのは、両項座にそれぞれ任意の有意味な固有名を充当した結果の固有名がつねに有意味である場合であり、…といった具合である。

【第30節】 ところがフレーゲは、この節の冒頭で次のような意外なことを言う。すなわち、**(A)**「以上の命題は、「ひとつの意味をもつ」ないし「なにかを意

3.4 『基本法則』第31節とメタ理論

味する」という語句の説明と解されてはならない」(GGA-I: 46) と言うのだ。この「説明 (Erklärung)」は、「定義」の意味に解してもよかろう。どうしてフレーゲは、第29節の5箇条が、概念記法における固有名と関数名の有意味性の定義にはならないと主張するのか。だが、その理由はすこし考えてみれば明らかである。というのも、前段落の (1′) と (2′) の回答を見ればわかるとおり、(B)「これらの命題の適用は、いくつかの名前がすでに有意味であると認められていること〔dass man einige Namen schon als bedeutungsvolle erkannt habe〕を前提しているからである」(*ibid.*)。つまり、固有名の有意味性は、それが充当されて真理値名を形成する1階の関数名の有意味性を前提とし、逆に1階の関数名の有意味性は、それに充当される固有名の有意味性を前提としているので、ここには一種の循環が成り立っているのである。しかしフレーゲはそれに続いて、(C)「だがこれらの命題は、そうした名前の範囲を徐々に拡張するのに役立ちうる。有意味な名前から形成されたどんな名前もなにかを意味するということが、それらの命題から帰結する」(*ibid.*) と述べる。続いて述べられるのが、すでに有意味と認められている名前からの、新しい名前の形成規則である。それには、所与の関数の項座に適切な固有名ないし関数名を「充当する (ausfüllen)」ことで新たな固有名ないし関数名を形成する方法と、その逆の、所与の固有名ないし関数名からその一部をなす固有名ないし関数名を「除去する (ausschliessen)」という方法の2つがある*94。ここで以下の議論のために引用しておくべきは、それぞれの方法を紹介した後のフレーゲの次の2つの但し書きである。すなわち、(D)「このように形成される名前は、同じ仕方でさらに名前を形成するのに使うことができ、そのようにして成立した名前はすべて、原初的な単純名〔die ursprünglichen einfachen Namen〕が有意味であ

---

*94 充当の方法だけではなく除去の方法も必要であるのは、充当の方法だけでは「∀a[a=a]」という文を作ることができないからである (GGA-I: §30の最終段落を見よ)。この文は、以下で見るように、真理値を値域の一種とみなす (cf. *ibid.*: §10) ために必要であるが、そもそもそのために必要な「ξ=ξ」という関数名は、第31節で扱われる2座関数名「ξ=ζ」とは違って、1座だからである。したがって、第1階1座関数名「ξ=ξ」を形成するためには、(1)「元となる単純な名前」である「ξ=ζ」の、たとえばξ項座に固有名「Δ」を充当して1座関数名「Δ=ζ」を形成し、(2) 次いでその新しい関数のζ項座にも同じ「Δ」を充当して真理値名「Δ=Δ」を形成し、(3) 最後にその真理値名から「Δ」の現れをすべて除去することによって、ようやく第1階1座関数名「ξ=ξ」を手に入れることができるのである。Cf. Heck 1997: 439-440.

るならば、有意味なのである」（GGA-I: 47; 強調引用者）と (E)「このようにして成立する関数名も同様に、それが形成される元となる単純名〔die einfachen Namen, aus denen er gebildet ist〕がなにかを意味するならば、つねにひとつの意味をもち、そしてさらに第1の［充当の］ないし第2の［除去の］仕方で有意味な名前を形成するのに使うことができる」（ibid.; 強調引用者）である。そしてこの節の最後は、(F)「適正に形成される名前はすべてこのようにして形成される」（ibid.: 48）という文で締めくくられている。

【第31節】「単純な名前はなにかを意味する」と題されたこの節で、いよいよフレーゲは、充当と除去の方法によって形成される新しい名前が有意味であるための根本的な条件を提示する。すなわち、(G)「すでに述べたことに従うなら、そのために必要なのはただ、われわれの原初的な名前〔unsere ursprünglichen Namen〕について、それらがなにかを意味するということを確証する〔nachweisen〕ことだけである」（ibid.）。ここでフレーゲが「われわれの原初的な名前」と呼んでいるものとは、第1階1座関数として (i)「—ξ」、(ii)「⊤ξ」、(iii)「\$\xi$」[*95]、第1階2座関数として (iv)「$\zeta \to \xi$」、(v)「$\xi = \zeta$」、第2階1座関数として (vi)「$\forall_\alpha \varphi(\alpha)$」、(vii)「$\acute{\varepsilon}\varphi(\varepsilon)$」、第3階関数として (viii)「$\forall f_{\mu_\beta} f(\beta)$」（第2階1座関数を項にとるもの）ならびに (ix)「$\forall f_{\mu_\beta \gamma} f(\beta, \gamma)$」（第2階2座関数を項にとるもの）の9つである[*96]。これらはすべて関数名である。しかし、前節までに論じられてきたことからすれば、われわれにはどうしても有意味な固有名が必要である。だが、概念記法にはそもそも非論理的な固有名などないし、『基本法則』のこの時点まででわれわれの知っている固有名は真理値名だけである（「真理値の名前［…］（他の対象をわれわれはここではまだ知らない）」（ibid.））。よってフレーゲは、(H)「われわれは真理値の名前がなにかを、すなわち〈真〉か〈偽〉のいずれかを意味するということから出発す

[*95] この関数は、自然言語の定冠詞の代用としてフレーゲが導入したものであり、ある概念の下に属する対象が唯一である場合には当の対象と同じ意味をもち、複数存在する場合には、当の概念の外延（値域）と同じ意味をもつものという条件が付されている。この関数が1階の関数なのは、関数を項にとって値域という対象を返す値域関数記号の前にそれが前置されるよう規定されているためである。詳細は GGA-I: §11 を参照せよ。以下の議論ではこの関数名については割愛する。

[*96] (iv)、(vi)、(viii)、(ix) は部分的に現代的表記に改めた。以下では、フレーゲの著作からの直接引用の場合も、オリジナルの2次元的表記は断りなしに現代的表記に改めることとする。

3.4 『基本法則』第31節とメタ理論

る」(*ibid.*) と言う*97。したがって、続いてフレーゲが (I)「次いでわれわれは、〈受容されるべき名前が、すでに受容されている名前とともに、つまり一方が他方のしかるべき項座に登場することによって、有意味な名前を形成する〉ということを証明する〔nachweisen〕ことによって、有意味と承認されるべき名前〔die als bedeutungsvoll anzuerkennenden Namen〕の範囲を徐々に拡大する」(*ibid.*) と言うとき、その「すでに受容されている名前」としてこの時点で使えるのは実際には真理値名だけであることになる。それを簡潔に見ていこう。

まず、(iii) を除いて (i) から (v) までは、それらが意味をもつことは、それらの項座に真理値名を代入した結果がやはり真理値名である——〈真〉か〈偽〉のいずれかを意味する——ということによって「証明」される。次の (vi) は2階の関数なので、その有意味性の証明のためには、(iii) を除いて (i) から (v) のすくなくともいずれかの有意味性が「証明」されていることが必要となる。そのようにして有意味性が「証明」された関数名を「$\varPhi(\xi)$」とすると、ξ項座にどんな有意味な固有名を代入した結果も、つねに真理値〈真〉を意味するか、さもなければつねに〈真〉を意味するとはかぎらない(つねに〈偽〉を意味する場合も含まれる)かのいずれかである。前者の場合、「$\varPhi(\xi)$」を全称量化した——それを (vi) の項場所に充当した——「$\forall\mathfrak{a}\varPhi(\mathfrak{a})$」は〈真〉を意味し、後者の場合は〈偽〉を意味する。つまり、いずれにせよ真理値を意味する。こうして、代入される「$\varPhi(\xi)$」が有意味であるならば (vi) も有意味であることが実際に「証明」されたことになる (cf. *ibid.*: 49)。(viii) と (ix) の有意味性も同様のやり方で「証明」される。

しかし、(vii) の値域関数記号に関しては事情はやや込み入っている。「$\grave{\varepsilon}\varphi(\varepsilon)$」の場合は事柄はそれほど単純ではない。というのも、それによってわれわれは単に新しい関数名を導入するだけではなく、同時にどの第1階単項関数の名前に対してもひとつの新しい固有名(値域名)を導入するのであり、

---

*97 とはいえ、真理値名は『基本法則』の先立つ箇所で明確な手続きに則って導入されたわけではなく、いわんや、上の 3.1 で確認したような厳密な意味で「定義」されたわけでもない。『基本法則』第I巻第2節の最後で、「対象は関数と対立する。よってわたしが対象に数えるのは、関数でないもののすべて、たとえば数、真理値、ならびに以下で導入される値域である」(GGA-I: 7) と言われているだけであり、これは典型的な解明命題である。

しかも既知の［第1階単項関数の］名前に対してだけではなく、今後たぶん導入されるかもしれないすべての［第1階単項関数の］名前に対しても、あらかじめ［その値域名を］導入することになるからである」(ibid.)。もちろん、そもそもいま考察している第28〜30節の「証明」は、まさに関数名から値域名を得ることを論理的に正当化し、かくして値域という論理的対象を認識論的に正当化することを究極的な目標としている。よって、ここが問題の諸節の議論のクライマックスであると言ってもよい。

さて、まずフレーゲは、(vii) に有意味な第1階1座関数名を代入して得られる値域名を「正値域名（rechte Werthverlaufsnamen）」と名づける。だが、この新たに形成された名前は、いままで見てきた他の関数名の場合と違って、真理値名なのではない。それは値域という新たな種類の対象をあらわす新たな固有名である。すると、われわれはここでようやく第29節の (2) の事例——ある固有名がひとつの意味をもつのはいかなる場合か——に遭遇したことになる。その確認方法はすでに見たとおりである。すなわち、有意味な第1階1座関数（ここでは (i) と (ii)）の項座にこの正値域名を代入した結果が真理値名になるかどうか、そして、有意味な第1階2座関数（ここでは (iv) と (v)）のいずれかの項座に正値域名を代入した結果が有意味な第1階1座関数名になるかどうか、を確かめればよい。フレーゲが実際に踏んだ手順は、正値域名「$\acute{\varepsilon}\varphi(\varepsilon)$」の有意味性を (v)→(i)→(ii) ならびに (iv) の順番で確かめる、というものであった*98。

しかし、そのもっとも肝心の (v) に関してフレーゲのおこなっている「証明」は、いくつかの点でわれわれを戸惑わせずにはおかない。第1に、その「証明」は第29節の (1′) と (2′) の循環をそのまま体現しているように見えるだけではなく、第2に、(2′) で与えられた規則を破っているようにも見える。たったいま見たように、ある固有名が有意味なのは、任意の有意味な第1階1座関数名の項座にそれを充当した結果の固有名がつねに有意味であり、か・つ任意の有意味な第1階2座関数名のいずれかの項座にそれを充当した結果生じる第1階1座関数名がつねに有意味である場合である。ところが、正値域名

---

*98　これはフレーゲが『基本法則』で何度か用いている還元的手法である。否定関数 ─┬─ξ が項にとるのは ──ξ の値であるし、──ξ の値は $\xi=(\xi=\xi)$ の値と等しいためである。Cf. GGA-I: 16f.

3.4 『基本法則』第31節とメタ理論

が有意味であるかどうかを確かめるために (v) の ζ 項座に正値域名を代入してできた第1階1座関数名「$\xi = \dot{\varepsilon}\Phi(\varepsilon)$」の有意味性を、それそのものとして確かめる術はフレーゲにはない。すると、(2') の有意味性条件に含まれる「かつ」が実質的になにを意味しているのかがそもそも怪しくなる。結局、「$\xi = \dot{\varepsilon}\Phi(\varepsilon)$」の有意味性を確かめるためには、ξ 項場所にもすでに有意味であると認められている固有名を充当した結果生じる新たな固有名が有意味であることを確かめるしかないのである。ところが──第3に──フレーゲはそこで驚くべきことを言う。「[…] すると「$\xi = \dot{\varepsilon}\Phi(\varepsilon)$」が第1階単項関数の有意味な名前であるかどうかが問題となり、そのためにはまたもや、その項座に真理値の名前か正値域名のいずれかを置くことによってそこ [「$\xi = \dot{\varepsilon}\Phi(\varepsilon)$」] から生じる固有名のすべてが、なにかを意味しているのかどうかを問わねばならない」(ibid.)。だが、たしかにいま問題となっているのは第1階1座関数名の有意味性であるとはいえ、そもそもそれが問題となったのは、その関数名を形成するために元々の2座関数名の ζ 項場所に代入した正値域名が有意味かどうかを確かめるためだったのである。もしそれがフレーゲの求める「証明」であるとしたら、それをもってすでに、代入される正値域名の有意味性は「証明」されたことになってしまうであろう。重要なのは、すでに有意味であると認められている第1階1座関数名の項座に、すでに有意味であると認められている固有名を代入することなのだから。これは問題のすり替えによる循環のように見える。ところがフレーゲはここで、いま引用した文に続いて──第4に──基本法則 V と、両真理値を値域の一種とみなす約定 (cf. ibid.: §10) を引き合いに出して、次のように主張する。すなわち、「われわれの約定、すなわち「$\dot{\varepsilon}\Psi(\varepsilon) = \dot{\varepsilon}\Phi(\varepsilon)$」が「$\forall a[\Psi(a) = \Phi(a)]$」[正確には「$\forall a[\Psi(a) = \Phi(a)]$」] とつねに同じ意味であるとする約定と、「$\dot{\varepsilon}(\text{—}\varepsilon)$」が〈真〉を、「$\dot{\varepsilon}(\varepsilon = \text{┬} \forall a[a = a])$」が〈偽〉を意味するものとするという約定とによって、「Γ」と「Δ」が正値域名か真理値名であるならば、いかなる場合にも、「$\Gamma = \Delta$」という形式の固有名にはひとつの意味が確保されるのである」(ibid.: 49) と[*99]。フレーゲの考えはこうである。実質的に基本法則 V である前者の約定 (GGA-I: §3) によって、「ξ

[*99] 後者の約定（ならびにそれと前者の約定との関連性）については、いくつかの問題点が指摘されているが、ここでは立ち入らない。詳細は T. Parsons 1987 を参照せよ。

$=\acute{\varepsilon}\Phi(\varepsilon)$」の ξ 項座に正値域名が代入された場合、つまり「$\acute{\varepsilon}\Psi(\varepsilon) = \acute{\varepsilon}\Phi(\varepsilon)$」のように同一性記号の両辺が値域名として与えられている場合には、対応する概念間の同値式（$\forall \mathfrak{a}[\Psi(\mathfrak{a}) \leftrightarrow \Phi(\mathfrak{a})]$）と「同意味（gleichbedeutend）」すなわち同値であることをもって、「$\acute{\varepsilon}\Psi(\varepsilon) = \acute{\varepsilon}\Phi(\varepsilon)$」にはひとつの意味が保証されたことになる。また後者の約定により、真理値は値域の一種なので、値域に当てはまる法則は真理値にも当てはまる。こうしてフレーゲは、(v) の同一性関数がその項座に真理値名か正値域名をとるならば、いつでも有意味な固有名を生む、と締めくくるのである（以下の有意味性「証明」については割愛する）。

3.4.3　第 28～31 節の意味論的解釈

以上で概観してきた 4 つの節は、たしかに表面的には、フレーゲに現代的な意味での意味論の先駆形態を見る解釈を強く支持するように思われる。まず、第 28 節で述べられている、名前が適正に形成されていることの条件は、3.4.1 のカルナップの引用文で挙げられていた、意味論的体系をなす規則のひとつ、すなわち、「概念記法体系 BS における名前」あるいは——フレーゲにおいては文は真理値の名前であるので——「BS における文」を定義する形成規則のことを言っているように見える。

また第 29 節の冒頭の問いは、以下の主題が、やはりカルナップ流に言えば、「BS における指示」を定義する指示の規則であることを示唆していると見ることができる。

第 30 節の冒頭の (A) と (B) における「循環があるがゆえにこれらの命題（第 29 節の (1)～(5)）は有意味性の定義ではない」という指摘も、第 29 節の意味論的な読み方と整合的である。というのも、それに続く (C) の文、ならびに (D)～(F) の文は、第 29 節の (1)～(5) が「BS における指示」の帰納的定義における帰納ステップであることを告げていると読めるからである。その意味ではたしかに、(1)～(5) だけではまだ「BS における指示」の十全な帰納的定義ではなく、当然ながら循環は免れない。そうなると当然予想されるのは、次の第 31 節では帰納的定義の基底部が実行されるはずだということである。すなわち、「すでに有意味であると認められているいくつかの原始名」についての意味論的約定がなされるはずだということである。(D) と (E) の傍

3.4 『基本法則』第31節とメタ理論

点で強調した条件節の部分も、その予想を後押しするように思われる。

はたして第31節の冒頭の文も、その予想を裏切らないように見える。そこで彼は、概念記法の適格な表現はすべてなにかを意味する（ひとつの意味をもつ、有意味である）ということを示すためには、あとは、(D)「原初的な単純名」、(E)「形成される元となる単純な名前」、(G)「われわれの原初的な名前」がなにかを意味することを示せばよいだけだ、と言っているからである。そしてこれらの「単純な名前」が (i)〜(ix) の関数記号のことを指しているのだとすれば、この基底部分の提示によって、メタ理論での「BSにおける指示（有意味性）」の帰納的定義が完結するように見える。現にフレーゲは次の第32節冒頭で、「このようにして、われわれの8個[*100]の原初的な名前がひとつの意味をもっており、したがってそれらから適正に合成される名前のすべてについても、同じことが妥当するということが示された」（GGA-I: 50）と言っている。これは、概念記法においては、第28節の冒頭で掲げられた定義の最高原則が遵守されることがメタ理論的に証明された、と言っているように見える。たとえばレズニクは、「フレーゲの証明は、ある言語に対する所与の付値がその言語の各文に一意的な値を割り当てるという現代的証明を先取りしている」（Resnik 1986: 177）と評しているし、ヘックの解釈によれば、「フレーゲのおこなっている、原始表現は表示するという論証は、原始表現の表示がいかなるものであるべきかに関して彼がおこなっている約定に訴えている。この約定を、原始表現に関する彼の意味論的約定〔semantical stipulation〕と呼ぶことにする。かくして、第31節の論証が何を示すとされているかといえば、それは、原始表現に関してなされた意味論的約定は原始表現のそれぞれにひとつの表示を割り当てるのに十分だということである」（Heck 1997: 449）。またヘックは、第32節の「われわれの約定によって、いかなる条件の下で［真理値のそれぞれの］名前が〈真〉を意味するかが確定されるのである」（GGA-I: 50）という文を真理条件意味論的解釈を支持する証拠として挙げてもいる。

ところが、まさにそのように読むならば、フレーゲのこの「メタ理論的証

[*100] フレーゲが「8個」と言っている理由ははっきりしない。ひょっとすると彼は最後の (viii) と (ix) は一緒くたに考えているのかもしれない。それらは項座数は違えど等階の関数だからである。

明」は失敗していると判定せざるをえなくなるだろう。その理由は上の第31節の概説で見たとおりである。結局、その論証は悪循環に陥っているように見えるのである。何人かの論者は、失敗の元凶は「Sにおける指示」の規準をフレーゲが文脈原理的に与えたことにあると指摘する（cf. C. Parsons: 1965; Resnik 1986; Dummett: 1991a: Chap. 17）。たとえばダメットは、問題の諸節でのフレーゲの「証明」の失敗は、彼が『基本法則』で「一般化された文脈原理（GCP）」*101 を採用していたことに起因すると診断している（cf. Dummett 1991a.: 220-222）。一般的に、循環なしに形式言語に確定的な解釈を与えるためには、その言語の原始述語表現の意図された解釈を指定するよりも前に、ドメインの個々の要素をメタ言語で選出する手段が存在しなければならない。だがダメットによれば、フレーゲは、意図されたドメインを特定する手段として現在では通例となっているそうした「外在的手段」は不必要だということがGCPから帰結すると考え、基本法則Vによって文「$\acute{\varepsilon}\Psi(\varepsilon) = \acute{\varepsilon}\Phi(\varepsilon)$」の真理条件を与えるという「内在的手段」をとったのだ。これはいわば、ドメインの確定と原初記号の指示の約定を同時におこなうということである。だが、「原始関数名を支配する約定が、公理Vに具現された値域の同一性規準を含めて確定的になりうるのは、完全にもしくはほとんど値域からなるドメインが確定している場合にかぎられる。しかしこのドメインは、値域名の意味〔Bedeutungen〕を固定することでまさに確定される途上にあったのだから、この手続きは循環をなしていたのである」（Dummett 1995: 258*102）。レズニクも、フレー

---

*101 Cf. Dummett 1991a: 212. これは、ある形式言語のある単称名辞が指示をもつのは、それを同言語の任意の関数表現の項座に代入した結果がつねに指示をもつ場合である、という原理である。ダメットがこれを「一般化された（generalised）」原理と呼ぶのは、そこで文という表現単位が果たす役割が単称名辞や述語ないし関数という（文未満の）単位の果たす役割と異なるところがないとみなされているという点で、いまだ文が真理値「名」として固有名に同化されていなかった『基礎』での文脈原理よりも一般化されていると彼が考えるためである。文脈原理のこの「一般化」それ自体のもつ問題点については、Dummett 1973: 645以下ならびにDummett 1981: 409を参照せよ。

*102 これは一般的に「非可述性（impredicativity）」と呼ばれる特徴から生じる問題である。ある数学的定義が、再帰的に構成する手段が与えられていない対象の全体性（たとえば対象の無限集合）を出発点として認めるとき、その定義は「非可述的である」と言われる。典型的には基本法則Vのような抽象原理によく見られ、「$\Sigma(a) = \Sigma(b) \leftrightarrow a \sim b$」というタイプの抽象原理は、右辺の同値関係「～」が、これから当の抽象原理によって導入され、左辺の「S(a)」が指示するべき存在者の上に量化するとき、非可述的である。Cf. Linnebo 2004: 74; 野本 2012: 437.

3.4 『基本法則』第31節とメタ理論

ゲがパラドクスに直面してもなお基本法則Vと値域にこだわり続けた理由としてわれわれが上の1.4で見たのと同じ理由から、すなわち、たとえば各概念にはひとつの値域が1対1対応して存在するという公理を与えてしまうと概念を原初的としクラスを派生的とみなすことができなくなるという理由から、フレーゲは彼の意味論において文脈原理を遵守せざるをえず、それによって生じる循環が『基本法則』の問題の諸節の「証明」の失敗のひとつの原因となった、と論じている (cf. Resnik 1986: 192-193)。

だが、概念記法言語の原始表現を「内在的手段」でその外部のドメインの要素と結びつける文脈主義的意味論のようなものを、そもそも本当に『基本法則』のフレーゲに帰してもよいのだろうか。以上の議論は結局、『基本法則』第Ⅰ巻の第28〜31ないし32節がそのように読めるということ以上のものであるのだろうか。そうではないように思われる。というのも、問題の諸節が『基本法則』全体の論述の中で占める位置や、それらの節についてフレーゲが実際に与えている注意書きを見るかぎり、そもそもフレーゲが体系的学問に求める水準をそれらの節が満たしうると彼が考えていたということ自体が怪しく思われるからである。その根拠を、項をあらためていくつか挙げてみよう。

3.4.4 意味論的解釈の難点
3.4.4.1 「分析」の諸節

フレーゲは、第Ⅰ巻の序言の第2段落で、『基本法則』の構成について次のように説明している。「証明〔Beweise〕が含まれているのは「構成〔Aufbau〕」という表題が附された諸節だけであるのに対して、「分析〔Zerlegung〕」という表題が附された諸節は、暫定的に証明の道筋の概略を描いてみせることで〔読者の〕理解を容易にするためのものである」(GGA-I: V)。「分析」と題された諸節は、「基数の基本法則の証明」と題された第Ⅰ巻第2部以降 (*ibid.*: §55以降) に始まり、第Ⅱ巻でも、第3部の実数論が始まる前の第1節から第53節までと、同部第2章「量の理論」の第165節から243節にわたって、それぞれ「構成」と題された諸節の前に置かれ、当該「構成」節の実際の証明に登場する概念記法命題についてドイツ語で説明をおこなっている。これらの節では、

実際の証明の中では使われることのない自然言語での省略表現が導入されたり（「表現をもっと簡潔にするために、今後わたしは「その外延が「u」によって暗示される概念」のかわりに「u概念」〔…〕と言うことにする」(ibid.: 71))、概念記法命題をドイツ語で長々と言い換えたり（cf. ibid.: 71f.)、概念記法外の図を使った直観化によって理解の促進が図られたりしている（cf. ibid.: 72）。これら「分析」の節は、いま問題にしている第Ⅰ巻第1部の諸節よりもはるかに明白に、概念記法言語には含まれないメタ言語を駆使しての意味論的言説のように見える。ところがフレーゲは、第Ⅰ巻第2部の前書き冒頭の第53節で、読者に次のような注意を与えているのである。「以下でなされる証明に関連してわたしが強調しておきたいのは、わたしがきまってまず「分析」という表題のもとに述べる論述〔Ausführungen〕は、単に読者の便宜に資するためのものにすぎないということである。よってその論述がなかったとしても、「構成」という表題のもとでの唯一の追求対象である証明からその力をいささかも奪うことにはならないだろう」(ibid.: 70)。もっぱら読者の便宜のためにあり、したがってその便宜を必要としない読者にとってはなくてもよい論述——「分析」の諸節のこの特徴づけは、これらの節が概念記法体系内の証明をメタ理論的に正当化する言説であるというよりは、むしろ解明命題からなる予備学（概念記法による厳密な証明に対する前庭）に属するものであることを強く示唆する。現に、上の3.2で見た解明の規定のうち、すくなくとも **E-2**、**E-3**、**E-6**、そして **E-7** は当てはまる。

3.4.4.2 読み飛ばしてもよい諸節

フレーゲは同じく第Ⅰ巻の序言（GGA-I: XIf.)で、『基本法則』の読み方を読者にアドバイスしている。そこで彼は、「概念記法命題の理解にとって非本質的である」(ibid.: XII）がゆえに「最初に読む際には飛ばしてもかまわない」(ibid.)箇所として、まずは（a）第8節の後半（原文12頁最終段落以降）、(b) 第9節の後半（原文15頁第2段落以下）、そして（c）第10節全体を挙げている。たしかに（a）の箇所は、現代の全称量化記号に当たるドイツ文字と水平線上の凹みの使用規則やその作用域について単に技術的な説明をしているだけだし、(b）の箇所も、値域関数記号を作るための無気息記号の使用規則やそ

3.4 『基本法則』第31節とメタ理論

の作用域について、やはり技術的な説明をしているだけである。しかし重要なのは、こうした箇所が、(c) の箇所と同列に扱われているということである。というのも、第10節は、「なにを関数の値域とするかの、より正確な規定」という表題が示すとおり、基本法則Ⅴの与える同値関係では「$\dot{\varepsilon}\Phi(\varepsilon)$」という名前の意味がまだ確定されていないということを、「入れ替え論証（permutation argument）」と呼ばれるメタ証明によって明らかにしている節だと解釈されているからである*103。それどころか、ヘックによれば、無気息記号を使って作られる概念記法記号の「意味（Bedeutung）」に関してフレーゲがおこなった唯一の意味論的約定は、この第10節冒頭の、「われわれが記号結合「$\dot{\varepsilon}\Phi(\varepsilon) = \dot{\varepsilon}\Psi(\varepsilon)$」を「$\forall\mathfrak{a}[\Phi(\mathfrak{a}) = \Psi(\mathfrak{a})]$」と同じ意味の〔gleichbedeutend〕ものとして指定したこと」(GGA-I: 16) だけなのである (cf. Heck 1999: 260)。ヘックは続けてこう言っている。「わたしがフレーゲの（無気息記号に関する）「初期約定〔Initial Stipulation〕」と呼ばんとしているものは、かくして、かの不運な基本法則Ⅴのメタ言語版なのである。（フレーゲがメタ言語で「値域」という用語を用いるとき、それは本質的にその同じ約定に支配されている、ということにも留意せよ。）」(ibid.) しかし、それほど重要な「初期約定」を含む第10節が、(a) や (b) のような、すでに概念記法を習得している読者であればたしかに省いてもかまわないような教育的な節と同列に扱われているというのはどういうことなのか。

だが、メタ理論的解釈にとってなによりも不利だと思われるのは、フレーゲが第Ⅰ巻序言の同じ箇所で、概念記法命題の理解にとって非本質的である箇所として、(a)〜(c) に加えて、(d) 第26節と (e) 第28〜32節をも挙げているということである。(d) は、メタ理論的解釈者たちが、対象言語としての概念記法に対するメタ言語としての自然言語の語彙とみなす「固有名」、「関数名」、「対象標識」、「関数標識」、「命題」などについての説明からなっているし、(e) は、われわれがいま問題にしている諸節そのものである。もし (d) が、メタ言語の語彙についてのメタメタ理論的約定であったり、(e) が、3.4.3で挙げた論者たちの言うように、内在主義的な真理条件意味論の（不首尾に終わった）先駆形態であるとしたら、それらが概念記法命題の理解にとって非本質

---

*103 Cf. Dummett 1995: 253-254; 野本 2012: 457-464.

的だというフレーゲの評価をどう理解すればよいのか。むしろ自然なのは、(a)～(e)の箇所はすべて、概念記法という新しい記号法についての教育的手引きであるとみなすことではなかろうか。

もちろん、その中にも違いはある。(a)や(b)は、またもしかすると(d)も、純粋な記号法の手引きであると断言してもよいのに対して、(c)や(e)は解明命題からなる予備学とみなすことができる。その傍証となりうるのが、『基本法則』第II巻の「われわれによる値域の導入は数学者の数創造とは異なる」と題された第146節でフレーゲが基本法則Vについて述べていることであろう。そこでフレーゲは、関数値の相等性の普遍性を関数の値域の相等性に変換してもよいということは、定義ではありえず、論理的な基本法則とみなすべきだと主張する。その理由は明らかである。もし基本法則Vが定義であるとしたら、左辺の「関数Fの値域は関数Gの値域と同じである」が被定義項になるだろうが、これは複合記号であり、その意味が既知である「同じである」を含んでいるため、本章3.1で見た**D-11**に違反するからである。「したがって第I巻第3節でのわれわれの約定〔Festsetzung〕を定義と解そうとするなら、それはたしかにわれわれの定義の第2原則に違反したことになろう」(GGA-II: 148[*104])。ここで言われている第3節での「約定」とは、「わたしは、「関数 $\Phi(\xi)$ は関数 $\Psi(\xi)$ と同じ値域をもつ」という語句を、「関数 $\Phi(\xi)$ と関数 $\Psi(\xi)$ は同じ項に対してはつねに同じ値をもつ」という語句と、一般に同じ意味に用いる (allgemein als gleichbedeutend brauchen)」(GGA-I: 7)のことであり、メタ理論的解釈者ならば、基本法則Vのメタ言語版についてのメタメタ理論内での意味論的約定と解するであろうものである。さらに見逃せないのは、ひとつ前に引用した第II巻148頁の文にフレーゲが附した脚注である。そこで彼は、「一般に、第I巻での原始記号〔Urzeichen〕に関する約定を定義とみなしてはならない。論理的に合成されたものだけが定義されうるのであって、単純なものについてはただ示唆する〔hinweisen〕ことしかできない」(GGA-II: 148, Fn.1)とコメントしている。ここで、論理的に単純であるがゆえに定義できないもの、ということで意味されているのが値域であることは明らかである。

[*104] この「定義の第2原則」とは、GGA-II: 79以下で論じられている「被定義表現の単純性の原則」(本章3.1の**D-11**)のことである。

したがって、第3節での約定は、値域の何たるかについて「示唆」や「ヒント」を与える解明命題なのである。すると第10節の、ヘックが「初期約定」と呼んだ自然言語文も、同じ理由と正当性をもって解明命題とみなすことができる。そればかりでなく、定義は不可能で解明するしかないということが「第Ⅰ巻での原始記号に関する約定」に関して一般的に当てはまるのだとしたら、第31節で9つの原始記号について述べられていることも、概念記法の原始記号の有意味性の文脈的定義（帰納的定義の基底部）などではなく、それらの記号があらわす論理的単純者についての解明であると見るべきなのである。

3.4.4.3 使用と言及の混同

　対象言語とメタ言語の峻別に依拠する現代的な意味論の構想をフレーゲに帰するには、『基本法則』第Ⅰ巻第1部の前半の諸節は、対象言語の使用と言及の混同があまりに目立つ。たとえば第5節では、水平線記号について次のように言われている。「わたしはそれ［水平線］を次のような関数と解する。すなわち、―∆は、∆が〈真〉であれば〈真〉であり、反対に∆が〈真〉でなければ〈偽〉である。したがって―ξは、その値がつねに真理値であるような関数である、あるいは、われわれの約定に従うならひとつの概念である。この概念の下には〈真〉が、そして〈真〉だけが属する」(GGA-I: 9f.)。この場合、本来であれば前半の―∆は引用符で囲まれるべきで、後半の―ξは――それが関数であるとか概念であると言われているので――引用符抜きで厳密に区別されるべきであろう。これが示しているのは、「―∆が〈真〉である」というフレーゲの表現は、「―ξが概念である」と同じ形式をしており、したがって「文「―∆」は真である」という意味論的形式の命題ではないということだ、と考えられるかもしれない。しかし、そうした解釈は一貫性を保てない。たしかに次の第6節でも否定線記号について引用符なしの説明がなされているが、その次の第7節では、「「Γ＝∆」は、Γが∆と同じである場合に〈真〉を意味し、他のすべての場合には〈偽〉を意味する」(ibid.: 11)と、真理条件意味論のメタ文としてはほぼ申し分のない書き方がされているからである。もちろんこれは、フレーゲにメタ的視座を認めないことの論拠になるわけではない[*105]。だが、メタ理論的解釈がここに「混同」を見るためには、ひとつの前

提がある。それは、フレーゲの使う「は〈真〉である（ist das Wahre）」が真理述語「は真である（ist wahr）」と同じものであるということだ。しかしそれは、次章の4.2で見るように、けっして自明なことではない。

3.4.4.4　量化子の代入的／対象的解釈

　フレーゲの量化子の説明も3.4.4.3と似たような事情にある。しばしば指摘されるのが、フレーゲの説明には量化子の「代入的（substitutional）」解釈と「対象的（objectual）」解釈が混在しているということである。量化子が対象的に解釈される場合、量化子に束縛された変項は、ドメインの対象や関数の集合の上へと量化される。反対に量化子が代入的に解釈された場合には、束縛変項は、その変項に代入される表現の集合の上へと量化され、したがって"$\forall x \Phi(x)$"はその例化の無限連言（"$\Phi(a)$ & $\Phi(b)$ & $\Phi(c)$ & ..."）と等しいとみなされる。だが、『基本法則』が量化子についていずれかの解釈を一貫してとっているとみなすことは難しい。たとえば第Ⅰ巻の第3節では、「項として数がとられるなら」とか「関数（$\xi^2 = 4$）＝（3・$\xi^2 = 12$）が任意のどの項に対しても値として〈真〉をとる」（GGA-I: 7）という表現から、対象的解釈がなされているように見える。また第8節でも、「「$\Phi(x) = \Psi(x)$」」のような等式が、「x」にいかなる固有名を代入しようとも、その固有名が実際にひとつの対象を意味してさえいれば、つねに〈真〉の名前を生む」（ibid.: 11）と、代入的というよりは対象的に読める言い方がされている。ところが第20節では両者が混在しはじめる。冒頭では「$\forall a \Phi(a)$ が〈真〉であるのは、どの項に対しても対応関数 $\Phi(\xi)$ の値が〈真〉であるときにかぎる」（ibid.: 35）という対象的解釈によって全称量化文の真理条件が与えられている一方で、同じ節のすぐ後では、「さてわれわれは「$\forall f[\forall af(a) \to f(\varGamma)]$」ということで、「$\forall af(a) \to f(\varGamma)$」中の「f」の座にどんな関数名が代入されようともつねに〈真〉の名前が得られるということの真理値と解する」（ibid.）というように明らかに代入的な説明がさ

---

*105　現に野本は、同じ証拠に基づいて「フレーゲには、使用と言及、意味論的形式とそれからの逸脱といった行きつ戻りつ back and forth の揺れが見られるとしても、総括的な部分では、かなり慎重かつ明示的に意味論的形式が採用されていると思われる」（野本2012: 259）と、われわれと反対の解釈を与えている。しかし、「総括的な部分」でフレーゲがそうせざるをえない——あるいはそうしようとする——必然性を示さなければ、それがただの偶然である可能性はどこまでも消えない。

れている。そして問題の第31節では、上で見たとおり、どちらかと言えば代入的解釈に分類される仕方で全称量化文の真理条件が与えられているように見える。というのもそこでフレーゲは、「$\forall a \varPhi(a)$」のすべての例化が意味をもつという事実から「$\forall a \varPhi(a)$」が意味をもつことが帰結する、と論じているように見えるからである。

　フレーゲに現代的意味論（の未完成な先駆形態）を認め、その真骨頂は第29〜31節における概念記法名の有意味性証明にあると考える論者たちは、『基本法則』は最終的に代入的解釈をとっているとみなす傾向がある[*106]。なかでもE・マーティンは、問題の第31節の「証明」の失敗は、第8節で暗黙裡に設けられていた有意味性（referentiality）の規準を第31節が——別の文脈的規準を設けることで——裏切っていることにあると主張する（cf. Martin 1982: 155）。彼によれば、第8節では、関数をあらわす関数名とそうした関数の項と値について対象的に語られていたのに対して、第31節で与えられている規準 (i)〜(ix) は、完全に関数名の代入的充足の有意味性という観点から与えられており、(i)〜(ix) のどこにおいても関数と対象そのものへの言及はなされていない。そしてこれによって、関数名の有意味性が、その名前によって指示される当の関数が存在するということから切り離されてしまうことになる。これが、第31節での値域名の有意味性の意味論的証明の失敗の原因であるというのだ。

　たしかに、第2章第6節の最後で見たように、フレーゲが量化子の対象的解釈を認めないであろうことはほぼ確実である。だがそこからは、彼が代入的解釈のほうを受け入れるだろうということは帰結しない。フレーゲが単にそうした区別を自覚しなかったというだけではない。そもそも彼にとって、対象的に見るか代入的に見るかという二者択一を迫る可能性のある現代の量化理論の基本的枠組み自体が異質なのである。量化子を代入的に解釈するには、ドメイン内のすべての対象や関数に名前が割り振られている必要がある。しかし非論理定項をもたない『基本法則』の概念記法体系にそれを求めることはできない。またそもそも、これまた上の2.2の最後で触れたように、フレーゲは書簡の中でジャーデインに、ラッセルの「変項（variable）」という表現は不合理で理解

[*106]　Cf. Martin 1982; Resnik 1986; Dummett 1991a: 215-222; Hintikka & Sandu 1992. もちろん、それに反対して対象的な解釈を主張する者もいる。Cf. Burges 1995; Heck & Stanley 1993.

不可能なのでやめるべきだと進言している（cf. WB: 116f., 129-133）。「変項」という表現に反対する理由として彼は複数のものを挙げているが、次の論拠がもっとも明快であろう。

> だが、「変項」という表現はまったく使用しないのが一番よいだろう。というのも結局は、ひとつの記号についても、その記号が表現ないし表示するものについても、それが可変的であるとか、もしくは変項であるとか言うことは［…］できないからである。（*ibid.*: 116）

要するにフレーゲが理解不可能だと言っているのは、ある記号が可変的であるということだけではなく、定項（固有名）がある確定した対象を表示する（bezeichnen）という意味で確定した意味（Bedeutung）をもつのと対照的に、変項と呼ばれる記号が不確定の対象（！）を表示するという意味で不確定の意味（！）をもつということなのだ。この論拠だけを見るかぎり、フレーゲは量化の変項の対象的解釈をきっぱりと斥けているように思われる。しかし他方で彼が代入的解釈にも理解を示さなかったであろうことは、この文章のすこし後にくる次の発言からも明らかだと思われる。

> (J) ある文字［ラテン文字］がある文に内容の一般性を賦与するために用いられている場合には、わたしなら、その文字がひとつの意味〔Bedeutung〕、ひとつの意義〔Sinn〕、ひとつの *meaning* をもつとは言わないだろう。その文字をある対象 *Δ* の固有名「*Δ*」で置換することはできる。しかしこの *Δ* をその文字の *meaning* 意味とみなすことはどうやってもできない。というのも、その対象［*Δ*］は他の任意の文字以上にその文字［ラテン文字］と密接に結びついているわけではないし、その文字は他の任意の対象以上にその対象と密接に結びついているわけでもないからである。また一般性をそのラテン文字の意義〔Sinn〕と見なすこともできない。なぜなら一般性というのは、ラテン文字なしでもすでに完成している文に付け足されるようななにか自立したものではないからである。（*ibid.*: 117）

したがってフレーゲにとってラテン文字は、文の中のしかるべき箇所に置かれることによって、つまりラテン文字によって与えられるその文全体の形式によって、その文が表現する思想に一般性を与えているのであり、その文の外部のなにものかとなんらかの特殊な関係性を結んでいる——なんらかの対象やその集合を表示していたり、なんらかの定項やその集合の代理をしていたりする——わけではないのである。

3.4.4.5 ヘックの「補助名」解釈

ところで、3.4.4.3 と 3.4.4.4 で指摘された事実をフレーゲの意味論上の失策とみなさず、なおかつ優勢な代入的解釈をしりぞける議論を展開しているのがヘックである（cf. Heck 1997, 2010[*107]）。彼は、フレーゲがよく用いる「Γ」や「Δ」といったギリシア大文字に注目する。これらは問題の第31節でも多用されており、全称量化子の代入的解釈の典拠となっている文章、すなわち、「さて「$\Phi(\xi)$」がひとつの意味をもつのは、どの有意味な固有名「Δ」に対しても「$\Phi(\Delta)$」がなにかを意味する場合である。これが成り立つならば、その「$\Phi(\xi)$」の意味は（「Δ」がなにを意味しようと）つねに〈真〉であるか、あるいはかならずしも〈真〉であるとはかぎらないかのいずれかである。第1の場合には「$\forall \mathfrak{a}\Phi(\mathfrak{a})$」は〈真〉を意味し、第2の場合には〈偽〉を意味する」（GGA-I: 49）においても使われている。また、3.4.4.4においてフレーゲが使用と言及を混同している典型的な箇所として引用した第5節の文章においても、「Δ」が真理値名として使われている。実は、その箇所が『基本法則』における「Δ」の初登場の箇所であり、フレーゲはその箇所に脚注を付して次のようにコメントしている。

> (K) 自明なことだが、記号「Δ」が意味を欠いている〔bedeutungslos〕ことは許されず、ひとつの対象を意味している〔einen Gegenstand bedeuten〕のでなければならない。意味を欠いた名前が概念記法の中に現れることは許されない。そこで、「Δ」がなにかを意味するかぎりにおいてのみ「——

[*107] ヘックのこの議論については野本 2012: 260-267 に明快な解説と批判的評価がある。

Δ」はあらゆる状況下でなにかを意味する、という約定がなされたのである。さもないと ──*ξ* は明確に境界づけられた概念ではないことになり、したがってわれわれの意味ではそもそも概念ではないことになろう。わたしはここでギリシア大文字を名前として、あたかもそれがなにかを意味しているように、しかもその意味〔die Bedeutung〕がなにかを述べないままで、使っている。概念記法の展開自体の中にそれらが現れることは、「*ξ*」や「*ζ*」と同様にないであろう。（*ibid.*: 9, Fn. 3）

　たしかにこの注の不明瞭さはきわめて興味深い。そこでヘックはこの文章が、ギリシア大文字はフレーゲにとってある特異な役割を果たすメタ言語の語彙（彼はそれを「補助名（auxiliary name）」と呼ぶ）であることを告げていると解釈し、ギリシア文字をそのようなものとして見るならばフレーゲの説明を代入的に解釈する必要もなくなると考える。つまり、たとえば『基本法則』第29節の条件（1′）、すなわち「第1階単項関数の名前が意味をもつ（なにかを意味する、有意味である）のは、その項座にある固有名を充当することによって当の関数名から成立する固有名が、この代入された名前がなにかを意味する場合にはつねにひとつの意味をもつような場合である」（*ibid.*: 45f.; 強調引用者）を代入的に解釈する必要はなくなると考えるのだ。

　その条件はたしかに、〈「*Φ*(*ξ*)」が表示をするのは、「*Φ*(*Δ*)」という形式のすべての例化が、「*Δ*」がたとえ何であれ表示するかぎりは、表示する場合であり、その場合にかぎる〉と言ってはいるが、しかし「*Δ*」それ自体が概念記法の原始表現から形成されたひとつの名前であるという仮定はなされていない。その条件をこのように読むためには、フレーゲが言っているのは項座に現実の〔actual〕表現ではなく補助的〔auxiliary〕表現を充当するということだと解する必要がある。名辞「*Δ*」はそもそも概念記法の名前であるとされてはいない。それは形式的な装置、その言語に追加された新しい名前であり、ドメイン内のなんらかの対象を表示するべしという条件だけに従う。そしてフレーゲの［第29節の］諸条件をこのように読むならば、それらはまさに、それらが本来言うべきだとわれわれが考えたで

あろうことを言っているのである。すなわち、「Δ」が何であれ表示するかぎりは「Φ(Δ)」は表示すると言うことは、「Φ(ξ)」はどの項に対してもひとつの値をもつと言うことにほかならないのである。(Heck 1997: 442)

このように補助名は、典型的には代入的解釈とみなされがちなフレーゲの物言いを、対象的な解釈に変換する装置と考えられる。これによってたしかに、概念記法においてはすべての対象や関数に名前がつけられているわけではないという事実に躓く必要はなくなる。いわば補助名は、みずからがドメイン内のいまだ名前をもたない要素たちを代理することによって、有意味性の文脈的定義に参加するのだと言えよう*108。そしてヘックは、補助名を使って形成された例化の真理について語るフレーゲのやり方は、対象列による充足という観念に基づく自由変項への値の割り当てというタルスキの方法の未熟な類似物ではなく、それに代わるもの（alternative）であると主張する（cf. Heck 1997: 442）。とすれば、『基本法則』第Ⅰ巻第1部の議論は、GCP を遵守する新しいタイプの意味論として十分に有望であることになり、すくなくともマーティンが指摘したような意味論上の失敗をフレーゲに帰することはできないことになろう。

また考えようによっては、3.4.4.3 で指摘された事柄もこの補助名の着想によって問題ではなくなるかもしれない（cf. 野本 2012: 264）。なぜなら、使用と言及の混同の典型例とみなされうる「──Δ は、Δ が〈真〉であれば〈真〉であり、反対に Δ が〈真〉でなければ〈偽〉である」（GA-I: 9）という『基本法則』第8節の文も、たとえば、「Δ」を、概念記法の真理値名 a の引用符名「a」に代わるメタ言語の語彙とみなすならば、「「──a」は、「a」が〈真〉を意味するなら〈真〉を意味し、反対に「a」が〈真〉を意味しないなら〈偽〉を意味する」という意味論的形式をもつ文と同じであるとみなせるからである。こうして、補助名というアイデアに照らして見るなら、3.4.4.4 で確認したようなフレーゲの書き方の各節ごとの揺れ（対象的か代入的かという論争を呼び込

---

*108 リネボの指摘によれば、補助名は固有名だけにかぎられないだろうから、フレーゲが『基本法則』第10節や第31節などで関数名を表記するのに使っている「Φ」や「Ψ」や「X」も──最後はラテン大文字ではあるけれども──ヘックの言う補助名とみなせるであろう。Cf. Linnebo 2004: 76 and 93, n. 7.

む揺れ）も、「すべての名前に対して」と「すべての項に対して」がフレーゲにおいては互換的であるという事実を反映しているにすぎないと解することができる。

　しかしながら、3.4.4.3 や 3.4.4.4 の問題に対処するために、(K) のようなコメントを根拠にして、補助名のような特殊なメタ語彙のカテゴリーを想定することは、やはりどうしても不自然に映る。ヘックの目には、(K) は「Δ」に対して、(i) ひとつの対象を意味する（einen Gegenstand bedeuten）名前である、(ii) それがなにを意味しているかを特定せずとも使える名前である、(iii) 概念記法の語彙ではない、という条件を満たすことを要求しているように見えたのかもしれない。それゆえ彼は (K) が、概念記法言語がそれについて語るべきドメインの任意の対象を——いわば概念記法言語とは独立に、あるいはそれを飛び越えて——意味しうる特殊な名前の存在を要請していると考えたのであろう。しかしそれは誤解である。第 1 に、(K) は、記号「Δ」が意味を保証されているのでなければならないとは言っていない。むしろ、「Δ」がそれ自体としては意味を欠いているからこそ、「Δ」がなにかを意味するかぎりでのみ「⎯Δ」はなにかを意味するという条件づけの約定が必要なのである。またここから帰結することだが、第 2 に、ここでの「Δ」は名前ではない。意味を欠いておりかつ名前であるようなものなど存在しないからである。だからこそ、「Δ」がなにを意味するかを確定せずとも、あたかも「Δ」が名前であるかのように、「Δ」を使うことができるのである。その決定的な証拠は、第 26 節冒頭のフレーゲの次の言葉である。「ドイツ文字、ラテン文字、ならびにギリシア文字を、わたしは概念記法においては名前とは呼ばない。というのは、それらはなにも意味しないものとされるからである」（GGA-I: 43; 強調引用者）*[109]。

　実は、フレーゲが記号「Δ」に対して (K) の注釈で与えている特徴づけは、(J) の文章からも明らかなとおり、彼がラテン文字に与えた特徴づけそのものである。ラテン文字それ自体は、フレーゲの厳密な意味では、意味（Bedeu-

---

＊109　ギリシア文字に対するこのような扱いは、実は、フレーゲにメタ理論を読み込む解釈者たちですらまだ対象言語とメタ言語の区別がなされていないことを認める最初期の『概念記法』にもすでに見られるのである。同書の冒頭、第 2 節に付された注には次のようなコメントがある。「わたしはギリシア語の大文字を省略として用いる。わたしからの特段の説明がない場合、読者は適宜それらに意味を補ってもらいたい」（B: 2, Fn.）。同じことは飯田 2003: 112 でも指摘されている。

tung, meaning）も意義（Sinn）ももたない。したがってそれは名前ではない（上の2.2で見たように、厳密に言えばそれは「記号」ですらなくただの「文字」である）。繰り返すなら、ラテン文字は、それが登場する文の全体に一般性を表現するような形式を与えるだけである。これが、「われわれはラテン文字については、それがある対象を意味している〔einen Gegenstand *bedeute*〕とは言わず、ある対象を暗示している〔einen Gegenstand *andeute*〕と言う」（GGA-I: 31）というフレーゲの主張の真意である。たしかにフレーゲは、「意味する」と「（不確定的に）暗示する」を峻別する。だが、この区別を再現するために、ヘックのように、概念記法の名前の表示とは区別される、補助名による表示のような特殊な指示作用を想定する必要はない。それはむしろ、「暗示する」は「意味する」とは根本的に異なるというフレーゲの主張を無視することになるだろう[*110]。

3.4.4.6 リネボの「候補名／背景名」解釈

　ヘックの解釈との関連では、彼の「補助名」という考えを限定的に受け入れつつ、『基本法則』第29～31節の文脈的定義を、そこに見られる循環を無害化するような仕方で読むことができると主張するリネボの議論（Linnebo 2004）が有名である。しかしながら、問題の諸節が概念記法における有意味な名前の帰納的定義を目指したものであるとする点と、実際のフレーゲの証明の失敗の原因はつまるところ基本法則Ⅴの非可述性にあるとする主張に関しては、本文で触れた論者たちと変わるところがない。とはいえ彼の議論は、フレーゲの論証を整合的に読むための非常に興味深いアイデアをいくつも提示しているので、参考と呼ぶにはあまりに長大かもしれないが、以下で読者の参考のために

[*110] 野本は、ヘックの「補助名」という考えを次のように批判している。「「任意の対象を意味する」というのは、正確には「暗示する」というラテン文字の「一般性」という特徴に関わる特性と、名前の意味の一意性（固定的指示性？）ないしタルスキ的「同時的付値」の役割とを、「補助名」に併せ持たせようという意図からくる、一種の混乱なのではないか？　ラテン文字（自由変項）こそ、「概念記法」においてその両方の役割を果たすはずの表現であり、ギリシャ大文字'*Δ*'、'*Γ*'等は、メタ言語中で、各種の名前とラテン文字のその双方の代理を担う表現にほかならない」（野本2012: 267）。フレーゲのラテン文字がタルスキ的な、ひとつの推論の中で複数回登場する自由変項への対象列の同時的付値という役割を担っているという解釈と、ギリシア大文字がメタ言語における「名前」であるという解釈を除けば、わたしもこの評価には賛成である。

紹介しておく（よって、この節はそれ以降の議論にとって不可欠というわけではないので、先を急ぐ読者はそれこそ「読み飛ばして」もらってもかまわない）。

リネボの議論は、かならずしも明確にされていなかった2つの区別をはっきりさせることから始まる。第1の区別は、『基礎』の文脈原理と『基本法則』の文脈原理（ダメットの言うGCP）の区別である。前者は、その意味が問題となっている名前が埋め込まれる文という脈絡が意味をもつことだけを要求するのに対して、後者は、文が独自の統語論的カテゴリーであることをやめて固有名に分類されたことによって、問題の名前が登場するすべての脈絡が意味をもつことを要求する。後者の文脈原理は『基本法則』の第29節に見られるが、リネボはそれを「文脈規準 (the context criteria)」(ibid.: 76) と呼ぶ。そして特にこの原理を特徴づけるために、「候補名 (candidate name)」と「背景名 (background names)」(ibid.: 77) という概念対が導入される。前者は文脈規準の適用によってこれからその有意味性が証明されるべき名前であり、後者はその候補名と結合されるべき有意味な名前である。この概念対を用いて定式化し直すなら、文脈規準とは、ある候補名が有意味であるのは、それをひとつないし複数の背景名と適切な仕方で結合した結果生じるどの名前も有意味である場合であり、その場合だけである、というものであることになる。

リネボの議論の前提をなす第2の区別は、それぞれの文脈原理によってもたらされる論証の循環性の区別である（ibid.: 77-78）。上の3.4.3で見たように、ダメットを筆頭とする何人かの論者は、この『基本法則』の文脈規準が、『基礎』では生じなかったような悪循環を生むと考える。というのも、いまやその規準によって、これから意味をもつことが証明されねばならない当の文脈それ自体が固有名のカテゴリーに属することになるからである。リネボは、『基本法則』にのみ見られるこの循環を「新循環」(ibid.: 77) と呼び、文を固有名に同化しない文脈原理をも脅かしうる『基礎』の循環を「旧循環」(ibid.: 78) と呼ぶ。この旧循環は次のようにして生じる。『基礎』の文脈原理が言っているのは、ある固有名が意味をもつにはそれが登場するすべての文が有意味でなければならないということだが、それは結局のところ、ある固有名が意味をもつためには、それは任意の有意味な述語と結合してひとつの有意味な文を作らねばならないということである。しかし、ある述語が意味をもつためには、それ

3.4 『基本法則』第31節とメタ理論

は有意味な固有名と結合してひとつの有意味な文を作らねばならない。固有名と述語のそれぞれの有意味性の規準が、他方の規準に訴えかけ合っているのである（cf. ibid.: 78）。この循環をもうすこし明確にするために、『基本法則』第29節の文脈規準を次のように形式化してみる。

(CC_0) $\mathfrak{a}$ が有意味$_0$であるのは、$\mathfrak{f}$ が有意味$_1$ならばつねに $[\mathfrak{f}(\mathfrak{a})]$ が有意味$_0$である場合であり、その場合だけである。

(CC_1) $\mathfrak{f}$ が有意味$_1$であるのは、$\mathfrak{a}$ が有意味$_0$ならばつねに $[\mathfrak{f}(\mathfrak{a})]$ が有意味$_0$である場合であり、その場合だけである。

（以下省略。Cf. ibid.: 78）

ここで、「有意味$_0$」はゼロ階の固有名に適用され、「有意味$_1$」は1階の関数名に適用される意味論的語彙であり、ドイツ文字の変項は統語論的単位（固有名、関数名）の上に量化される。さて、この形式化された文脈規準を用いて説明するなら、「旧循環」が生じるのは、1階の関数名に適用される有意味性$_1$が固有名の有意味性$_0$によって特徴づけられている一方で、後者の有意味性$_0$のほうもまた有意味性$_1$によって特徴づけられていることによる。この「旧循環」は、文の有意味性を独立のカテゴリーとして認めても（つまり（CC_0）と（CC_1）の右辺の後件をいずれも「有意味$_0$」から「有意味$_s$」に書き換えたとしても）食い止められない。なぜなら、かりにそうしても有意味性$_1$や有意味性$_0$が双条件文の右辺の前件に残り続けるからである（cf. ibid.: 78f.）。

最後に、リネボが追加したもうひとつの重要な区別がある。それは関数名に関するもので、ある関数名が目下の言語と相対的に「拡張的（*expansive*）」であるか「非拡張的（*nonexpansive*）」（ibid.: 80）であるかという区別である。ある関数名 $\mathfrak{f}$ が言語 $\mathfrak{X}$ と相対的に非拡張的であるのは、任意の有意味な固有名「Δ」について「$\mathfrak{f}(\Delta)$」が $\mathfrak{X}$ の固有名 $\mathfrak{b}$（すでに有意味なものとして $\mathfrak{X}$ の中に受容されているなんらかの固有名）に還元されるような仕方で $\mathfrak{f}$ が定義される場合であり、その場合だけである。そうでない場合、候補名は $\mathfrak{X}$ と相対的に拡張的である。したがって、たとえば (i) の水平線関数「──ξ」は──〈真〉を項にとって〈真〉を値にもち、それ以外の項に対しては〈偽〉を値としてもつの

で——『基本法則』の概念記法言語と相対的に非拡張的であり、(vi) の全称量化関数「$\forall a \varphi(a)$」（フレーゲの場合これは演算子ではなく関数の一種である）も同様であるが、(vii) の値域関数名は拡張的である。というのもそれは、「$\acute{\varepsilon}\varPhi(\varepsilon)$」という形式をもつ名前をそれと同じ形式の名前に還元することを許容しないように定義されているからである（cf. ibid.: 80）。

　さて、以上の3つの区別を前提として、リネボはヘックの解釈をこう批判する。ヘックの解釈によれば、リネボの言う背景名こそが「補助名」であることになろう。すると第29節の文脈規準が言っているのは、ある候補名が有意味なのは、それを、概念記法の名前であろうとなかろうととにかく適切な統語論的カテゴリーの有意味な名前と結合した結果生じるどの名前も有意味である場合であり、その場合にかぎる、ということである。これを「補助名的解釈」と呼ぶとする。対してリネボは、背景名はメタ的補助名ではなく対象言語$\mathfrak{L}$の語彙であるという「非補助名的解釈」をとる。これによれば文脈規準は、ある候補名が有意味なのは、すでに有意味なものとして背景言語に受容されている名前と適切な仕方で結合した結果生じるどの名前も有意味である場合かつその場合にかぎる、と言っていることになる（cf. ibid.: 77）。

　たしかに、われわれも上で注目したフレーゲの実際の発言は、リネボの非補助名的解釈に有利であるように思われる。再掲すれば、第30節では、(B)「これらの命題〔第29節の「文脈規準」の各条項〕の適用は、いくつかの名前がすでに有意味であると認められていること〔dass man einige Namen schon als bedeutungsvolle erkannt habe〕を前提している」（GGA-I: 46）と言われていたし、また第31節でも、(I)「次いでわれわれは、〈受容されるべき名前が、すでに受容されている名前〔den schon aufgenommenen Namen〕とともに、つまり一方が他方のしかるべき項座に登場することによって、有意味な名前を形成する〉ということを証明することによって、有意味と承認されるべき名前の範囲を徐々に拡大する」（*ibid.*: 48）と言われていた。これが意味するのは、背景名は問題となっている言語において「すでに有意味であると認められている」、「すでに受容されている名前」であると考えないかぎりは旧循環が生じるということであろう。しかしヘックの「補助名」は——(K) の脚注から彼が解釈したところでは——概念記法に属さないメタ表現なのである（Linnebo 2004:

7月の新刊

Book review JULY 2019

勁草書房
〒112-0005 東京都文京区水道 2-1-1
営業部 03-3814-6861　FAX 03-3814-6854
ホームページでも情報発信中。ぜひご覧ください。
http://www.keisoshobo.co.jp

表示価格には消費税は含まれておりません。

身体感性と文化の哲学
人間・運動・世界制作

樋口聡
リチャード・シュスターマン 著

身体・人間・教育・芸術・スポーツについて日頃未来の研究者が縦横に論じる。学問が境界を超えて実質的な力とは何かをもつことを示す。

四六判上製 328頁　本体 3500円
ISBN978-4-326-29931-7

中国の領土紛争
武力行使と妥協の論理

テイラー・フレイヴェル 著
松田康博 監訳

中国の対外行動の謎を明かす最高の説明がついに完訳。なぜ中国は尖閣では強硬なのかを論じた日本語版オリジナルのエピローグを特別収録!

A5判上製 496頁　本体 6600円
ISBN978-4-326-30279-6

核武装と知識人
内閣調査室でつくられた非核政策

岸俊光

[笑ラケースメッツド 皿]
現代日本刑事法の基礎を問う

木庭顕

Book review

JULY 2019

7月の重版

消費者心理学
山田一成・池内裕美 編著

商品選択から買い物依存症まで、最新の研究成果を満載。消費社会における人間の心と行動を科学的に解説した待望の新テキスト。

A5判並製 240頁 本体 2700円
ISBN978-4-326-25128-5 1版3刷

公私で支える高齢者の地域生活（全3巻）

勁草書房
http://www.keisoshobo.co.jp
表示価格には消費税は含まれておりません。

第1巻 認知症と民法

小野野晶一・成本迅・藤田卓仙 編

本体3200円　ISBN978-4-326-44974-3　2018年11月刊行

第2巻 認知症と医療

成本迅・藤田卓仙・小賀野晶一 編

本体3200円　ISBN978-4-326-44975-0　2018年12月刊行

第3巻 認知症と情報

藤田卓仙・小賀野晶一・成本迅 編

本体3000円　ISBN978-4-326-44976-7　2019年6月刊行

中所得国の罠と中国・ASEAN

トラン・ヴァン・トゥ 刈込俊二 著

発展途上国から中所得国へ、そして高所得国に向かう中国・ASEANは果たして「中所得国の罠」に嵌ることなく発展できるだろうか。

A5判上製 288頁 本体3200円
ISBN978-4-326-50458-9

スタートダッシュ経済学

伊ヶ崎大理・大森達也
佐藤茂春・内藤 徹 著

経済学部に所属していない者たちにも、経済学の醍醐味をより多くの人に伝えたいという目的で書かれた経済学入門書。

A5判並製 192頁 本体2200円
ISBN978-4-326-50461-9

モバイルメディア時代の働き方
拡散するオフィス、集うノマドワーカー

松下慶太 著

テレワークに、ワーケーション、コワーキングスペース。「働く」を取り巻く環境が絶えず更新される時代に、私たちはどう働くのか?

四六判上製 272頁 本体2700円
ISBN978-4-326-55082-1

地域医療と多職種連携

藤井博之 著

保健・医療・福祉の質を上げるための手段、多職種連携。多職種連携が精に学ぶ教育手法はIPEの意義と役割、適用限界について検討。

A5判上製 312頁 本体5000円
ISBN978-4-326-70110-0

3.4 『基本法則』第31節とメタ理論

79)。

すると、第29節の文脈規準は、本来は次のように非補助名的に解釈しなければならないことになる。

($CC^{\mathfrak{T}}_0$) $\mathfrak{a}$ が有意味$_0^{\mathfrak{T}}$であるのは、$\mathfrak{f} \in \mathfrak{T}_1$ならばつねに「$\mathfrak{f}(\mathfrak{a})$」が有意味$_0^{\mathfrak{T}}$である場合であり、その場合だけである。

($CC^{\mathfrak{T}}_1$) $\mathfrak{f}$ が有意味$_1^{\mathfrak{T}}$であるのは、$\mathfrak{a} \in \mathfrak{T}_0$ならばつねに「$\mathfrak{f}(\mathfrak{a})$」が有意味$_0^{\mathfrak{T}}$である場合であり、その場合だけである。

(以下省略。Cf. ibid.: 81)

重要なのは、ここでは文脈規準は言語$\mathfrak{T}$に相対化されているということである(「$\mathfrak{T}$」のインデックスは文脈規準がどの言語に相対化されているかを示す)。また、「$\mathfrak{T}$」に指数が付されたものは、$\mathfrak{T}$のそれぞれの階の「すでに有意味と認められている」名前からなる下位集合を表す。

ここから、補助名的に解釈された文脈規準は、拡張的な関数が登場する場合には適用できないということが帰結する。言語$\mathfrak{T}$の名前はすでにすべて有意味なものとして受容されているとする。そのとき、候補名$\mathfrak{a}$が有意味$_0$であるのを示すには、補助名的に読まれた(CC_0)によれば、有意味$_1$である任意の関数名「$\varPhi(\xi)$」について、「$\varPhi(\mathfrak{a})$」が有意味$_0$であることを示さねばならない。「$\varPhi(\xi)$」が非拡張的である場合は問題ないが、拡張的である場合は、(CC_0)を再度適用して、有意味$_1$の任意の1座関数名「$\varPsi(\xi)$」について「$\varPsi(\varPhi(\mathfrak{a}))$」が有意味$_0$であることを確かめねばならない。こうして循環に陥る。つまり、補助名的解釈では、新しい固有名が有意味$_0$であることを証明できないということである。新しい関数名が導入される場合も同様である。候補名が$\mathfrak{T}$と相対的に拡張的である場合は、すでに有意味なものとして受容されている固有名との結合の結果生じる固有名が$\mathfrak{T}$内の有意味な名前に還元されないのだから、またもや同じ手続きを強いられる。

これに対して、文脈規準を非補助名的に解釈するなら、旧循環は消え去るとリネボは主張する。というのも――まず第1に――旧循環が新循環と区別されるゆえんは、繰り返すなら、かりに『基礎』のように文を固有の統語論的カテ

ゴリーとして認めて「有意味₍ₛ₎」を追加しても、(CC_0) や (CC_1) の右辺の中の前件に、同様の手続きですでに証明されていなければいけない有意味性が残るからであるが、それが ($CC^{\mathfrak{T}}_0$) や ($CC^{\mathfrak{T}}_1$) には残っていないからである。もちろんそれでも新循環は残る。($CC^{\mathfrak{T}}_0$) や ($CC^{\mathfrak{T}}_1$) でも右辺の後件には「有意味$^{\mathfrak{T}}_0$」が残っているからである。しかし、これは無害な循環である（cf. ibid.: 81）。というのも、第31節の（H）「われわれは真理値の名前がなにかを、すなわち〈真〉か〈偽〉のいずれかを意味するということから出発する」（GGA-I: 48）にあるように、真理値名はそもそもの出発点でわれわれに与えられているからである。

こうしてリネボは、非補助名的に解釈されたフレーゲの文脈規準は、概念記法における有意味な名前の帰納的定義の原理としてはかなり有望であると判定する。というのも、フレーゲが第31節で候補名としてあげている1階の関数（(i)、(ii)、(iv)、(v)）はすべて、その値がつねに真理値であるような関数、すなわち概念なので、（H）より、非拡張的であり（すでに有意味なものとして概念記法言語内に受容されている固有名に還元され）、2階の全称量化関数（(vi)）も同じ理由から非拡張的であるし（cf. Linnebo 2004: 84-87）、また2階の値域関数名（(vii)）も、基本法則Vを可述的なバージョンに手直しするならば、うまく制御できる見通しが立つからである*111。

たしかに、リネボが言うように、可述的な抽象原理に対してならフレーゲの文脈規準的なやり方は問題がない。その場合たとえば「$\Sigma(\alpha) = \Sigma(\beta) \leftrightarrow \alpha \sim \beta$」の右辺（の例化）の真理値は、左辺の同一性言明（の図式の例化）の真理値を巻き込むような仕方で確定されるわけではないからである。その意味では、たとえば「直線aと直線bは平行である（a//b）」と「直線aの方向と直線bの方向は同一である（D(a)=D(b)）」との同値式*112 は可述的なので、フレーゲ的な手続きは有効である。したがって基本法則Vも、左辺で導入されている抽象的対象としての値域が、右辺の関数間の同値式がその上へと量化しているのとは異なる種類に属するように加工するなら、フレーゲの文脈規準に則った有意味な名前の拡張手続きは、値域関数名についても有効に機能するであろう

---

*111 「可述性」と「非可述性」については上の注102を参照せよ。
*112 上の注22を参照せよ。

(cf. ibid.: 91f.)。こうして結局、『基本法則』でのフレーゲの失敗は基本法則 V の非可述性にあることになる。だがこれは、フレーゲの文脈規準そのものの欠陥ではなく、むしろ、文脈規準の適用の失敗、つまりフレーゲが値域関数記号に文脈規準を適用する際に提示した文脈 —— 値域間の同一性と関数値の同一性の普遍性との同値性 —— が問題を孕んでいたということなのである。

たしかにリネボのこの解釈は、ヘックのものと比べると、フレーゲが実際に書いていることと整合的であるように見える。しかしそれはやはり、これまで何度も見てきたように、われわれがフレーゲ論理主義の核心と見なしたものを放棄するよう強いるものである。というのも、基本法則 V を可述的に書き換えるということは、概念から新しい論理的対象を手に入れるしかないというフレーゲの信念を無視し、結局はクラスに対する概念の優位性という考えを破壊することになるからである。個別の論点に関して言えば、リネボは、たとえば (B) と (I) で言われている「すでに有意味であると認められている名前」や「すでに受容されている名前」について ——3.5 で論じるように —— 他のメタ理論的解釈者たちと同様の誤解をしているのである。

3.4.4.7 メタ記号としてのギリシア大文字？

ヘックの解釈に戻ろう。たしかに彼の言うとおり、概念記法中に現れるラテン文字とは違って、ギリシア大文字は ——(K) ではっきりと言われているように —— 概念記法による証明の中には現れない。とするなら、たしかにギリシア大文字は、ヘックの言う補助名のようなものではないとしても、たとえば「『概念記法』中の、対象や関数を確定的に意味する名前および不確定に暗示するラテン文字・ラテン標識の代理を勤めるメタ記号」（野本 2012: 266）であると解釈すべきなのではないか。たとえば『基本法則』第 18 節では、「第 12 節によれば、⊢$\Gamma \to (\Delta \to \Gamma)$ は、Γ と Δ が〈真〉である一方で Γ が〈真〉ではないときにかぎって〈偽〉であろう。これは不可能である。よって、⊢$a \to (b \to a)$」（GGA-I: 34）と言われている。ギリシア大文字のこの使われ方は、「Γ」と「Δ」がそれぞれラテン文字「a」と「b」の引用符名と同等のメタ文字であり、典型的には、このように論理法則（推論規則）をメタ理論的に正当化する際に用いられるものである、という解釈を支持するように見える。

実は、この問題に本格的に取り組むことは、『基本法則』第28〜31節の解釈だけには留まらない、もっと範囲の大きな議論を展開することを意味する。しかしそれは次章の課題である。だが次章に移る前に、本章の締めくくりとなる次節で、問題の第31節を本節とは逆の視点から眺めておこう。それはつまり、第31節を『基本法則』第Ⅰ巻という書物全体の中において見てみるということである。そこでもやはり明らかとなるのは、この本の第29〜31節においてなされていることを、概念記法言語の意味論や概念記法体系についてのメタ理論として見るのは不可能だということである。

3.5 『基本法則』第31節と解明

3.5.1 『基本法則』第Ⅰ巻第1部における第28〜31節の位置づけ

『算術の基本法則』の第Ⅰ巻は、「概念記法の説明〔Darlegung〕」と銘打たれた第1部と、「基数の基本法則の証明〔Beweis〕」という表題をもつ第2部とからなる。この第2部は、本来であれば、『基本法則』第Ⅱ巻として第Ⅰ巻に遅れること10年にしてようやく出版された第3部の実数論の基礎をなすはずのものであった。これら第2部と第3部が、現代で言うところの数学基礎論に分類されるとすれば、第1部でなされているのは、それに先立つ純粋に論理学的な基礎作業とみなすことができる。そしてその第1部は、次のような構成をしている。

    第1部　概念記法の説明
      1　原初記号
          関数、概念、関数についての手引き（第1・2・3・4節）
          関数の記号（第5・6・7・8・9・10・11・12・13節）
          推論と帰結（第14・15・16・17・18節）
          普遍性表記の拡張（第19・20・21・22・23・24・25節）
      2　定義
          総論（第26・27・**28**・**29**・**30**・**31**・32・33節）

3.5 『基本法則』第31節と解明

　　個々の定義（第34～46節）
　3　派生的諸法則（第47～52節）

　こうして見ると、問題の第28～31節は、「定義」篇の中で、第34節から始まる「個々の定義」に先立つ「総論（Allgemeines）」の章の一部であることが分かる。フレーゲが概念記法記号のひとつとして第27節で定義二重線（「⊫」）を導入していることから明らかなように、彼が本当の意味で「定義」と呼ぶもの（本章3.1のD-1からD-11を満たすもの）はそれぞれの科学体系の内部でなされるものである（cf. GG-III: 303）。ここで言えば、第34節以降の「個々の定義」がそれに当たる。したがって、それ以前の「総論」の部分は、実際の定義のための準備にすぎず、したがって概念記法体系の外部にあると見るのが自然である。そのことは、「定義」篇の「総論」の章の最初の節である第26節と、最後の節である第33節をよく読んでみれば明らかである。

3.5.2　帰納的定義とメタ理論的先入観

　まずは「定義」篇を締めくくる第33節「定義の諸原則」から見てみよう。この節では、その表題どおり、定義に際して守られるべき7つの原則（本章3.1のD-8、D-10、D-11、D-4に相当する4つの一般原則と、1階・2階それぞれの1座関数、ラテン文字の使用に関する3つの個別原則）が挙げられている（cf. GGA-I: 51f.）。しかし、なぜこれらの原則はよりによってここで提示されているのだろうか。自然な見方は、それは次の第34節からいよいよ個々の定義が実際になされるからだ、というものであろう。実際その節以降、定義二重線を使いながら、関数「$\xi \cap \zeta$」（成員関係の関数）、関数「$I\xi$」（一意的対応の関数）、関数「$＞\xi$」（写像の関数）、等々が次々と定義されてゆく。とすれば、たしかに第28節の冒頭で「適正に形成された名前はつねになにかを意味しているのでなければならない」が定義の最高原則として掲げられているとはいえ、しかしこれは、以下ですぐ実際の定義が実行されるということを意味するのではないことになる。では、第28～32節では何がなされているのか？　それは、第28節の冒頭（**L**）と、第33節で定義の第1の原則として挙げられているもの（**M**）とを並べて見てみれば分かる。

(L) さてわたしは定義に関して以下の最高原則を立てる。すなわち、適正に形成された名前はつねになにかを意味しているのでなければならない。ある名前を適正に形成されていると呼ぶのは、その名前が、原初的であるかあるいは定義によって導入された記号だけからなっており、しかもこれらの記号が、それらが導入されたとおりのものとしてのみ使われている場合、すなわち、固有名は固有名として、第1階単項関数の名前はそうしたものとして、等というように使用され、かくして項座はつねに適切な名前や標識によって充当されているような場合である。(*ibid*.: 45; 強調引用者)

(M) 定義された名前から適正に形成されるどの名前もひとつの意味をもたねばならない。それゆえ〔also〕、われわれの8個の原始名〔Urname〕から合成され、しかもその名前と同じ意味〔gleichbedeutend〕であるような名前を挙げることができるのでなければならず、またこの後者の名前は、ドイツ文字やラテン文字の非本質的な選択にいたるまで定義によって明確に規定されているのでなければならない。(*ibid*.: 51; 強調引用者)

(L) と (M) は一見したところよく似ているが、大きな違いがある。そしてその違いがそのまま、第29〜31ないし32節でおこなわれたことを反映しているはずである。もっとも目立つ違いは、(L) では、定義の最高原則の提示の後で、概念記法における記号の適格性の条件が述べられており、その条件のひとつとして、当該記号が原始記号もしくはすでに定義済みの記号だけから構成されていることが挙げられているのに対し、(M) では、やはり定義の最高原則が提示された後、その帰結として(「それゆえ」)、定義された名前から適正に形成された名前には、それと同じ意味の、しかも原始名だけからなる別の名前が対応するはずだ、と主張されているという点である。(M) の「それゆえ」が意味しているのは、定義された非原始記号から適正に形成された非原始記号の有意味性は、原始記号だけからなる複合記号との同意味性によってのみ保証される、ということである。この変化は、(L) と (M) のもうひとつの違いによって可能となっている。つまり、(L) では「原初的である〔…〕記号」と匿名的に言われているだけなのに対し、(M) では「8個の原始名」というよ

うに、すでに有意味であることが認められている原始名が特定されているのである。もちろんそれは第31節の (i)〜(ix) の原始関数名（原始概念名）のことである（上の122頁を参照せよ）。したがって **(L)** と **(M)** の違いは、第28節から第31ないし32節のあいだに、概念記法の式の適格性と有意味性が相互含意の関係にあることを保証するのに必要な有意味な原始記号が実際に特定されたことを反映しているのである。

　だがこれは、メタ理論的解釈者たちの言うように、その間に——とくに第31節で——帰納的定義の基底部が整えられたということを意味するのではない。そのように読むことは、第29〜31節の実際の順番のフレーゲにとっての必然性を、現代的な先入観に囚われて無視することである[*113]。どうして彼らは、第29節と第31節の順番が、彼らにとって通例であるのとは逆であることに気を留めないのだろうか。フレーゲの考えは現代のものほど整備されていなかったので、現在では通例となっているやり方と違っていても不思議はないと考えているのか。しかし、基底部の後に帰納ステップが来るという現代のやり方には、それなりの必然性があるはずだ。だとすればどうして彼らは、第31節が第29節よりも後に来ることがフレーゲにとって必然的であった可能性を考えないのか。しかもメタ理論的解釈者たちの中には、現代の通常の帰納的定義においては第31節が第29節よりも先にくるはずだという前提から、第29節の規準を用いている第31節は循環していると考える者もいる。しかし、第31節は第29節の規準を利用する必要があったので後者は前者よりも前に位置するのだ、と考えるほうが自然なのではなかろうか。そうすれば循環はなくなるからである。彼らにそう考えられなくしているものこそ、メタ理論的先入観にほかならない。

3.5.3　第29〜31節の非帰納的・非循環的解釈

　本書の見方はそれとは逆である。メタ理論的解釈者の見方では、本来なら第31節でフレーゲがやっていることは、1番最初に、それ単独で実行可能なこと

[*113] わたしの知るかぎり、第29から第31節の順序の必然性を真剣に考慮に入れているのはワイナー（Weiner 2002）だけである。以下の議論は彼女の議論と同じものではないが、そこから多くの示唆を得ている。

である。本書はそれは不可能だと考える。フレーゲには、第29節の「名前の有意味性の規準」と、しかも第30節の「名前を形成する2つの方法」を、第31節以前に提示しておく必要があった。なぜなら、第34節以下で実際に個々の——D-1からD-12の条件を満たす——定義をおこなうために必要な下準備の最後の一手を第31節でおこなうためにも、フレーゲには第29節の規準と第30節の方法が必要だったからである。その最後の一手とは、原初的単純名（原始名）——（i）〜（ix）——を手に入れ、しかもそれらがなにかを意味することを確かめることである。（i）から（ix）を手に入れるために第30節の方法が必要なのは、その時点で与えられている有意味な名前が真理値名だけ（cf. (H)）、つまり複合名だけだからである。同じく（i）から（ix）の有意味性を確証するのに第29節の規準が必要なのは、それらが単純関数名だからである。つまり、それらの部分記号の有意味性や合成の適格性から全体の有意味性を確かめることはできず、それらの適切な項座に真理値の名前を代入した結果がやはり真理値名であることを確かめることによってしか、それらの有意味性は確証できないのである。ここにはなんの循環もない。

このことは、「定義」篇の「総論」の章の最初に位置する第26節「記号、名前、標識、概念記法命題、移行記号の区分」で言われていることによっても裏づけられる。その第2段落には、すでに上で引用した次の文章がある。

(N) ドイツ文字、ラテン文字、ならびにギリシア文字を、わたしは概念記法においては名前とは呼ばない。というのは、それらはなにも意味しないものとされるからである。それに対して、たとえば「$\forall a[a=a]$」をひとつの名前と呼ぶ。というのは、それは〈真〉を意味しているからである。それはひとつの固有名なのである。よって、単純であれ複合的であれひとつの対象を意味するとされる記号を、わたしは固有名ないし対象の名前と呼ぶが、対象を単に暗示するだけの記号はそう呼ばない。（GGA-I: 43）

その次の段落では、第30節の内容が先取りされている。

(O) もしある固有名から、その一部をなすかそれと一致するひとつの固

有名を、それが現れるいくつかの場所、あるいはすべての場所で除去〔ausschliessen〕しながらも、これらの場所が任意の同一の固有名によって充当〔ausfüllen〕されるべきものとして（第1種項座として）識別できるままであるなら、そのようにして得られる名前を第1階単項関数の名前と呼ぶ。こうした名前は項座を充当する固有名と一緒になってひとつの固有名を形成する。(*ibid.*: 43)

(N) と (O) をこの順番で先入観なく読むなら、『基本法則』の手順は、単純複合を問わずひとつの対象を意味する固有名がまずあって、そこからまずは一定の規則に従った除去の方法によってはじめて関数名を得て、次いでその項座になんらかの固有名を充当することによって、出発点とは異なる固有名を得る、というものであると考えるのが自然である。そしてこれは、単純性から複合性へと進む帰納的定義とは反対方向の行程なのである。

では、第31節で原始名の有意味性を確証するために使われている複合的な真理値名、すでに有意味であると承認されている名前とは何であるのか。それは、上の3.4.4.3で問題にした諸節、すなわち、使用と言及の区別と混同が入り交じっていると現代の読み手たちに指摘されがちな『基本法則』第1部の諸節で、真理値の名前として承認されている複合記号である。そのことを以下で立証しよう。

3.5.4 真理述語の解明的使用

たとえば第12節では、「したがって ─Δ→(Λ→Θ) は、Δ と Λ は〈真〉である一方で Θ が〈真〉でないとき〈偽〉であり、他のすべての場合には〈真〉である」(GGA-I: 22) と言われており、それを受けて第18節では、「第12節によれば、─Γ→(Δ→Γ) は、Γ と Δ が〈真〉である一方で Γ が〈真〉ではないときにかぎって〈偽〉であろう。これは不可能である。よって、⊢a→(b→a)」(*ibid.*: 35) と言われている（これは基本法則Ⅰである）。たしかにこれを真理表の方法による論理法則の意味論的正当化の命題と見るならば[*114]、フレ

[*114] たとえばスタンリー (Stanley 1996) などはさらに進んで、『基本法則』第12節や第7節のフレーゲは、「彼の形式体系のそれぞれの文の真理条件を確定するための方法を与えることによってそ

ーゲの書きぶりは未熟なものとなろう。しかしフレーゲはここで、「$\varGamma\to(\varDelta\to\varGamma)$」という図式に対して自然言語で意味論を与えているわけではない。彼は、記号としての前件式や後件式が意味しているものについて語っているのではなく、なにかが〈真〉であるとか〈偽〉であると言っているのである*115。これは意味論的な言説ではない。つまり、「$\varGamma\to(\varDelta\to\varGamma)$」という文ないしは$\varGamma\to(\varDelta\to\varGamma)$という思想に、なんらかの意味論的属性を帰属させる言明ではない。なぜなら、〈真〉と〈偽〉は対象なので、「は〈真〉である」は真理述語ではないからである。

ではこの「である」は同一性のそれであることになるのだろうか。つまり、「$\varGamma\in\mathrm{T}$」ではなく「$\varGamma=$〈真〉」ということなのだろうか。だが、〈真〉はなんらかの思想と同一であるのではない。さもなければ、異なる思想の数だけ異な

の体系の解釈を設定しているのだ」(ibid.: 127)とまで主張する。しかし、まさにこのスタンリーの解釈に典型的なように、こうした読み方は見事なまでに論証の順番を反転させている。たとえば彼は、『基本法則』第3部でフレーゲが形式主義に対しておこなっている批判のひとつの論拠——形式主義は算術の応用可能性を説明できない——をとりあげ、この論点からしても、フレーゲは推論規則の意味論的正当化を必要としていたはずだと主張する。というのも、形式的理論の諸表現(たとえば条件線記号)に意義(Sinn)と意味(Bedeutung)を割り当てずには、公理が真であるか否か、また規則が真理保存的であるか否かを見分ける手段がなく、そうすると将棋やチェスと違ってどうして論理学や算術が他の科学領域にも応用できるのかが説明不可能になってしまうからだ(cf. ibid.: 124-126)。よって、スタンリーに言わせると、『基本法則』第1部は、いま見たような意味でフレーゲが必要としていた意味論的理論を展開しているはずなのである。「フレーゲは単純に、まるで彼の概念記法表現にはすでに意味が付着しているかのように語っているのではない。むしろ彼は、概念記法表現に指示を割り当てる意味論的約定(Festsetzungen)について語っているのだ。このことは、フレーゲが概念記法をすでに解釈済みの言語と考えていたわけではないということを立証している。なぜならひとはすでに解釈済みの記号に対して解釈を約定したりしないからだ。むしろ、フレーゲは彼の理論を、記号の連なりに対する統語論的演算からなる未解釈の集合として扱っていたのだ」(ibid.: 127)。しかし、まず第1に、意味を欠いた記号の集まりでは応用可能な理論にはならないというフレーゲの主張からは、すくなくともフレーゲにとっては、だから記号には理論の中で明示的に——意味論的語彙を使用して——意義と意味を与えねばならないということは出てこない。これが出てこないということが、われわれが本書第2章で見てきたフレーゲの論理観・言語観の特徴なのである。そして、未解釈の記号の集まりに対して真理条件を介して「解釈」を約定する意味論的理論という企て自体も、いまの誤解によってフレーゲに押しつけられた必要性から、自然に出てくるものなのである。

*115 ところが、これと同じ事実を指摘しているヘックは、フレーゲのこうした文章が明示的に意味論的な言説たることを意図しない「解明的証明(*elucidatory demonstrations*)」という特異な言説であることを認めつつも、それに公理や論理法則の意味論的正当化を認めようとする。この語り口は単に、フレーゲが使用と言及の区別に現代のわれわれほど神経質ではなかったということだと言うのだ。Cf. Heck 2010: 359-360.

3.5 『基本法則』第31節と解明

る真理値〈真〉があることになってしまう*116。それゆえ、「Γは〈真〉である」は、文字どおりにとるなら偽なことを、もしくは無意味なことを語っていることになる（cf. Weiner 2002: 167）。

ここで次の3つの事実に注目する必要がある。

第1は、「定義」篇が始まる第26節までは、いま見てきた「は〈真〉である」式の語り方がほとんどであるということだ。例外は、先の3.4.4.3で引用した第7節の1文と、第8節の「「∀a(Φ(a))」は関数Φ(ξ)の値がすべての項に対して〈真〉であるならば〈真〉を意味し、そうでなければ〈偽〉を意味する」（GGA-I: 12）だけである。

第2は、この2つの語り方の出現を追ってみればすぐ分かることだが、フレーゲは実際には厳密な区別を守っているということである。つまり、引用符を伴わない場合はかならず「は〈真〉である」が使われ、例外的に引用符が用いられている場合にはかならず「は〈真〉を意味する（bedeutet das Wahre）」が使われているのである。これに関する混同はいっさい見られない。したがってフレーゲにとってこの2つの表現は同じ意味をもたないのである。

第3に、「は〈真〉である」のほうは第26節以降の定義についての「総論」の章ではまったく用いられず、引用符名を主語とする「は〈真〉を意味する」しか使われていないが、「個々の定義」の章に入るとそれが逆転し、「総論」以前の状態に戻る、ということである。つまり、第26節冒頭の（N）で、たとえば「∀a[a=a]」は〈真〉を意味しているのでひとつの固有名である、と宣言されて以降は、「総論」の章に限ってのみ、使用と言及の混同はまったく見られなくなるのである。

この3つの事実は何を意味するのだろうか。それは、むしろ「定義」篇の「総論」の章のほうが特殊であるということだ。つまり「総論」には、引用符を使って名前を作り、その名前が真理値の一方を意味するという言い方をすることを必然的たらしめる事情があったということである。それは何か。その答えはすでに上で出ている。それは、ここでのフレーゲの特殊任務が、最終的に第31節で単純関数名を手に入れるための前提となる論理的複合名——論理的

---

*116 正確には、「Γ=〈真〉」ということになろうか。よって、「Γ」内のある部分表現を共指示的な別の表現と置換した「Δ」の場合も、もちろん「Δ=〈真〉」は成り立たないことになる。

対象を意味する名前——を明示的に確保することだったからである。だからこそ、繰り返しになるが、「総論」の最初に位置する第26節冒頭の (N) で、「∀a[a＝a]」(引用符付き！) は〈真〉を意味しているがゆえにひとつの固有名と呼ぶことにするという約定がなされ、また「総論」のクライマックスである第31節でも、あらためて (H)「われわれは真理値の名前がなにかを、すなわち〈真〉か〈偽〉のいずれかを意味するということから出発する」(*ibid.*: 48; 強調引用者) と言われているのである。だが、もちろんこの「は〈真〉を意味する」の使用も、「総論」を除く箇所で多用されている「は〈真〉である」と同様、文字どおりに解されるとナンセンスを生む解明的使用である。

当然ながら、こうした解釈に対しては、次のような反論がありえよう (cf. Heck 2010: 366f.)。本章の3.2と3.3で確認したように、解明的言説の主眼のひとつは教育的なものである。解明命題は、すでに自然言語（ドイツ語）を使いこなせており、したがってフレーゲと同じ（唯一の）論理宇宙の住人であるような読者を、概念記法という論理的に完全な言語の理解へと導き入れることを主な目的とする。しかし、もしそうだとすると、どうしてフレーゲは対象だとか真理値だとか意味 (Bedeutung) だとかを持ちだしてくる必要があるのか。すでに論理的資質をもった読者に概念記法という形式言語を教え込むというだけなら、概念記法命題をどう自然言語に翻訳するかを示してやるだけでこと足りるのではないか。つまり、「*Γ*＝*Δ*」は*Γ*が*Δ*と同じであると言っているとか、「*ζ*→*ξ*」は*ζ*ならば*ξ*ということだ、などと言ってやれば済むはずだ。ところがフレーゲは、「「*Γ*＝*Δ*」は、*Γ*が*Δ*と同じである場合に〈真〉を意味し、他のすべての場合には〈偽〉を意味する」(cf. GGA-I: §7) とか「わたしは2項関数*ζ*→*ξ*を、*ζ*項として〈真〉を、*ξ*項として〈真〉以外の対象をとる場合に、その関数値が〈偽〉となり、他のすべての場合には〈真〉となるようなものとして、導入する」(cf. *ibid.*: §12) といった煩雑な言い回しをしているのである。

けれども、こうした疑念を抱く者は、フレーゲがここでそもそも何をしているのかを忘れているとしか思えない（だが、それを忘れている者などいるはずがない）。フレーゲがやっているのは論理学である。そして、「真であることの諸法則〔Gesetze des Wahrseins〕を発見するという仕事を、わたしは論理学に割

り当てる。真であることの諸法則のうちで、「真」という言葉の意味が展開される」（G: 59）という彼の宣言はあまりにも有名である。概念記法文をそれに対応するドイツ語や日本語に翻訳してみせるだけでは、解明命題はその本分を果たすことができない。重要なのは、「→」は日本語で言うなら「ならば」ということなのではないし、そもそもそれは正確ではない。解明命題は、日本語の「ならば」や「同じ」がもつ多様な相貌のうち、論理にかかわるかぎりでの、つまり真理の諸法則にかかわるかぎりでのアスペクトに読者の注意を固定するためのものなのである。そのために、「〈真〉である」や「〈真〉を意味する」という言葉を使う以上の良策があるだろうか。問題となっているのが「→」や「＝」のような論理的単純者であるならなおさらのことである。その意味で、フレーゲが解明命題で使用している問題の語彙（「意味する」、「意味をもつ」、「〈真〉である」、「対象」、「関数」等々）は、記号や記号図式に —— どのような仕方であれ —— 意味を割り当てたり、公理や推論規則を意味論的に正当化したりするためのメタ語彙ではなく、読者の意識を論理的なもの（真理にかかわるもの）に限定するための、概念記法言語と同じ論理レベルに属する、道具的な語彙なのである。

3.5.5 まとめと橋渡し

　以上、3.4と3.5にわたって、おそらく一部の読者にとっては不必要にくどいと思われるほど詳細に、『基本法則』の第26節〜第32節の非メタ理論的・解明的な読み方を正当化してきた。もちろん、以上の議論を決定的な解釈だと言い張るつもりは毛頭ない。だが、すくなくともそれは、問題の数節を、現代では標準となっているメタ理論の（失敗した）先駆的試みとして読まずとも、フレーゲがあちこちで述懐している彼の論理観、言語観、方法論、などと整合的に読むまったく別のやり方があるということをもっともらしくしたはずだ、という自負はある。そしてまた、フレーゲ論理学の根本に汎論理主義という形而上学的信念を見ようとする本書にとって、以上の読み方はぜひとも必要だったのである。

　しかしながら、ここで満足して筆を置くことは許されないであろう。かりに百歩譲って以上の論証が正しかったとしても、それが明らかにしているのは、

どうしてフレーゲは『基本法則』においてメタ理論に踏み込まなかったのかということだけであって、ハイエノールトやヒンティッカらが主張するように、どうしてフレーゲ論理学にはそもそもメタ理論が不可能であったのかということではない、と反論されるかもしれないからである。事実、ドレベンやハイエノールトから始まり、現代ではリケッツやワイナーに代表される、フレーゲの普遍主義的解釈——フレーゲ論理学の普遍主義は彼に対してメタパースペクティヴを不可能にしたとする見方——は、多くの反論に晒され、やや劣勢であるように見える。大分類で言うならば普遍主義的解釈の伝統に振り分けられることは間違いない本書は、したがって、この論争にも一枚嚙んでおく必要があるだろう。それが次章の、そして本書の最後の議論の主題となる。

第4章　フレーゲの普遍主義とメタ論理

4.1　フレーゲ論理学の普遍主義的解釈

　フレーゲの論理観が現代のわれわれの標準的な論理観とは根本的に——彼にとってメタ理論という考えを異質なものとするほど——異なるという考えの源流は、「はじめに」でも言及したハイエノールトの古典的論文（Heijenoort 1967）と、バートン・ドレベンが前世紀の60年代にハーバードでおこなっていた講義やゼミにあると言われる（cf. Tappenden 1997: 194; Goldfarb 2001: 25）。1986年に刊行されたゲーデルの選集の第一巻の序文にこの両者が共著で寄せた論文では、この解釈伝統の核をなすと言ってよい読み方が、次のように明確に述べられている。

　　フレーゲにとって、それからラッセルとホワイトヘッドにとっても、論理学は普遍的なものであった。つまり、論理を明示的に定式化する場合には、つねにその内部で、すべての演繹推論——古典解析学のすべてと、カントール集合論の大半を含む——が形式化されねばならなかった。それゆえ、純粋な量化理論に焦点が当てられることもけっしてなければ、メタ体系的な問いそのもの、たとえば完全性の問題などを、有意味に立てることもできなかったのである。われわれは論理に別様の定式化を与えることはできる。つまり、どの論理定項が原初的とみなされるかや、どの式が形式的公理とみなされるかという点に関して異なる定式化を与えることはできる。だがわれわれには、所与の形式体系を全体として概観できるような観点（vantage point）などないし、ましてや論理を全体として見ることのできる観点などなおさらないのである。［…］われわれは論理の内側にいて、それを外側から見ることはできない。われわれはシェファーが「論理中心的

窮境」[…] と呼んだものに陥っている。ある形式体系に何ができるかという問題に取り組む唯一の手段は、定理を導出することである。(Dreben & Heijenoort 1986: 44)

すると、フレーゲならびにラッセルとホワイトヘッドが置かれていた、とドレベンとハイエノールトが見ている状況とは、次のような状況であることになる。

(1) 彼らの論理は、すべてを包括するという意味で普遍的である。
(2) よって、論理を外側から眺めることのできるような視座は存在しない。
(3) よって、論理的なもの一般や個々の論理的観念の本性を研究対象としたり、論理法則の真理性や普遍性を正当化することを目指したメタ論理のようなものは、不可能である。

本章では、フレーゲとラッセルの論理学の置かれていた状況に対するこうした見方をまとめて「普遍主義的解釈」*117 と呼ぶことにし、とくに (1) で言われているようなタイプの論理、あるいは論理の捉え方を、それぞれ「普遍主義的論理」あるいは「普遍主義的論理観」と呼ぶことにする。また、(3) でフレーゲ-ラッセル-ホワイトヘッドの3人に閉ざされていたとされる「メタ理論」ということで言われているのは、上で何度も確認したように (上の 2.2 と 3.4.1 を参照せよ)、モデル論としての意味論のことであり、その本質的な発想は記号図式の可変的解釈という考えである。そしてドレベンとハイエノールトの歴史的診断によれば、現代では標準となっているこの種の意味論は、普遍主義的論理観とは対立する論理的伝統の中ではじめて育まれてきたものであったとされる。

---

*117　ドレベンとハイエノールトを除けば、現代においてこの解釈を代表するのは、Conant 1991, 2000; Goldfarb 1979, 1982, 2001; Hintikka & Sandu 1992; Hylton 1990; Ricketts 1985, 1986, 1996, 1998; Sluga 1987; Weiner 1990, 2001, 2002 などである。

4.1.1　普遍性の２つの意味

　しかしながら、上のような普遍主義的解釈の定式化では、よりによって、もっとも重要な（1）の内容がもっとも不明確であるがゆえに、（1）と（2）を繋ぐ「よって」の論理的役割も不明瞭になってしまっている。そもそも（1）の「すべてを包括する」が正確には何を意味するかがはっきりしないのである。実際、普遍主義的解釈に反対する者たちの多くが、まさに（1）から（2）や（3）が帰結するということを疑問視している。だが、そうした反論の多くが、（1）の多義性を是正しようとしないまま、普遍主義解釈者たちの論証の飛躍を攻撃しているというのも事実である。

　たとえば、現代におけるフレーゲの普遍主義的解釈の旗振り役であると言ってよいT・リケッツは、フレーゲの「普遍主義的論理観（a universalist conception of logic）」を次のような考えとして特徴づけている。すなわち、「論理法則は最大限に一般的な真理であり、幾何学や物理学や化学の法則がそうであるのと同じ仕方で「実在についての」ものであるような、実質的な一般化である」（Ricketts 1996: 123）と。しかし、このように定式化された考えは、フレーゲが自身の概念記法体系をどのようなものとして見ていたかという意味での彼の論理観を越えたものを含意しているように思われる。それはむしろ、普遍主義的論理観の背後にあってそれを動機づけている形而上学的信念として本書が「汎論理主義」と呼んできたものの一部である、と言ったほうがよい。

　他方で、普遍主義的解釈をとる者のなかには、（1）をもっと狭くとる者もいる。その場合、（1）で言われている「論理」、つまりフレーゲが普遍主義的な観点から眺めていたとされる論理とは、フレーゲ自身の論理言語でありかつ論理体系である概念記法のことであると理解されている。実際、本章の冒頭で挙げたハイエノールトの論文（Heijenoort 1967）では、「論理についてのある特定の像」、「たぶん表立って論じられることはないが、にもかかわらず絶えずフレーゲを導いている、ある考え方」が「論理の普遍性」(ibid.: 324) と呼ばれ、この普遍性が２つの点から特徴づけられているのだが、そのいずれも、フレーゲの開発した記号言語にして論理体系であるものとしての概念記法とブールの計算論理との対比という文脈で論じられている（cf. ibid.: 324-326）。

　第１の意味での普遍性は、上の2.1でも見たとおり、フレーゲの概念記法が

その関数論的手法と量化理論のおかげでブール流の命題計算よりもはるかに広い領域にまで適用でき、科学的知識の全範囲を記号的に書き換えることを可能にするという点にある。しかし、この意味での普遍性が上の（2）や（3）などの帰結を直接的にもつというのは考えにくい。すべての理論を概念記法言語に書き換えることができるからといって、どうして意味論的な語彙を用いて概念記法言語について語ったり、概念記法体系の推論規則の妥当性をメタ的に証明したりすることができないことになるのかが判然としないためである。概念記法に書き換えられない理論は存在しないということから、概念記法についての——たとえばドイツ語でなされる——論理学的研究が不可能だということは出てこないのではなかろうか。

すると、普遍主義的解釈にとって決定的であるのは、ハイエノールトの言う第2の意味での普遍性であるということになるだろうか。それはつまり、概念記法体系においては、個体変項を束縛する量化子がありとあらゆる対象の上を走るということ*118、たとえばブール論理学におけるように、議論領域の包括するものがそのつど任意に変更可能なのではなく、フレーゲの宇宙が唯一の宇宙（the universe）である——これは、フレーゲが宇宙をひとつに限っているということではない——ということである。実際、ハイエノールトは、この普遍性こそが2つの重大な帰結をもたらすと考えている。第1は、「はじめに」でも言及したように、関数は（したがって概念も）すべての対象に関して定義されていなければならないという要請である*119。そして第2の帰結は、上の2.4と2.5で話題にしたものである。すなわち、「論理の普遍性のもうひとつの重要な帰結は、体系の外側ではなにも語れない、あるいは語る必要がないということである。また事実フレーゲは、メタ体系的な問い（無矛盾性、公理の独立性、完全性）をけっして立てることがない。たしかにフレーゲは、いかなる形式体系も当の体系内では表現されていない規則を必要とするということに

---

*118　正確に言うと、フレーゲ論理学は高階論理なので、主語位置だけではなく述語位置に対しても量化が許されており、論理法則にかぎらずどんな言明の中の量化子も、特定の論理的タイプの上を（主語位置の変項を束縛する量化子ならすべての対象の上を、述語位置の変項を束縛する量化子なら当該階のすべての関数の上を）無制限に走る。

*119　「はじめに」でも言及したとおり、これはリケッツとゴールドファーブも共有する解釈である。Cf. Ricketts 1985: 6; Goldfarb 2001: 30.

4.1 フレーゲ論理学の普遍主義的解釈

じゅうぶん気づいている。けれども、これらの規則には直観的な論理が欠けているのである。それらは「われわれの記号使用のための規則」である。そうした記号操作からはいかなる論証的論理も締め出されているが、そのような記号操作にこそ、フレーゲは形式的体系の利点があると見ているのである」(Heijenoort 1967: 326*[120])。

しかし、このように焦点を絞ると分かりやすくなるが、実際ここにはなんらかの飛躍があるように見える。何人かの論者が指摘しているとおり*[121]、ふつうに考えれば事態は逆であると思われる。つまり、「論理学が普遍的であるのなら——その射程が完全にすべてを含むのなら——そこには論理学自身も含まれるはずなのである」(Tappenden 1997: 197: cf. Antonelli & May: 171-173)。したがって、もし論理がフレーゲ的な意味で普遍的であり、概念記法体系の論理法則が普遍的に適用可能であるのなら、形式体系内で表現されていない規則もやはり論理に従うのでなければならないはずだ、と考えるのが自然ではなかろうか。

よって、普遍主義的解釈の帰結 (160頁の (2) と (3)) へと至るためには、まだなにか決定的なピースが欠けているのである。それは何だろうか。

4.1.2　普遍主義的解釈の飛躍

そのピースとは、本書が「汎論理主義」と呼んできたフレーゲの形而上学と、ドレベンとハイエノールトが定式化した (1) の普遍主義的論理観との区別にほかならない*[122]。たしかに、論理を上の第2の意味で普遍的であると考える

---

*[120]　ただし、2.4の冒頭でこの文章の前半を引用した際に付した注の68を参照せよ。
*[121]　Cf. Tappenden 1997: 196-197; Antonelli & May 2000: 170; 三平 2005: 57.
*[122]　現に、リケッツ自身もこの区別に気づいているように見えるにもかかわらず、その両者の関係性を曖昧にすることによって議論を進めているようにも見える。たとえば彼は、先に見たように、彼がフレーゲに帰する「普遍主義的論理観」を、論理法則は実在についての最大限に普遍的な一般化であるという考えとして特徴づけた後に、この論理観の2つの中心的な特徴として、ハイエノールトがフレーゲ論理学に認めた2つの意味での「普遍性」にほぼ相当するもの——論理法則の普遍的適用可能性と量化の普遍性——を挙げている (cf. Ricketts 1996: 123-124)。しかし、後2者が前者の中心的特徴であるというのはどういうことなのか。たとえば実践的成果の重視や可謬主義がプラグマティズムの中心的特徴であるのと同じように、文字どおり後2者が前者の中心的特徴であるということなのか、それとも、たとえば心を「機械の中の幽霊」とする見方と心身二元論ならびに行為の因果説との関係のように、前者が論理一般についての前理論的な見方 (像、イメージ、) であ

だけでは、反対者たちが主張するとおり、普遍主義的解釈の眼目である「メタ理論の不可能性」のテーゼは出てこない。なぜなら、メタ理論の不可能性は、むしろ汎論理主義の——普遍主義的論理観と並ぶ——帰結だからである。つまり、普遍主義的論理観の背後に汎論理主義が控えていると考えるということは、いまの場合でいえば、広い意味で普遍主義的解釈者に分類される読み手たちによってなんらかの仕方で普遍主義的論理観と直接的に結びつけられているフレーゲの考えを、その結びつきから解き放って、むしろその背後にあるフレーゲの論理‐形而上学的な信念との直接的関係に置いて見るということを意味する。

たとえば、たったいま確認したとおり、ドレベンとハイエノールトは、ブール論理学を批判するフレーゲの論点から、論理学の第1の意味での普遍性を読み取っていた。だが、この意味での普遍性から直接的に (2) や (3) が出てくると考えるのは難しいのだった。ところで、2.1 で見たとおり、フレーゲはその同じ文脈で自身の概念記法をライプニッツ的な「普遍的記号言語」として特徴づけているのであった。そして、広い意味で普遍主義的解釈者の陣営に属する者の中には、普遍的記号言語としての概念記法という論点に依拠して、ドレベンとハイエノールトのオリジナルの (1) を、「普遍的媒体としての言語」バージョン (2.5 参照) に読み替えることによって、(2) ならびに (3) へと推論する者がいる。その節で紹介したヒンティッカやクッシュがその代表であるが、たとえば、はっきりとフレーゲの普遍主義的解釈に与するコナントやゴールドファーブも、(1) から (3) の推論を次のように再現している。

> 概念記法は[…]単に有益な計算であるにとどまらず、普遍的な言語でもある。概念記法の与える言語が普遍的であるのは、その内部ですべての合理的な言説が進行する（論理的）枠組みを明示的に表現したものだからである。概念記法がわれわれに与えるのは単にひとつの体系ではなく、論理の本当の体系である。それは、言ってみれば、思考の普遍的媒体を見通し

り、それが実際にフレーゲの概念記法体系において2通りに理論化されて実現されているということなのか、それとも両者のあいだには単なる心理的な動機づけのような関係しかないということなのか、それとも前者と後2者は帰結関係にあるのか……。リケッツに反論する者たちは、しばしば、概念記法体系にリケッツが認める理論上の普遍性がどうしてメタ視点の不可能性を含意するのかが分からないと主張するが、いま指摘した関係性が不明瞭である以上、これはもっともな不平である。

よく表現したものなのである。これが意味するのは、形式体系とその解釈との区別が概念記法にとってまったく無縁であるということだ。[…] 記号の脱解釈や再解釈に関する問題は生じないし、論理的真理は図式を介して定義されるのではない。フレーゲにとっては、体系を解釈したり評定したりするためのメタ論理的立脚点は存在しないのである。(Conant 1991: 171, n. 58; 強調引用者)

結果として、フレーゲの体系とラッセルの体系は普遍言語を、すなわち、その内部ですべての合理的言説が進行する枠組みを与えるべく意図されている。かくして、その体系の外側にあって、そこからその体系を評定できるような立場はありえないことになる。彼らが導出する法則は固定した意味をもつ一般法則である。脱解釈や再解釈の問題は生じえない。こうしたすべては彼らの論理の捉え方を、今日のもっと共有されている捉え方から分かつ。後者は、図式化と解釈に依拠し、論理的真理を図式に訴えて定義する。[…] 彼らの実践する論理学は[…]「X は論理的真理である」とか「X は Y を含意する」といった形式のメタ言明を生みださない。(Goldfarb 1982: 694; 強調引用者)

しかし、ブール論理学との対比で自身の概念記法を「普遍的記号言語」として特徴づける際にフレーゲが口にしていることを論理の普遍性という観点から解釈するだけでは——つまり、そこでフレーゲが述べていることを彼の「普遍主義的論理観」の下に括るだけでは——やはり (2) や (3) へと飛躍なしに移行するのは困難である。たしかに、代数式の再解釈可能性というブールの考えにフレーゲが反対するとき、なんらかの普遍性が問題になってはいる。しかしそれは、繰り返すが、ドレベンとハイエノールトの第 1 の意味での普遍性であって、しかもそれは結局、やはり 2.1 で見たとおり、フレーゲが「内容」と呼ぶもの——「真の概念形成」(BrLB: 39)——を概念記法言語が表現できるということに存する。この可能性から外部の立脚点の不可能性を推論するのは不可能である。モデル論に繋がる「図式の可変的解釈」という考えに対するフレーゲの反発を動機づけているのは、概念記法の普遍的適用可能性や量化の普遍

性ではなく、むしろ、2.1.2の最後に確認したとおり、彼の汎論理主義なのである。なぜなら、そこで言ったことを繰り返すなら、記号の変形過程の同一性は、たとえば代数計算と論理計算の同一性を証明せず、両者が客観的かつ普遍的な諸思想の体系として同一であることを示すことによってしか確証されえない、というのがフレーゲの真の論拠だからである。

4.1.3 汎ロゴス主義

こう見てくれば、たったいま引用したコナントとゴールドファーブの論証に潜むトリックも明らかになろう。論理の普遍性（内容を表現できるがゆえの全学問領域への普遍的適用可能性と量化の普遍性）が、フレーゲの「概念記法」の二義性を介して、概念記法言語の普遍性という考えを生みだし、これを媒介として論理の普遍性が、準モデル論的な「図式の可変的解釈」という考えへのフレーゲの反発と関係づけられることによって、(2) や (3) へと推論可能であると考えられているのである。反普遍主義の読み手が誤謬推理として指弾するこの推論の流れの中で見るなら、「概念記法」のもつ二義性こそが飛躍の元凶であると思われても仕方がない。実際そのとおりなのである。

ところが、普遍主義的論理観とは区別されたものとしての汎論理主義の視座から見るなら、概念記法のその同じ二面性こそが、フレーゲに (2) や (3) を帰属させる解釈を正当化する根拠となる。なぜならその二面性は、論理はそれの個別の形式的実現と区別できないという、汎論理主義の一テーゼを体現したものにほかならないからである。これに対して普遍主義的解釈者は、概念記法言語に外から意味論を与えることができないのは、その言語が唯一の論理体系 (*the* logical system) —— 普遍的論理 —— の表現だからである、と主張しているように見える。だがこれは反対者の格好の標的となる。概念記法言語がコナントの言うように「その内部ですべての合理的な言説が進行する（論理的）枠組みを明示的に表現したもの」であるとしても、個別の形式的体系とそれによって表現される論理そのものが別であるのなら、(2) や (3) は無条件的には帰結しないのである。

このことを例証しよう。たとえば『概念記法』第6節には、反普遍主義的解釈者が論理法則の意味論的正当化とみなす証明が見られる (cf. Sullivan 2005:

4.1 フレーゲ論理学の普遍主義的解釈

96-97)。そこでは次のような論証がなされている。

> 第6節でおこなった［条件法の］説明から、2つの判断「⊢B→A」と「⊢B」から新しい判断「⊢A」が出てくるということが明らかになる。上掲の4つのケースのうち、3番目［Aが否定され、かつBが肯定される］は「⊢B→A」によって、さらに2番目［Aが肯定され、かつBが否定される］と4番目［Aが否定され、かつBが否定される］は「⊢B」によって排除されているので、結果として1番目［Aが肯定され、かつBが肯定される］だけが残る。(B: 7)

現代のわれわれの目からすれば、これは、フレーゲが概念記法体系において使用する唯一の推論規則である前件肯定式（MP）の、真理表を使った標準的な正当化（健全性証明[*123]）を先取りしたものに見える。「上掲の4つのケース」とは、第5節の冒頭で挙げられているものだが、まさにMPの真理表の4つの行（AとBへの真理値の付値）に相当すると思われるからである。また、1文目がことさら構文論的な書かれ方をしていることにも注目すべきである。なぜなら、それはフレーゲの概念記法体系の内部で「⊢B→A」と「⊢B」から「⊢A」を推論してよいという規則を述べているのだが、この推論規則自体が2文目以降の証明の中で使われているわけではないからである。というのも、第1に、この文章自体が概念記法体系内部での形式的導出のひとつではないし、第2に、2文目以降は真理表の方法による意味論的正当化だからである。普遍主義的解釈者は、この文章に論理法則のメタ理論的正当化を見る解釈はフレーゲが正当化における循環を犯していると認めざるをえなくなる——よってこの文章はメタ理論的証明ではなく「解明」であると見るよりほかない——と主張するが（cf. Ricketts 1996: 136）、それが誤りであることはいまや明らかである。そこにはなんの循環もない。この文章は、「「B→A」と「B」から「A」を推論してよい、なぜなら、「B→A」と「B」から「A」をいつでも推論できるから

[*123] フレーゲのこの文章が「妥当性証明」ではなく「健全性証明」と読まれるのは、問題の推論規則の2つの前提のどちらにも判断線が含まれており、したがって両前提の真理性が含意されているためである。

だ」と言っているわけではないからである。するとこれは、普遍主義者たちがフレーゲに拒んでいるはずの、概念記法体系の論理法則や推論規則の、当該体系の外部からの非循環的な正当化の一例であることになろう。

ところで、反普遍主義的解釈の以上の論証は、普遍主義的解釈者が暗黙裡におこなっている区別を前提としている。それが、論理とそれの個別の形式的実現との区別にほかならない。しかし、そもそもそうした区別を許さないようなものとして論理法則や推論規則を見ることもできる。つまり、個別の論理体系や論理的言語に対するメタパースペクティヴと、論理そのものに対するメタパースペクティヴを区別することはできないということである。これこそが、フレーゲが実際に論理や真理や言語について述べていることを根拠にして彼に帰すことはできるが、普遍主義的論理（観）だけからは帰結しないテーゼである。したがってそれは、本書が汎論理主義と呼んできた彼の形而上学的信念の帰結、あるいは一部なのである。よって、たとえば、

　　（R）「BならばA」と「B」から「A」を推論してよい

という規則の妥当性（真理保存性）を証明するために、

　　β ならば α であり、かつ β であるならば、つねに α である（＊）

と述べたとしても、これがそもそも規則の正当化として意図されているのなら、（R）が単なる記号列トークンではなく、当該体系内で一般的に認可された推論タイプである以上、そのタイプと（＊）が表現している論理法則との同一性の認識こそが、それを真正の正当化たらしめているはずなのである。フレーゲが『基本法則』第II巻の形式主義批判において言っていたように（2.7参照）、「規則は記号の意味〔Bedeutung〕のうちにその根拠を見いだすことが必要である。目的として認識が立てられていなければならず、なされるすべてのことがそれによって規定されているのでなければならない」（GGA-II: 101）。すると、そこには実際に循環があることになる。そしてこの循環は、普遍主義的論理観の手持ちの道具だけでは示すことができない。なぜなら、繰り返しになるが、

それは汎論理主義の帰結だからである。その意味で汎論理主義とは、きわめてフレーゲらしくない形而上学的な物言いをするなら、論理と言語はロゴスとして区別できないと主張するロゴス一元論としての汎ロゴス主義（Pan-*logos*-is-mus）でもあると言えるだろう。

4.2 フレーゲの真理観とメタ理論の可能性

ところで、普遍主義的解釈者の中には、以上のように論理の普遍性から出発する議論とは別に、真理についてのフレーゲの見方そのものが彼にメタ理論を不可能にしている、と考える者もいる。もっと具体的に言うと、たとえば論理法則の意味論的正当化のために不可避とされる意味論的上昇、そのためのもっとも簡便な方法としての真理述語の消去不可能な使用が、フレーゲの真理観と相容れないということである。前章の3.5.4で述べたように、本書もフレーゲの真理述語の使用を意味論的なものではなく、解明的な使用だと解釈した。論旨は異なるが、この結論についても本書は普遍主義的解釈と一致する。とはいえ、その論証が反普遍主義的解釈——メタ理論的解釈——からの批判に耐えうるものであるかどうかは、まだ明らかではない。そこで、フレーゲの真理観をめぐる両陣営の論争を見てみることにしよう。

4.2.1 フレーゲにおける真理述語

フレーゲは『基本法則』第Ⅰ巻第1部の最後（第48節）で、第2部以降で実際に推論中で使用される諸規則を列挙しているが、そこにもやはりMPに相当する次のような規則がある*124。「ある命題［たとえば⊢ $\varDelta \to \varGamma$］の下件*125［⊢ $\varDelta$］が、判断線［垂直線］が無いという点だけでしか別の命題［⊢ $\varDelta$］と違わないならば、最初の命題から当の下件を落とすことによって得られる命題［⊢ $\varGamma$］へと推論できる」（GGA-I: 62）。この規則もまた、前節で扱っ

---
*124 当段落の骨子は Ricketts 1986: 82-84 の議論に依拠している。
*125 「下件（Unterglied）」というのはもちろん概念記法の2次元的表記法の場合の呼び名であり、現在なら「前件」と呼ぶべきである。

た『概念記法』第6節の推論規則と同様、ことさら構文論的に定式化されている。つまり、あからさまに記号の変形規則として定式化されている。だがそれだけになおさら、この規則の妥当性(健全性)の根拠が問題となる。この「できる(können)」という認可の正当性の源泉は何か。その根拠が、なんらかの論理法則——要するにMP——の真理性の認識(フレーゲ的な意味での「判断」)にあると考えると、ルイス・キャロルが指摘したような悪性の無限後退に陥ることになる(cf. Carroll 1895)。なぜならそのときには、この推論規則を適用するそのたびごとに、かならず対応する論理法則の主張(判断)を付け加えねばならないことになるからである。亀に文句を言わせないような完全な正当化のためには、すべての前提を明示しなければならない。ところが、この正当化が同一次元でのひとつの推論からなると考えるなら、それは膨れ上がりながら後退するばかりで、けっして終わらないのである。意味論的上昇が必要になるのはこのためである。現在であれば、MPの受容は、真理述語を使用した「条件文が真であり、かつその前件が真であるなら、後件も真である」というメタ論理的判断によって正当化される。もちろんこの判断はメタ論理に属するのだから、体系内でMPを用いる証明に前提として登場することはなく、したがってルイス・キャロル的無限後退を生むことはない。それはむしろ、当該の形式的体系内でのある手続きが証明として認められるための根拠の一部をなしているのである。実際フレーゲも、前章の3.5で何度も問題にしたように、『基本法則』第1部で真理述語を使用してMPのメタ理論的正当化と思われるものを実行している——「命題「⊢$\Delta\to\varGamma$」と「⊢Δ」から「⊢$\varGamma$」が推論できる。なぜなら、もし$\varGamma$が〈真〉でなければ、Δは〈真〉であるので、「—$\Delta\to\varGamma$」が〈偽〉になってしまうだろうからである」(GGA-I: 25)。とするなら、フレーゲのこうした文章は、概念記法体系における推論規則のメタ言語での意味論的正当化であると読むのがもっとも自然であるということになるだろう

しかしながら、このような真理述語の使用は、ほかならぬフレーゲの真理観と齟齬をきたすと思われる。このメタレベルでの判断は、真理述語の使用によって、文に真であるという属性を帰属させているように見える。だがこれは、フレーゲが真理について語っていることと相容れないのである。そもそも、彼にとって、本来の意味で真であるものは、文(Satz)ではなくて思想(Gedan-

4.2 フレーゲの真理観とメタ理論の可能性

ke）である（cf. G: 60f.）。したがって、フレーゲにおいて真理述語の使用が問題になりうるとすれば、それは「文「5は素数である」は真である」ではなく、「5は素数であるという思想は真である」という形式をもたねばならないことになる。ところがフレーゲは、そうであればなおさら、「思想の〈真〉に対する関係を主語の述語に対する関係になぞらえてはならない」（SB: 34）ことは明らかだと言う。なぜなら、第1に、かりにそうだとすると、それはたとえば「G・フレーゲはドイツ人である」と同様、概念と対象のあいだの包摂関係（Subsumition）の事例であることになるが、思想は対象ではなく〈真〉は述語ではないからである（cf. EL: 211）。また、第2に、「5は素数であるという思想は真である」は「5は素数である」以上のことは言っていない。この主張を、真理の余剰説やデフレ説に分類すべきではない*126。その主張が言っているのは、ある思想を主語として、それに真理述語を述定したとしても、それによって、元々の判断（「5は素数である！」）を真理の主張たらしめていた当のものを明示化できたわけではないし、したがって、当の文の意味論的属性を特定できたわけでもない、ということだからである。真理述語が添加されていない文とされている文が同じことを言っているのは、余剰説が根本において想定しているように、前者においてすでに陰伏的に言われていることを後者が明示的に述べているにすぎないからなのではなく、本来は主語と述語の関係に立てないもの同士を真理述語の添加によって無理矢理その関係に立たせようとした結果——当然のことながら——失敗しているからなのである。「「真」という語は、その意義によって、いかなる本質的な貢献も思想には与えていない」（LE: 271）というフレーゲのしばしば引用される言葉は、こうした意味で理解されるべきである。むしろ、彼によれば、「判断することは、思想からその真理値へと前進することだと捉えることができる」（SB: 35*127）。ところが、主語と

---

*126 「真理の余剰説（redundancy theory）」には数々のバージョンがあろうが、基本的には、「真」という語それ自体は無意味で消去可能な余剰であって、発言を強調するためや、「荒畑の言ったことはぜんぶ嘘だ」のように、文の明示的言明を省略したり、文（発話）の上に量化したりするための言語的な道具にすぎないとする立場であり、「真理のデフレ説（deflationary theory）」は、「真」という語の意味は、「SがPであるのはPの場合であり、その場合だけである」という同値文を満たすことに尽きるとする考え方のことだと言ってよかろう。

*127 「わたしは「思想」という言葉を、論理学者たちの使う「判断」とほぼ同様に用いることにする。考えるとは思想を把握することである。ある思想を把握した後で、それを真と承認する（判断

述語を結合しても、できあがるのはひとつの文だけであり、それが表現する思想だけである。主語と述語はひとつの思想の中にあって、同一レベルに位置している。これに対して、思想とその真理値は同一レベルにはない。思想は意義(Sinn)であり、真理値は意味(Bedeutung)、すなわち対象だからである。

4.2.2 真理の独自性

だが、以上の議論が示しているのは、「真である (ist wahr, is true)」はいかなる述語でもなく、真理はいかなる属性でもありえないということではなく、真理の定義不可能性と原初性だけなのではないか、よってフレーゲが言わんとしているのは、真理とは(思想の)定義不可能な原初的属性であるということなのではないか——こう反論されるかもしれない[*128]。現に、「論理学」と題された1897年の論文 (L-II) では、「真」という述語が第一義的に適用されるべきは思想であるという主張がフレーゲ論理学の根幹にかかわるテーゼとして論証されている (cf. ibid.: 142) し、また論文「思想」(G) では、真理の定義不可能性という脈絡で次のように論じられている。

> それにしても、どんな事物についてもある属性を認識できるためには、それと同時にかならず、当の事物が当の属性をもつという思想が真だと分かるのでなければならないということには、考えさせるものがある。するとある事物のもつどの属性にも、思想のある属性が、すなわち真理という属性が結びついていることになる。とはいえ「わたしは菫の香りをかぐ」という文は「わたしは菫の香りをかぐというのは真だ」という文と内容が同じだということもまた、注目に値する。だとすると、真理という属性を思想に添えたところで、その思想にはなにも付け加えられていないように見える。そんなことはない！ […]「真」という語の意味は、まったく独自〔einzigartig〕であるように見える。ここでわれわれが相手にしているものは、普通の意味であればけっして属性と呼ぶことのできないようなもので

する)ことができるし、またこの承認を表明する(主張する)ことができる」(EL: 201; 強調解除)。また KU: 214 をも参照せよ。

*128 実際 Stanley 1996 はそのように反論している。

あるということになるのだろうか。こうした疑念はあるものの、もっと適当なものが見つかるまでは、さしあたりはなお慣用にしたがい、真理がひとつの属性であるかのように表現していくことにしよう。(ibid.: 61f.; 強調引用者)

ここでフレーゲは、真理はいかなる属性でもないと断定するのを躊躇しているように見える。だとすると、先ほどわれわれが真理の非属性説を読み取ったフレーゲの言葉も、別様に解釈する余地が出てくる。すなわち、真理述語が思想になにも付け加えないという事実がフレーゲにとってもっていた明白な帰結は、真理がいかなる属性でもないということではなく、真であるということは、「赤である」とか「素数である」といった述語が表現する通常の属性とはまったく異なる独自のものだということだ、と考えることができるように思われる。

　現にいまの文章は、「「真」という語は、言語的には形容詞〔Eigenschaftswort：性質語〕として現れる」(ibid.: 59)という確認から始まる論証の最後に位置するが、その前半部分の論旨は、文法を鵜呑みにして「真」がなんらかの性質だと考えると、どうしても定義の誘惑に逆らいがたくなる（その典型例が真理をなにかとなにかの「一致（Übereinstimmung）」とする対応説である）が、真理の定義は循環を招いて挫折せざるをえない*129、「よって「真」という語の内容はまったく独自で定義不可能だという公算が高い」(ibid.: 60)というものである。また後半の論旨は、思想は文や画像などと違って感覚的に知覚不可能なので、真であることも感性的に知覚可能な属性ではないというものである。すると真であることは、言葉による定義が生む循環を回避して直示によって定義することもできないことになる。だとすると、フレーゲの躊躇は単に、これほど属性らしくないものを属性と呼んでもよいのかというものであったことになろう。けれども、たとえばムーアが「「はよい（is good）」は定義不可能である」から「よさはいかなる属性でもない」を推論などしなかったように、真理

---

*129　この論法はよく知られたものである。真理を定義するということは、なにかが真であるためにそのなにかが満たしていなければならない条件を挙げるということを含意する。すると、その条件がたとえどんなものであれ、任意のなにかについて、それが真であるためには、それが当の条件を満たしているということが真である必要があるが、そのことが真であるためには、それがまた真理の条件を満たしていなければならず、かくして無限後退に陥るからである。

の定義不可能性から「真理はいかなる属性でもない」を推論するのは誤りである（cf. Stanley 1996: 115）。

こうした前提の下で見るならば、たとえば先に見た思想と真理値のレベル差の論点も、むしろ真理述語の特異な働きを特徴づけているものとして理解することができるかもしれない。たとえば真理述語とは、思想からその真理値へと写像するきわめて特殊な関数を表現すると見ることができるかもしれない。

4.2.3 主張力と判断

けれども、フレーゲに真理の非属性説を帰する解釈は、なにもそうした誤謬推理だけに基づくとはかぎらない。たとえばフレーゲは最晩年のある断片的試論の中でこう言っている。

> かくして「真」という語は不可能なことを可能にしようとしているように見える*130。それはすなわち、主張力〔behauptende Kraft〕に対応するものを思想への貢献と思わせるということである。そしてこの試みは、その失敗にもかかわらず、あるいはむしろその失敗によってこそ、論理学の独自性を指し示しており、またそれゆえこの独自性が、美学や倫理学の独自性とは本質的に異なるように見えるのである。なぜなら、「うつくしい」という語がおそらく実際に美学の本質を指し示しており、「よい」もまた倫理学を指し示しているのに対して、「真」は本来、論理学を指し示そうとして失敗した試みにすぎないからである。というのも、論理学において本来問題とされるものは、「真」という言葉の中にあるのでは全然なくて、文の発話に伴う主張力にあるのだからである。（LE: 272）

「真」が論理学の本質を指し示すのに失敗するのは、真理が定義不可能だからではない。美も善も定義不可能かもしれないが、だからといって「真」と同

---

*130　原文（NS: 272）は "möglich zu machen" とあり、本来なら「可能にしているように見える」と訳すべきだが、"Und dieser Versuch" から始まる次の文との兼ね合いから、原書の注1（NS: 272）で指摘されている草稿のもうひとつの読み方（"möglich machen zu wollen"）のほうから訳出した。

4.2 フレーゲの真理観とメタ理論の可能性

じように指示に失敗するわけではない。論理学におけるのとは対照的に、「うつくしい」や「よい」といった語がそれぞれ美学と倫理学の本質を言い当てているのは、美や善が、真理とは違って、本来の意味での属性だからである。ところが論理学の場合は、われわれが典型的にどのような言葉を使うときに論理学の主題領域が開けてくるのか、という問いがそもそも的外れである。なぜなら、「論理学の本質をもっとも明瞭に指し示しているのは、ある思想が発話される際の主張力である」のだが、「しかし主張力にはいかなる言葉も、文のいかなる部分も対応しない」(ibid.) からである。

だとすれば、「真である」の使用を思想への性質帰属とみなすことは、「真」が指し示そうと（して失敗）している論理学の本質ならびに中心的主題とフレーゲが考えているものを最終的には解体してしまうことを意味する。なぜか。主張する（Behaupten）とは、ある判断を表明すること（Äußerung eines Urteils）である*131。おそらく原初的なのは判断のほうである。フレーゲが判断を「主張可能な内容」と特徴づけることは皆無だからである。たしかに、ある文の発話が主張である——主張力をもつ——ための言語的な条件は、その発話が主張文の形式をもつことである。だが、もちろんこれは十分条件ではない（考えようによれば、必要条件ですらないかもしれない）。むしろ、ある発話が判断の表明であるとき、そのときにかぎり、その発話は主張力をもつのだと言える。この主張力の根源、すなわち判断こそが、論理学の本質の在処である。判断するとは、ある思想を真だと承認すること（als-wahr-Anerkennen eines Gedankens）である。あるいは、先にも引用したとおり、「ある思想からその真理値へと前進すること」(SB: 35) である。ここでフレーゲは、こうした定式化を思想の定義とみなさないようわれわれに警告する。なぜなら、「判断するということはまさにまったく独特で、他と比べようのないものである」(ibid.) からだ*132。これはつまり、判断するということは、認識という類に属するひ

---

*131 「わたしにとって判断とは、ただある思想を把握することではなく、その思想が真であると承認することである」(SB: 34, Fn. 7) ;「心の内である思想を真と承認するとき、われわれは判断をしており、そうした承認を表明するとき、われわれは主張をおこなっている」(L-II: 150; 強調解除)。

*132 フレーゲは「思想」という用語そのものについても同じことを言っている。「これで定義を与えようとは思わないが、わたしが思想と呼ぶのは、それに関してそもそも真理が問題となりうるもののことである」(G: 60)。しかしこれも当然のことである。この定式の中に現れている「真理」は

とつの種であるのではなく、むしろ判断は認識一般とは別に独自の類を形成しているということを意味する（cf. Ricketts 1986: 77）。

　先に引用した「思想」からの文章の冒頭も、こうした意味で理解すべきである——「それにしても、どんな事物についてもある属性を認識できるためには、それと同時にかならず、当の事物が当の属性をもつという思想が真だと分かるのでなければならないということには、考えさせるものがある」（G: 61）。ある思想を真だと承認することを、ある対象がしかじかであると（かくかくの属性をもつと）認識することの一種として、あるいはそれをモデルにして理解してはならない。それでは本末転倒である。むしろ、たとえば知覚によるある対象の属性認識は、それが認識である以上そもそも、当の対象が当の属性をもつという思想を真と承認することを含んでいなければならないのである。もし前者をモデルにして後者を考えるなら、ある思想を真と承認することのうちには、その思想が真であるというまた別の——より高次の？——思想の承認が含まれていなければならないことになってしまうだろう。このことが意味しているのは、ある思想を真と承認することを、ある対象がしかじかの属性をもつと認識することのように、複合的な現象とみなしてはならないということである。ある思想を真と承認することは、それ以上分解不可能で原初的な論理的現象なのであり、これこそが論理学の主題にほかならないのである。

　こうして、真理述語の使用が論理学においては的外れであるとフレーゲが考える理由がはっきりと見えてくる。第1に、思想の表現としての文について述定される「は真である」は、思想が論理学の扱う対象であるために備えていなければならない属性を指し示しているように見せているが、しかし実際に言語において論理学の独自の対象を指し示しているのは、むしろ主張文の形式である。第2に、主張文の形式が論理学の本質的対象を示唆できるのは、その形式の文が典型的に判断の表明であるからこそであって、その形式の文が表現する思想が典型的に真であるからなのではない。そして、第3に、〈ある思想を真と承認すること〉として解明される判断は、実際には分解不可能な原初的な現

もちろん、「思想」と密接な関係のある（別の文脈では思想とは判断可能な内容のことだとも言われているので）「判断」も未定義語として扱われているからだ。すると、これらは典型的な解明命題であるとみなすべきである。

象であるので、その一部を剔出して特異な述語として使用しても意味をなさない。

> 主張文の形式でわれわれは真理の承認を言表する。そのために「真」という言葉は必要ない。そしてわれわれがその言葉を使う場合でさえ、本来の主張力はその言葉のうちにではなく、主張文という形式にある。そしてこの形式がその主張力を失った場合には、「真」という言葉を使ってもその力を回復させることはできない。(ibid.: 63)

したがって、真理述語の使用が論理学にとって不可欠ななんらかの役割を果たすと信じることは、なにかを主張していると解されるのが典型であるような状況下で、ある平叙文を発話したのちに、「そしてこれは主張である」とつけ足すことで、主張するという言語行為にとってなにか本質的なことがなされたと信じるようなものである。それは単に余計なことなのではない。むしろまったくの的外れなのである。

かくして、フレーゲが真理の特異性について述べている事柄からわれわれが読み取るべきは、やはり、真理はそもそもいかなる属性でもないということだと結論づけることができる[133]。したがって、すくなくとも真理述語の消去不可能な現れを必須とするモデル論的なメタ理論をフレーゲ論理学の中に許容することは、彼の真理観によって阻まれることが明らかとなる[134]。

---

[133] したがって、『論理哲学論考』のウィトゲンシュタインもこの点については同様の誤解をしていたことになる。彼は次のように書いているからである。「だが、意味をもたない命題にはまったくなにも対応しない。命題はたとえば「真」とか「偽」と呼ばれる性質をもったもの（真理値）を指示するわけではないからである。命題に付される動詞は――フレーゲが信じていたように――「真である」と「偽である」なのではなく、「真である」ものがすでにその動詞を含んでいるのでなければならないのである」(Wittgenstein 1922: 4.063)。

[134] すでに上で指摘したように、真理述語を思想（判断可能な内容）からその真理値への関数と特徴づけることをフレーゲが許容したとしても、だからといってそれが彼にとってすぐさまメタ言語の語彙になるわけではない。むしろ真理述語がそのようなものであるとしたら、それはむしろ概念記法の基本的関数である水平線関数にほかならない。実際、前章の3.5でも見たように、『基本法則』のフレーゲは水平線関数の値域 $\acute{\varepsilon}(—\varepsilon)$ を真理値〈真〉と同一視していたのである。Cf. Ricketts 1996: 124, Fn. 8, 136, Fn. 38; 野本 2012: 339–340.

4.3 フレーゲの反モデル論的論証

本章がここまでおこなってきたような論証に対しては、次のような反論がなされるかもしれない。いわく、以上のごとき論証をいくら重ねたところで、それによって示されるのはせいぜい、普遍主義的論理観や狭量な真理観にとらわれていたフレーゲにはそうした可能性が事実として視野に入らなかったということでしかない。しかしそれは、フレーゲがレーヴェンハイムでもタルスキでもなかったということでしかなく*135、結局は歴史的事実としてすら、たいして興味深いものではないだろう。——まったくもっともである。もちろん、4.1 の最初に挙げた（3）が言っているのはそんなことではないはずだ。それがなにか論争に値することを言っているのだとすれば、それはすくなくとも、フレーゲの普遍主義的論理観がフレーゲにとってモデル論的メタ理論を不可能にしていたということでなければならない。それどころか本書は、（3）は、フレーゲ自身もそのことを認識していたということまで含意すると言いたいのだ。実際フレーゲは、現代のモデル論の基礎になっていると思われる諸観念の可能性を認識しながら、そうした観念をきっぱりと拒絶しているのである。

フレーゲの明示的に反モデル論的な主張が集中的に見られるのは、1906 年版の「幾何学の基礎について」（GG-III；以下「幾何学」と略記）である。この論文は、ヒルベルトを擁護しフレーゲを批判している A・R・コルゼルトの同名論文に対するリプライとして書かれたものである。そしてフレーゲはこの論文の中で、公理の独立性証明（平行線公理の独立性の証明）というまさにメタ的な問題に取り組んでいるのである。論文の前半は、3.1 の D-1 で簡潔に触れた議論（1895 年から 1903 年にわたってフレーゲとヒルベルトの間で交わされた往復書簡（cf. WB: 55-80）においてすでにヒルベルトに向けられていた批判）、すなわち、ヒルベルトの「公理」や「定義」といった用語の使い方に対するフレーゲの執拗な攻撃が占めているが、後半では、たとえばコルゼルトの「かくしてひとつの系列をなす形式的推論が、ときにはいろいろな仕方で解釈されうる」（GG-

---

*135 Cf. Tappenden 1997: 191; Heck 2010: 342f.

III: 387)という主張に対して、ブールの計算論理に向けられたのと同じ反論（2.1 参照）がなされている。いわく、多様な解釈を許すものとは記号の羅列をおいて他にはないが、そもそも推論は記号の集まりによって構成されるのではない。推論とは判断を下すこと（Urteilsfällung）であり、ある判断を根拠として、一定の論理法則に従って、別の判断を下すことである。「前提はどれも、真と承認されたある確定的な思想であり、同様に結論となる判断においても、ある確定的な思想が真だと承認されるのである。異なる解釈の余地などここにはまったくない」(cf. ibid.)。ここからフレーゲは、コルゼルトが「ひとつの系列をなす形式的推論」と呼んでいるものは、本来の意味での推論ではなく、「推論連鎖の単なる図式」のようなものであり、またコルゼルトが「解釈」と呼んでいるものも、当の図式に従って進行する推論連鎖の実例を挙げることでしかない、と断ずるのである。モデル論的な発想からすれば、問題の記号列を「形式的な推論」ではなく「推論連鎖の図式」と呼ぶほうがずっと正確なはずである。ところがフレーゲは、そうした図式についてのメタ的な視座からの研究を論理学とは認めないのである。理由は明らかだ。そこには判断の出番がなく、よって真と承認された思想の出番もなく、結局のところ真理の出番がないからである。だが、繰り返すが、「真であることの諸法則を発見するという仕事」(G: 59)こそが、論理学の責務なのである。

　さらにフレーゲは、ヒルベルト本人の幾何学に立ち戻り、彼の『幾何学の基礎』の各公理に登場する「点」や「直線」や「上にある」の意味が不確定であるという論点（書簡で力説されていた論点——ふたたび 3.1 の D-1 を参照せよ）を持ち出し、おそらくヒルベルト自身の体系においては定項（述語定項）として意図されているそれらの記号を、算術におけるアルファベットのように一般性を表現するための変項のようなもの[*136]として理解することを提案する（cf. GG-III: 388ff.）。たとえば、「点 A は直線 a 上に位置する」は、「A は α に対して p 関係にある」と言い換え、「A は点である」は「A はひとつの Π である」と言い換える、という具合である。すると、たとえば『幾何学の基礎』の公理 I 1「2 点 A、B に対し、これらの 2 点のおのおのと結合するすくなくともひ

[*136] もちろんここでのフレーゲの提案を説明するのに「変項」という言葉を使うのは、現代の読者に対する便宜のためでしかない。その理由については、上の 3.4.4.4 を参照せよ。

とつの直線がつねに存在する」は、「Ａがひとつの Π であり、かつＢもひとつの Π であるなら、そのとき、ＡもＢもそれに対してｑ関係にあるような或るものが存在する」という「疑似公理」へと書き換えられることになる。ここで注意すべきは、このように書き換えられると、「Ａ」と「Ｂ」の一般性（スコープ）はこの疑似公理の中だけに限定されるのに対して、「はひとつの Π である（ist ein Π）」や「に対してｑ関係にある（zu ... in der q-Beziehung stehen）」という述語変項の一般性は、「一般定理（純粋理説、形式的理論）にまで及び、疑似公理はこの一般定理の非自立的な一部分、それだけとってみても意味をもたない一部分にすぎない」（ibid.: 388）ことになるということである。要するに、公理Ｉ１に施したような書き換えをヒルベルトの公理群に施して得られる疑似公理の連言を前件とし、同じようにしてヒルベルトの諸定理（たとえば定理１「２平面は１点も共有しないか、あるいは１直線を共有する」）から得られる非本来的命題（疑似定理）群（たとえば定理１の述語定項を変項にした「もしもあるものが存在して、それが α に対しても β に対してもｐ関係にあるなら、そのとき、ある対象が存在して、この対象に対してｑ関係にあるものは α に対しても β に対してもｐ関係にある」（cf. ibid.: 391））を後件とする非本来的命題群とみなし、問題の述語変項のスコープはそれら命題群の全体にわたるものと解してはじめて、それらの全体によってひとつの思想が表現されていると考えることができるというわけだ。

　だが、このように公理内の述語定項が変項として読み替えられてしまうことによって、ヒルベルトが当初狙っていた企て、すなわち、「点」や「直線」や「上にある」（「入射」）といった述語をモデルに相対的に解釈することに基づくメタ理論的な証明が阻まれることになる。なぜなら、ヒルベルトが記号の解釈（あるいは再解釈）として意図していた手続きは、このフレーゲの提案においては、確定した意味をもつ名辞（定項）による変項の例化にすぎないことになるからである。たとえば、それぞれの変項を「点」や「直線」のユークリッド的な観念で例化するならば、得られるのはユークリッドの諸公理からのユークリッドの定理の導出にほかならない。そしてこの手続き全体は、公理図式群の体系的（再）解釈などではなくて、普遍から特殊への推論の一例でしかない。すると結局、フレーゲがヒルベルトに突きつけている対案、つまり問題の諸表現

を述語定項ではなく述語変項として扱うということは、ヒルベルトの体系の普
遍的構造を高階論理の中で扱うということにほかならないのである*137。

　モデル論的な発想に対するフレーゲのこうした反発は、予想されるとおり、
ヒルベルトとコルゼルトの企てるメタ理論的証明、すなわち公理の独立性証明
の企てに対する批判を帰結させる。フレーゲはコルゼルトの次の言葉を槍玉に
挙げる。「［言語慣用に従うなら］、2つの命題が互いに「独立」だと言われるの
は、それらが揃って成り立つような状況もあればどちらか一方しか成り立たな
いような状況もある場合であり、反対にそれらが「両立不可能」であるのは、
いかなる条件下にあっても両者が揃って充足されることがない場合であ
る」*138。フレーゲは、この文章の中でコルゼルトが「状況（Umstände）」や
「条件（Bedingung）」ということで言わんとしているものの理解可能性を頑と
して認めようとしない。その理由は、前段落で見たヒルベルト批判の論拠にな
っていたものと同じである。つまり、ある命題がある状況（条件）の下では成
立するが別の状況（条件）の下では成立しないという考えは、そこで言われて
いる「命題」がまともな思想を表現する「本来的命題」ではなく、隠れた前件
をもつ「非本来的命題」が本来的命題のふりをしていることによって可能にな
っているということだ——「ある状況下でしか妥当しない命題というのは、本
来的命題ではない。けれども、この命題がどのような状況下で妥当するのかを
条件命題［前件命題］というかたちで明言し、そうしたものとしてこの命題に
付け加えることはできる。するとこうやって補完された命題は、もはやある状
況下でしか妥当しないのではなく、端的に妥当する。元々の命題は、この補完
された命題のうちに帰結命題［後件命題］として、しかも非本来的命題として、
登場するのである」（GG-III: 399）。

　こうして彼は、モデルの構造に相対的にその意味を特定される非論理的定項
という「どっちつかずのもの〔Zwitter〕」（WB: 90）*139 を断固として拒否する

---

*137　以上の事情については、『フレーゲ著作集5 数学論集』p. 177 以下の訳注 32 と 33 を参照され
　　たい。また Antonelli & May 2000: 167-168 も参考になる。
*138　GG-III: 398 に引用。
*139　フレーゲはハンティントン宛の書簡（日付不明）で、フレーゲ的文字（変項）でもなければフ
　　レーゲ的名前（定項）でもないような記号をそう呼んでいる。これについては Demopoulos 1994:
　　213-216 を参照せよ。

ことによって、やがてはメタレベルでの個体領域（の部分集合）の付値としての解釈という手法へと整備されてゆく端緒を、最初から閉じてしまうのである。ある意味ではこれは、概念記法体系をその外側から眺めるための視座を閉鎖したことになると言ってもよかろう。

4.4 フレーゲの「新領域」と独立性証明

4.4.1 数学の「新領域」

ところが、メタ理論的解釈の陣営なら、話しはまさにここからなのだ、と言うかもしれない。なぜなら、ほかならぬこの反ヒルベルト論戦——反モデル論論証——の過程で、フレーゲは彼独自のメタ理論の可能性に気づいていったように見えるからである。ストーリーは、彼が同じ「幾何学」論文（GG-III）の第III節の冒頭であらためて次のように問いかけるところから始まる。

> さて、それでもなお次のような問いを投げかけることはできる。すなわち、ヒルベルト的な結果から出発して本来的公理の独立性の証明へといたることはできるのではないかと。(ibid.: 423)

フレーゲがヒルベルトの独立性証明を否認するのは、たったいま見たとおり、ヒルベルトがその証明の中で使っている「公理」という言葉がフレーゲに言わせるなら完全な誤用だからである。

> はっきり言えるのは、ヒルベルト的な独立性証明は本来的公理、ユークリッドの意味での公理とはまったく関係がないということだ。なぜなら後者はやはり思想だからである。さてヒルベルト氏においては、われわれの区別した本来的命題と非本来的命題、本来的公理と疑似公理に対応する区別はどこにも見られない。むしろヒルベルト氏は、そもそもこの違いに気づいていないために、彼の疑似公理について証明されたとみなされる独立性を、そのまま本来的公理へと転用してしまっていると思われる。(ibid.:

4.4 フレーゲの「新領域」と独立性証明

402)。

 するとフレーゲが問うているのは、ヒルベルトが疑似公理に関して成功したと思っていた独立性証明もどきを、真なる思想としての公理についてのまっとうな証明に修正することはできるか、ということである。つまり、ヒルベルトが『幾何学の基礎』第10節の冒頭で主張したこと（「上記の公理群の本質的部分はどれもそれぞれに先立つ公理群から論理的推論によって導出することはできない、ということが実際に示される」(Hilbert 1899: 26f.))をフレーゲが「本来的公理」と呼ぶものに適用できるか——もちろんこの問いが意味をなすためにはそうできるのでなければならない——が問われているのである。そして、この問いに答えようとするフレーゲの議論は、明らかにヒルベルトの試みた独立性証明を自分自身の理論枠組みの中で定式化し直そうとしているように見える。つまり彼は、彼独自のメタ理論の可能性を模索しはじめているように見えるのである*140。これは、現代の解釈者たちのあいだでフレーゲの「1906年のメタ論理への進出 (1906 foray into metalogic)」(cf. Ricketts 1998) とか「新しい科学 (new science)」(cf. Antonelli & May 2000) と呼ばれている問題である。ちなみに後者の呼び名は、「幾何学」第III節の次の文章に由来する。

 ある本来的公理がある本来的諸公理のグループから独立であると証明することは可能か。これはある別の問いに帰着する。すなわち、ある思想がある思想グループから独立であることはどうすれば証明できるのか、とい

---

*140 実際、1899年12月27日付のヒルベルト宛て書簡においてフレーゲは次のように言っている。「公理の相互独立性を証明するために、そこから見るならユークリッド幾何学がより一般的な場合の特別な事例に見えるような、より高次の観点にあなたが立たねばならないということ、そのことをわたしは見誤っているわけではありません。しかしあなたがそのためにとる道は、わたしには上述の理由からただちに通れるものとは思えないのです」(WB: 64)。この言葉を、すくなくともメタ数学の視点が不可能ではないとフレーゲが認めていたことの証左として読もうとする者もいるかもしれない。しかし、ことはそう単純ではない。なぜなら、文章中の「上述の理由」とは、フレーゲがそれぞれ「定義」、「公理、基本法則、定理」、そして「解明命題」と呼ぶ異種の命題をヒルベルトが混同して使用していること (cf. *ibid.*: 60-63) や、上の3.1のD-10で見た「段階的定義の禁止」の規則をヒルベルトが破っていること (cf. *ibid.*: 63f.) などを指しており、これは、ヒルベルトのやろうとしていることはメタ言明ではなく解明命題による示唆という仕方でしか可能ではない、ということを含意している可能性が高いからだ。

問いである。まず言ってもよいのは、この問いによってわれわれは、ふつう数学にとっては無縁な領域に踏み込んでいるということである。というのも、数学もすべての科学と同じく思想の中でおこなわれるのであれば、やはり思想［それ自体］が数学の考察対象になることはふつうないからである。ある思想がある思想グループから独立だということも、ふつう数学で研究される関係とはまったく異なる。するとこう予想することができる。すなわち、この新領域〔dies neue Gebiet〕はそれ固有の根本真理〔Urwahrheiten〕をもち、これらの真理はこの領域でおこなわれるべき証明にとって、幾何学的諸公理が幾何学の証明にとってそうなのと同様、不可欠であり、またとくに、ある思想がある思想グループから独立であることを証明するには、われわれにはそのような根本的真理が必要なのだと。(GG-III: 425f.; 強調引用者)

たしかにここでフレーゲは、本来的思想としての数学的諸公理を定立し、それらからやはり本来的思想としての数学的諸定理を証明する、という理論内部的な手続きからなる通常の数学とは別の、思想であるかぎりでの思想を対象とする形式的研究が数学の「新しい領域」として可能であり、しかもその分野においてもやはり固有の公理（根本真理）が存在し、それを使った独立性証明のようなものも可能である、ということを認めている。さらには、そうした根本真理の一例として、「思想 G が論理法則によって思想 A、B、C から導かれるなら、思想 A、B、C はいずれも真である」という「法則」を挙げてみせてすらいる（ibid.: 426）。もちろんこの新領域の理論が扱うのは、確定した真なる思想だけだとされているので、これまで見てきたフレーゲの反モデル論の立場はここでもまったく揺らいではいない。だがそうだとすると逆にこの箇所は、フレーゲが非モデル論的なメタ理論の可能性を承認している決定的な箇所として──記念碑的な「1906 年のメタ論理への進出」の証左として──読めるのではなかろうか。しかもフレーゲは、この宣言に続いて、「入れ替え（permutation）」（cf. Antonelli & May 2000: 174-176）の手法を使った独立性証明を実際に素描してみせているのである。

しかしながら、事態はメタ理論的解釈者たちの見るほど単純ではないと思わ

れる。なぜなら、フレーゲはそこで自分が指摘している可能性が、ほかならぬ自身の論理観と衝突することにはっきりと気づいているふしがあるからである。これを見ていくことが、本章の、したがってまた本書の最後の課題となる。

4.4.2 入れ替えによる独立性証明

まず確認しておくべきは、問題の新領域で証明されるべき思想間の「独立性」も、フレーゲにおいてはあくまで非モデル論的に理解されているということである。つまり、真なる思想から別の真なる思想が論理的に「導かれる（folgen）」という関係を基にして理解されているのである。たとえば、いま真なる思想のグループ Ω があるとする。そこで、もし Ω のすくなくとも1つのメンバーから論理的に——つまり、Ω に属する真なる思想以外には、論理法則だけしか使わず——思想 G が導かれるなら、G を Ω に追加することによって、新しい思想グループを形成していくとする。この「論理的ステップ」（GG-III: 424）を累積的に実行していった結果、思想 A を含む思想グループ Ω に到達したとき、われわれは「A は Ω に依存する」と言ってよい。逆に、この手続きでは A に到達できない場合、A は Ω から独立である[141]。当然ながら、A が偽な思想である場合には、A の Ω からの独立性はつねに成り立つ。Ω のメンバーはつねに真なる思想でなければならず、かつ論理法則が真理保存的であるなら、Ω から偽な思想は導かれえないからである。

さて、問題の「入れ替え論証」とは次のようなものである（cf. GG-III: 426-428[142]）。思想グループ Ω と、それに対する独立性ないし依存性が問題となっている思想 A を、次のような語彙対照表に基づいて翻訳するとしよう。この表は左右2つの欄からなり、どちらの欄にも、(1) 同一言語に属し、(2) 確定した意義をもち、(3) 同一欄中においても左右の欄をまたいでも意義が重複しない（つまり左右で1対1対応する）語彙が並べられている。もちろんこれらの

---

[141] これは明らかに現代的な見方とは異なる。現代では、A が Ω から独立であるのは、A が Ω に基づいて証明も反証もできない場合であると考えられることだろう。しかしここでのフレーゲの考えでは、A が Ω によって反証されたとしても、A の Ω からの独立性は成り立つことになろう。Cf. Antonelli & May 2000: 174.

[142] この論証については、『フレーゲ著作集5 数学論集』pp. 184-186 の解説（注52）が明快で大変参考になる。

条件は、フレーゲの反ヒルベルト的立場によって課せられたものである。また、(4) 左右の語の対応づけは、同じ論理的タイプ内で（左欄の単語が固有名なら右欄も固有名、左が1階の概念語なら右も同じく同階の概念語、という具合に）おこなわれることとし、最後に (5)「たとえば左に登場する語や表現が、論理学に属するような意味をもつ場合には、その右にも同じ文言のものが登場する」(ibid.: 428; 強調引用者) こととする。さて、この対照表に従って Ω のすべての思想と思想 A を翻訳した場合、それはある言語から異言語への意義を保存した翻訳ではなく、((1) より) 同一言語内の、しかし ((3) より) 意義が変わってしまう翻訳であることになる。このとき、Ω からの A の独立性は、A の翻訳文である A′ が偽であることによって証明されると言える。なぜなら、A は先に見たように「論理的ステップ」を踏んで Ω から「導かれる」ものであり、かつ ((5) より) 論理的語彙については「入れ替え」はなされないのだから、Ω から A が導かれたのと同じ論理的ステップを踏んで、つまり同じ推論形式で、Ω を翻訳した Ω' から A′ も導かれるはずであるからである。しかるに、Ω' の諸思想も Ω のメンバー同様すべて真なのだから、A′ も当然真でなければならない。にもかかわらず A′ が偽であるのだとすれば、ひるがえって元々の Ω と A のあいだには、当初想定されていたような「論理的ステップ」など実は存在しなかったのだということが判明する。言い換えるなら、A の Ω からの独立性は、Ω のメンバーの真理値は固定したまま A の真理値を変えるような非論理的語彙の入れ替えが可能であることによって証明されるのである。

　さて、フレーゲのこの試みは、彼とメタ理論の可能性について何を示しているだろうか。

　アントネッリとメイ（Antonelli & May 2000）は、「幾何学」第Ⅲ節におけるこの「新領域」での証明の素描を所与として、論理学に対する2つのパースペクティヴを適切に区別するならば、フレーゲにメタ理論が閉ざされていたとする見解を斥けるに十分であると論じる。その区別すべき2つの視座とは、論理学とはある体系の内部で諸帰結を導出する実践に尽きるとする「内在主義」と、論理体系そのものを形式的研究の対象とする可能性を許容する「外在主義」である。内在主義の見方では、われわれは論理学を使って定理を証明することができるが、論理学がそれを成し遂げる仕方それ自体を論理学の研究対象にする

ことはできない。したがって内在主義的論理観は、メタ理論の可能性を許容しない。しかしながら、たとえば普遍主義的解釈者たちがしているように、フレーゲの論理観をなんの留保もなしにこの立場に組み込んでしまうのは早計である。なぜなら、フレーゲが拒否しているのが明白である現代的なモデル論と外在主義は同じものではないからである。外在主義は、まず統語論的な意味で中立的である。すなわち、メタ言語が対象言語と異なるべきかどうか、つまりある言語について語るためにその言語自身を使うことができるかどうかという問いについては中立的である。外在主義はまた意味論的な意味でも中立的である。すなわち、ある言語の名辞を再解釈できる必要性については中立的である。タルスキがわれわれに示したのは、メタ言語と対象言語の区別ならびに名辞の再解釈可能性（文字図式の可変的解釈可能性）を要求するタイプのメタ理論が、メタ理論的な成果（論理的観念の形式的に正しく実質的に適合している定義）を得るのに十分だということであって、そうした理論が必要だということではない。アントネッリとメイによれば、フレーゲの「独立性証明」がわれわれに示しているのは、そのためにはタルスキ型のモデル論は必要ではないということなのだ（cf. ibid: 168-169）。かくして彼らは、普遍主義的解釈者が強調するフレーゲ論理学の普遍性を逆手にとって（160頁を参照せよ）、次のように主張する。

> [...] フレーゲの見方は、メタ理論一般と、つまりわれわれのいう意味での外在主義と、両立不可能なわけではない。フレーゲの論理学は普遍的であるがゆえに、命題を主題としてもつ応用はありうる。この応用の内部でメタ理論的帰結を立証することは、当の言語それ自身の内部で、それらの命題についての定理を証明することであるだろう。（ibid.: 173）

しかしながら、以上の論証はきわめて空想的であると言わざるをえない。アントネッリとメイは、歴史的にはモデル論の発展と共に数学・論理学・哲学の分野に浸透してきたメタ理論やメタ理論的証明という観念を、その現実の歴史的母胎から切り離すことは可能であると主張し、それゆえモデル論とは本質的に区別される外在主義というものを考えることは可能であると主張し、そこから、フレーゲがヒルベルトに抗して拒絶していたものを（論理学の対象は思想

であって、思想には解釈の余地などないという彼の確信と両立不可能な）モデル論的な特殊外在主義とみなし、「幾何学」第Ⅲ節が思想そのものを研究対象とする「新領域」の証明を素描しているという事実を指摘して、よって、フレーゲには実際に非モデル論的なメタ理論の構想があったのだと結論づけている。しかしながら、ヒルベルトによる平行線公理の独立性証明に対する（「幾何学」第Ⅱ節までの）拒絶と、第Ⅲ節の「新領域」における独立性証明の素描とのあいだに、外在主義一般の統語論的‐意味論的中立性という考えを差し挟んでから推理をするのは、明らかにフレーゲ解釈の枠をはみ出している。なぜなら、問題の「独立性証明」は、狭い意味ではヒルベルトのやり方とは違うが、広い意味では彼の目指しているのと同じく思想を直接の研究対象とする非伝統的数学（あるいはメタ論理）の一部だという考えなど、フレーゲの念頭にはまったくなかったはずだからである。むしろ、フレーゲが「幾何学」論文で最後までヒルベルトに認めさせようとしているのは、「公理」という語を定義も解明もしないで証明内で使ってしまっていることの非なのである。

> 「公理」という語が、数学において単に表題としてしか使われていなかったあいだは、この言葉に揺れがあっても我慢することができた。しかし、ある公理が他の諸公理から独立か否かという問いが立てられてからというもの、この語は本文そのものの中に登場するようになり、それが何を表示するのかについて何ごとかが主張されたり証明されたりするようになっている。そこで、この語の意味について完全な合意を形成することが必要となる。ヒルベルト氏は、すでに彼の著作の初版［『幾何学の基礎』(1899)］で、公理の定義か、あるいはそれが不可能に思えたのだとしたら、解明を与えておくべきだったのである。［…］かくして、彼が本来何を証明したつもりでいるのか、そのためには論理のであれ論理外のであれどんな法則や補助手段が彼には必要なのか、といったことが完全に曖昧なままになっている。(GG-Ⅲ: 429f.)

逆に、現代のわれわれにしか見えないはずの可能性の想定に基づいて過去の事実を解釈する空想的な論証に反して、フレーゲ本人が自身の提案した「独立

性証明」を最終的には有望だと見ていなかったことを示す事実や、彼自身の観点とは別に、その種の非モデル論的メタ理論の可能性や有望さに疑いを投げかける論拠なら、いくつも存在する。それらは、メタ理論的解釈と解明的解釈の対立に最終的な決着をつけるものであるとは到底言えないが、いま再現したアントネッリとメイの結論とは反対の見解を支持するのに決定的であるとは言えるであろう。最後にそれらを確認して、本書を閉じることにしよう。

4.4.3 「新領域」の独立性証明の問題点

　まず、これは傍証としても決定的であるとはとても言えないが、自身の「1906年のメタ理論への進出」に対するそれ以降のフレーゲの態度は、どう贔屓目に見ても、論理学の新しい有望な展開あるいは内的応用に対するそれではない、ということが指摘できる（cf. Ricketts 1998: 151）。たとえば1910年に書かれたと推定されるジャーデイン宛書簡では、「平行線公理の証明不可能性［独立性］を証明することはできない。見たところ証明しているように思えるとしたら、「公理」という語を伝統的な意味とはまったく異なる意味で使用しているのである」（WB: 119）と言われた後に1906年の「幾何学」論文への参照指示がなされているだけで、同論文第III節で彼が提示した「新領域」での証明可能性についてはまったく触れられていない。また、1914年の草稿「数学における論理」（LM）においてもヒルベルトの『幾何学の基礎』の公理の無矛盾性証明や独立性証明に対する批判が繰り返されているが、その論旨は「幾何学」論文の第II節の繰り返しであり、ヒルベルトが「公理」という語を伝統から外れた非ユークリッド的な意味で使っていることが最大の問題であるということが諄々と説かれているだけで、第III節の内容にはまったく言及がない（cf. LM: 266-270）。こうした態度は、1906年の数学の「新領域」での独立性証明の素描に対するフレーゲ自身の視点の中にメタ理論的解釈者たちが読み込んでいる評価と、はたして整合的だろうか。むしろフレーゲは、実際には「幾何学」論文第II節のヒルベルト（ならびにコルゼルト）批判をもって、すでにメタ理論一般の可能性を排除していたのだと見るほうが理に適っているのではなかろうか。

　また、問題の独立性証明で採用されている「入れ替え」の方法についても、

メタ理論的解釈にとって都合のよい面ばかりが強調されているように思われる。たしかにフレーゲは問題の第Ⅲ節で、この「新領域」での証明には、「そう容易には言い表せないような法則」、「論理法則の形式的本性の発露」とでも言うべき法則（GG-Ⅲ: 426）が必要であると宣言したのちに、例の語彙対照表を用いた入れ替えの方法を提案している。「論理法則の形式的本性」ということでフレーゲが言わんとしているのは、論理法則は論理外の対象がどうあろうとも意に介さないという、おそらくほとんどの論理学者や哲学者に共有されている直観であろう。そして、この直観をきちんと定式化することによって論理的なもの一般について何かを証明しようと思うなら、一定の可能な入れ替えのもとで不変という観念に訴えるのが適切であることも、そしてフレーゲ自身も実際にそう考えたであろうことも、おそらく疑いなかろう。とはいえ、フレーゲのやり方において入れ替えられるのは、あくまで言語表現そのものであって、モデル論におけるようにドメインの個体ではない*143。この違いを無視してはたしてどこまで両者の「入れ替え」の方法の同一性や類似性について語ることができるのかは、けっして決着済みの問題ではない。実際、タルスキはある論文（Tarski 1936b）の中で論理的帰結の観念を特徴づけるために両タイプの「入れ替え」方法を検討し、結果としてその一方だけを採用しているのである*144。

第1の方法は、問題の第Ⅲ節でのフレーゲのものとよく似ており、文クラスKから文Xが論理的に帰結するのは、Kの文とXの論理定項以外のすべての定項を同一タイプの他の定項と置換した結果であるK′とX′について、K′のすべての文が真であるならX′も真である場合であり、その場合だけだ、というものである。タルスキによれば、この条件は論理的帰結の形式性（論理的帰結は文の諸形式のあいだの関係であって、Kに属する文やXが指示する対象についての経験的知識には左右されないという直観的特徴）は捉えているけれども、もう

---

*143 これは、ほかならぬアントネッリとメイも指摘している論点である。ところが彼らは、その差異が何を意味するかをまったく吟味することなく、その意味ではタルスキ以降のモデル論もフレーゲも、一定の変形の下での普遍性を通じて幾何学的観念を特徴づけることを目指すエアランゲン・プログラムに基礎を置くのは間違いない、と断ずるのである。Cf. Antonelli & May 2000: 176-177, 186, n. 27.

*144 これについては三平 2005: 66-68 に詳しい。また Antonelli & May 2000: 185, n. 26 をも参照せよ。

ひとつの重要な特徴である必然性（X が K の論理的帰結である場合、X は K から必然的に出てくるのであり、言い換えれば、K の文がすべて真でありながら X が偽であるようなことはありえないという直観的特徴）を捉え損ねている。この第1の表現の入れ替えの方法が形式性と同時に必然性も再現できるのは、すべての論理外定項――すべての可能な対象の表示句――が当該言語にそなわっている場合だけであるが、しかしそのようなことは実現不可能である。こうしてタルスキは、もうひとつの「意味論」による方法、つまりモデルを使った方法を採用する。ここでモデルとは次のように規定される。すなわち、任意の文クラス L に属するすべての文に現れるすべての論理外定項を変項と置換することで、文関数のクラス L' を得たうえで、この L' のすべての文関数を充足する任意の対象列を L のモデルとするのである。こうして、論理的帰結の形式性と必然性は、「文 X がクラス K の文から論理的に帰結するのは、クラス K のどのモデルも文 X のモデルでもある場合であり、その場合にかぎる」（Tarski 1936b: 417）によって再現されることになる。

ここで、フレーゲの「入れ替え」の方法が、タルスキの放棄した第1の方法と同じ欠陥を抱えていることは明白である。そうだとすれば、フレーゲとタルスキのやり方を根本的には同じとみなして前者にメタ理論への展望を帰属させることに、どれほどの意義があるのか疑わしくなるであろう[*145]。

最後に、もっとも深刻だと思われる問題点を指摘しておこう。それは、フレ

[*145] アントネッリとメイは、第1の方法に対するタルスキの批判がフレーゲに対しても有効であることを疑っているようだが、その論拠は、フレーゲ的な〈意義〉と〈意味〉の関係についての彼らの伝統的な解釈にある。「フレーゲがそうした批判によって動かされるかというと、それは明らかではない。なぜなら彼にとってこれは、［当の対象を指示対象として］確定する意義をもたないような対象が存在すると主張することに等しいだろうからである。フレーゲにとっての対象とは、指示対象（Bedeutung）となりうるもののことであるが、なにものも、それを指示対象として確定する意義なしには指示対象たりえない。どんな意義も原理的には把握可能であり、よって概念記法の記号で表現できるがゆえに、言語は対象の宇宙に相対的に完全な表現力をもつのである」（Antonelli & May 2000: 185, n. 26）。しかし、表現の意味は表現の意義を介して与えられるとする考えをこのようにフレーゲに帰することは、フレーゲ的〈意義〉をラッセルの確定記述句と同化し、それによって、意義が意味を確定するという「内包主義」の立場に対して前世紀後半の言語哲学の分野でなされた猛攻撃に、フレーゲの言語哲学を晒すことになる。しかしながらこの見方は、表現の〈意義〉をそもそも「表示されたものがどう与えられてあるかということ〔Art des Gegebenseins des Bezeichneten〕」（SB: 26）として規定していたフレーゲの真意をないがしろにするものである。これについては荒畑 2009: 284-287 を参照されたい。

ーゲの語彙対照表による「入れ替え」の方法がそもそも機能しうるためには、入れ替えを免除されるべき——左右の欄で同一であるべき——論理的語彙が一意的に確定できるのでなければならないという問題である。われわれの約定した論理的語彙が論理的語彙のすべてであることを知る方法が存在しなかったとしたら、本来なら入れ替えを免除されるべき論理語を誤って入れ替えてしまうかもしれず、本当は思想グループΩから独立でない（論理的に推論できる）思想 G を誤って独立だと判定してしまうかもしれない。よって、独立性テストがそもそも機能しうるためには、論理的なものを非論理的なものから分かつための明確な規準が必要なのである。だがこれは、論理的なものについて明確で完全な観念がすでに与えられていることを意味する。しかし、本書のこれまでの議論を所与とするなら、フレーゲがそうした観念を前提できたと想定することなど到底不可能なはずである。

このことは当然フレーゲも自覚していた。彼は「幾何学」第Ⅲ節で問題の独立性証明を素描し終えた後に、次のように述懐しているのである。

> こうしてひとは、ある本来的公理が他の本来的諸公理から独立であることの証明を成功させる見込みのある方策を、おおよそのところ認識することができるだろう。もちろん、これをより正確に実行するには、まだ多くのものが欠けている。とりわけ、この最後の基本法則、わたしがあの語彙表を使って解明しようとしてきた基本法則は、なおいっそう正確に定式化される必要があるということ、しかもそうした定式化が容易ではなかろうということが、判明するだろう。さらに、論理的推論とは何であり、論理学に本来属するものとは何であるのかということも、はっきり取り決めておかねばならないだろう。[…] これらの問題を簡単に片づけることなどできないことはおそらく明らかであろうし、だからまた、これらの探究をここでこれ以上続ける努力をするつもりはわたしにはない。(GG-Ⅲ: 429; 強調引用者)

本項でここまで論じてきたことを背景としてこの文章を読むなら、これをフレーゲの「メタ論理への進出」宣言ではなく、むしろ撤退宣言として聞くほう

が理に適っている。問題の独立性証明の試みが —— 正確な定式化を断念しつつも —— なんとか理解させようと苦心している（cf. ibid.: 426）ものが「論理法則の形式的本性の発露」であるかぎり、それはたしかに論理法則にまつわる事実であり、したがって —— 本書が主張してきたように —— 実在を支配するもっとも普遍的な法則にまつわる事実である。しかしそうだとすればなおさら、フレーゲの論理観によれば、そうしたものを論理学の拡張としておこなおうとする試みは、皮肉にも論理学ではなくならざるをえないのである。

あとがき

　本書のタイトルは、本書の主人公であるゴットロープ・フレーゲ自身の言葉ではなく、L・ウィトゲンシュタインのよく知られた言葉——「論理は世界を満たす。世界の限界は論理の限界でもある」(『論理哲学論考』5.61)——からとられたものである。このねじれは、本書の誕生の経緯に由来する。おそらく5年前くらいまでは、それまでの研究の集大成として、L・ウィトゲンシュタインとM・ハイデガーという、20世紀を代表する2人の哲学者を、彼らの哲学的方法という観点から比較検討した一書をまとめようと考えていた。彼らを一緒に扱った研究書や研究論文は、それほど多くないとはいえ、あるにはある。しかし、論じられている内容や論述のスタイルの点では似ても似つかない『論理哲学論考』と『存在と時間』を、方法の共有という点から読み解こうとした研究は世界的に見ても類例がないと思われたのである。それをわたしはそれぞれ、ウィトゲンシュタインの「示し (Zeigen)」の方法とハイデガーの「形式的告示 (formale Anzeige)」の方法として取り出そうとしていた。ところが、この研究構想を具体的に肉づけしようとしてあれこれ読んだり書いたりしているうちに、彼らの方法の独自性と、なによりもその眼目を明らかにするためには、どうしても他の哲学者の、しかも彼らが哲学的方法の点でそれぞれ決定的な影響を受けながらも、それを乗り越えることで独自の方法を彫琢していった、そんな当て馬を物語に登場させることが必要だと思われたのである。「当て馬」というと聞こえは悪いが、いわば彼らの大恩ある師匠筋に当たる哲学者たちである。ハイデガーの場合それは現象学の創始者であるE・フッサールであり、ウィトゲンシュタインの場合は——本書を読んで頂いた方ならすでにお分かりだと思うが——B・ラッセルではなく、フレーゲだったのである。

　しかし、わたしはここでも自分の見込みの甘さを思い知らされることになった。フレーゲの書いたものを読み進めるほどに、彼が、わたしの本の序論部分で当て馬として扱えるようなスケールの哲学者ではないことが否応なく明らか

になっていったのである。とりあえずそれまでの研究成果を試行的にまとめておこうと——そしてできればこれを序論にしてしまえと目論んで——書いた論文がある。それが5年前に書いた「フレーゲの「形而上学」と「方法」——汎論理主義と解明」(『ヨーロッパ文化研究』成城大学大学院文学研究科紀要第33集、2014年、pp. 29-120)である。この論文は結果として本書の第1章の前半(1.1～1.3.1)、第2章、そして第3章の一部(3.1～3.3)の元となったものだが、ウィトゲンシュタインの当て馬としてのフレーゲの姿を描ききろうとしただけでこの分量(約65,000字)になってしまった時点で、わたしはすでにフレーゲに夢中になっていたのだと思う。本文でも何度も強調したように、フレーゲは言語哲学や論理学の歴史博物館に入れてしまうにはあまりにももったいない存在である。本書がそのことを読者にすこしでも印象づけることができたなら、筆者としては望外の喜びである。

本編ができあがっていないし、できあがる予定もいまのところないので、こういうのはスピンオフとは言わないのだろうが、5年前のわたしにはとても想像できなかった本がそれこそ瓢箪から駒のように出版されることになったことに、わたし自身がいちばん驚いている。しかしもちろん、本書がこのように刊行にまでたどり着けたのは、多くの方々から教示・支援・叱咤激励をいただいたおかげである。そうした方々に、この場を借りてお礼を述べさせていただきたい。

まず第一にお礼を申し上げたいのは、首都大学東京(悦ばしいことにもうすぐ伝統ある「東京都立大学」に戻る)の岡本賢吾教授である。岡本先生は、小さな研究会で本書の原稿の一部を発表する機会に何度もお越しくださり、そのたびに多くのご批判と有益なご教示を賜った。けっして大げさではなく(また冗談でもなく)、本書の最終稿の一行一行は岡本先生を想定上の読者として仕上げられたと言える。それはたぶん、本書をいちばん最初にいちばん真剣に読んで、いちばん真面目に(たぶんメタクソに)批判してくれそうなのが、岡本先生だからなのである。この場を借りて衷心よりお礼を述べさせていただきます。

また、昨年度わたしが慶應義塾大学文学部で開講した「哲学倫理学特殊ⅠB・ⅡB」に出席して毎回熱心にリアクションペーパーを書いてくれた学生諸君にも感謝いたします。できあがった原稿をコピーして学生に配布し、指名し

て段落ごとに読み上げさせ、口頭でまとめさせる、というムチャな授業によくついてきてくれたと思うが、わたしの文章に対する彼らの誤解、彼らの素朴な疑問、そしてもっともな批判のおかげで、わたしの独善的な文章はかなりましになった、と思いたい。本当なら覚えているかぎりの学生の名を挙げておきたいところだが、万が一漏れがあった場合不公平になるので、やめておきます。ともあれ、皆さん、どうもありがとうございました。

また、本当に藪から棒に持ち込んだこんな売れそうもない原稿の刊行を、たいした注文もつけずにご快諾くださり、あまつさえメールで「失礼な言い方になってしまいますが、相当に専門的な研究書であるにもかかわらず、意外に売れるのではないかなと思っています」というありがたいお言葉を頂いた、勁草書房編集部の渡邊光さんに感謝申し上げます。渡邊さんの予言が当たりますように！

最後に、わたしの愚かなミスと面倒な注文でさんざんご迷惑をおかけしたにもかかわらず、このようなものすごく素敵なカバーをデザインして頂いた寺山祐策さんに、心より感謝いたします。

私事になるが、本書の原稿を書いているあいだに、私の人生には大きな変化がいくつかあった。そのうちのひとつが、父親の死去である。たぶん何歳で死なれてもそう思うのだろうが、比較的若い父親だったために、逝くのがあまりにも早すぎる気がした。死なれるまでありがたみが分からないとは、なんとも親不孝な息子だが（いや、それこそ息子らしいのかもしれないが）、最近とみに父親に似てきたと言われても、以前ほど嫌ではなくなってきている。たぶん書いてあることは一行も理解してもらえなかったと思うが、本書の刊行をこの世でいちばん喜んでくれた人だったのではないかとも思うのである。

本書を亡父・憲一に捧げる。

2019年（令和元年）7月24日
神奈川県川崎市にて　　　　　　　　　　　　　　　　　　荒畑　靖宏

〈フレーゲ著作略記〉

AD: „Aufzeichnungen für Ludwig Darmstaedter" (1919) in: NS, S. 273-277.〔「ダルムシュテッターへの手記」野本和幸【訳】,『フレーゲ著作集 4 哲学論集』黒田亘・野本和幸【編】, 勁草書房, 1999 年, pp. 263-269.〕

ASB: „Ausführungen über Sinn und Bedeutung" (1892-1895) in: NS, S. 128-136.〔「意義と意味詳論」野本和幸【訳】,『フレーゲ著作集 4 哲学論集』黒田亘・野本和幸【編】, 勁草書房, 1999 年, pp. 103-113.〕

B: *Begriffsschrift, eine der arithmetischen nachgebildete Formelsprache des reinen Denkens* (1879) in: Ignacio Angelelli (hrsg.), *Begriffsschrift und andere Aufsätze*. Zweite Auflage mit E. Husserls und H. Scholz' Anmerkungen. Georg Olm, 1964——引用頁数は初版 (Verlag von Louis Nebert, 1879) に従う.〔『概念記法——算術の式言語を模造した純粋な思考のための一つの式言語』藤村龍雄【訳】,『フレーゲ著作集 1 概念記法』藤村龍雄【編】, 勁草書房, 1999 年, pp. 1-127.〕

BG: „Über Begriff und Gegenstand" (1892) in: FBB, S. 47-60; KS, S. 167-178——引用頁数は初出 (Vjschr. f. wissensch. Philosphie 16, 1892, S. 192-205) に従う.〔「概念と対象について」野本和幸【訳】,『フレーゲ著作集 4 哲学論集』黒田亘・野本和幸【編】, 勁草書房, 1999 年, pp. 49-70.〕

BHP: „Über die Begriffsschrift des Herrn Peano und meine eigene" (1896) in: KS, S. 220-233——引用頁数は初出 (Berichte über die Verhandlungen der königlich sächsischen Gesellschaft der Wissenschaften zu Leipzig. Mathematisch-Physische Klasse. 48. Band, 1896, S. 361-378) に従う.〔「ペアノ氏の概念記法と私自身のそれについて」戸田山和久【訳】,『フレーゲ著作集 1 概念記法』藤村龍雄【編】, 勁草書房, 1999 年, pp. 225-247.〕

BrLB: „Booles rechnende Logik und die Begriffsschrift" (1880/81) in: NS, S. 9-52.〔「ブールの論理計算と概念記法」戸田山和久【訳】,『フレーゲ著作集 1 概念記法』藤村龍雄【編】, 勁草書房, 1999 年, pp. 137-200.〕

EL: „Einleitung in die Logik" (1906) in: NS, S. 201-212.〔「論理学入門」野本和幸【訳】,『フレーゲ著作集 4 哲学論集』黒田亘・野本和幸【編】, 勁草書房, 1999 年, pp. 169-187.〕

EM: „Erkenntniquellen der Mathematik und der mathematischen Naturwissenschaften" (1924/1925) in: NS, S. 286-294.〔「数学と数学的自然科学の認識源泉」金子洋之【訳】,『フレーゲ著作集 5　数学論集』野本和幸・飯田隆【編】, 勁草書房, 2001 年, pp. 297-309.〕

FB: „Funktion und Begriff" (1891) in: FBB, S. 2-22; KS, S. 125-142——引用頁数は初出 (1891 年の私家版講演録 *Funktion und Begriff*, H. Pohle, 1891) に従う.〔「関数と概念」野本和幸【訳】,『フレーゲ著作集 4　哲学論集』黒田亘・野本和幸【編】, 勁草書房, 1999 年, pp. 15-47.〕

FBB: *Funktion -Begirff- Bedeutung*. Hrsg. v. Mark Taylor, Vandenhoeck & Rubrecht, 2002.

FPT: „Gottlob Freges politisches Tagebuch. Mit Einleitung und Kommentar", hrsg. v. Gottfried Gabriel und Wolfgang Kienzler in: Deutsche Zeitschrift für Philosophie, 42 (1994), 6, S. 1057-1098.〔「フレーゲの「日記」[1924 年 3 月 10 日〜5 月 9 日]」樋口克己・石井雅史【訳】,『フレーゲ著作集 6　書簡集 付［日記］』野本和幸【編】, 勁草書房, 2002 年, pp. 321-383.〕

FTA: „Über Formale Theorie der Arithmetik" (1885) in: KS, S. 103-111——引用頁数は初出 (Sitzungsberichte der Jenaischen Gesellschaft für Medizin und Naturwissenschaft für das Jahr 1885, Jena Verlag von G. Fischer, 1885 (Sitzung vom 17. Juli 1885), Suppl. z. JZN, 19, N. F. Bd. 12, 1885/86, S. 94-104) に従う.〔「算術の形式理論について」渡辺大地【訳】,『フレーゲ著作集 2　算術の基礎』野本和幸・土屋俊【編】, 勁草書房, 2001 年, pp. 175-187.〕

G: „Der Gedanke — eine logische Untersuchung: Logische Untersuchungen, Erster Teil" (1918) in: LU, S. 35-62; KS, S. 342-362——引用頁数は初出 (Beiträge zur Philosophie des deutschen Idealismus. 1. Band, 1918/19, S. 58-77) に従う.〔「思想——論理探究［Ⅰ］」野本和幸【訳】,『フレーゲ著作集 4　哲学論集』黒田亘・野本和幸【編】, 勁草書房, 1999 年, pp. 203-235.〕

Gg: „Gedankengefüge — eine logische Untersuchung: Logische Untersuchungen, Dritter Teil" (1923) in: LU, S. 85-107; KS, S. 378-394——引用頁数は初出 (Beiträge zur Philosophie des deutschen Idealismus. 3. Band, 1923/26, S. 36-51) に従う.〔「複合思想——論理探究［Ⅲ］」髙橋要【訳】,『フレーゲ著作集 4　哲学論集』黒田亘・野本和幸【編】, 勁草書房, 1999 年, pp. 271-302.〕

GG-I: „Über die Grundlagen der Geometrie" (1903) in: KS, S. 262-266——引用頁数は初出 (Jahresbericht der Deutschen Mathematiker-Vereinigung, 12. Band, 1903, S. 319-324) に従う.〔「幾何学の基礎について［1903］」田村祐三【訳】,『フレーゲ著作集 5　数学論集』野本和幸・飯田隆【編】, 勁草書房, 2001 年,

pp. 75-81.〕

GG-II: „Über die Grundlagen der Geometrie II" (1903) in: KS, S. 267-272 ―― 引用頁数は初出（Jahresbericht der Deutschen Mathematiker-Vereinigung, 12. Band, 1903, S. 368-375）に従う.〔「幾何学の基礎についてII［1903］」田村祐三【訳】,『フレーゲ著作集5 数学論集』野本和幸・飯田隆【編】, 勁草書房, 2001年, pp. 83-91.〕

GG-III: „Über die Grundlagen der Geometrie" (1906) in: KS, S. 281-323 ―― 引用頁数は初出（Jahresbericht der Deutschen Mathematiker-Vereinigung, 15. Band, 1906, S. 293-309, 377-403, 423-430）に従う.〔「幾何学の基礎について［1906］」田村祐三・岡本賢吾・長沼淳【訳】,『フレーゲ著作集5 数学論集』野本和幸・飯田隆【編】, 勁草書房, 2001年, pp. 93-186.〕

GGA-I: *Grundgesetze der Arithmetik* I (1893) in: *Grundgesetze der Arithmetik, begriffsschriftlich abgeleitet von Gottlob Frege* I/II und mit Ergänzungen zum Nachdruck von Christian Thiel, Georg Olms, 2009.〔『算術の基本法則 G. フレーゲにより概念記法的に導出された』第I巻, 野本和幸・横田榮一【訳】,『フレーゲ著作集3 算術の基本法則』野本和幸【編】, 勁草書房, 2000年, pp. 1-241.〕

GGA-II: *Grundgesetze der Arithmetik* II (1903) in: *ibid.*〔『算術の基本法則』第II巻, 野本和幸・横田榮一・金子洋之【訳】,『フレーゲ著作集3 算術の基本法則』野本和幸【編】, 勁草書房, 2000年, pp. 243-434.〕

GLA: *Die Grundlagen der Arithmetik: Eine logisch mathematische Untersuchung über den Begriff der Zahl* (1884). Hrsg. v. Christian Thiel, Felix Meiner, 1986 ―― 引用頁数は初出（Verlag von Wilhelm Koeber, 1884）に従う.〔『算術の基礎』三平正明・土屋俊・野本和幸【訳】,『フレーゲ著作集2 算術の基礎』野本和幸・土屋俊【編】, 勁草書房, 2001年, pp. 25-174.〕

KBS: „Kritische Beleuchtung einiger Punkte in E. Schröders Vorlesungen über die Algebra der Logik," (1895) in: LU, S. 109-132; KS, S. 193-210 ―― 引用頁数は初出（Archiv für Philosophie. II. Abt. N. F. d. Philosoph. Monatshefte: Archiv für systematische Philosophie. I. Heft 4, 1895, S. 433-456）に従う.〔「E. シュレーダー『論理代数講義』における幾つかの点についての批判的解明」藤村龍雄・大木島徹【訳】,『フレーゲ著作集5 数学論集』野本和幸・飯田隆【編】, 勁草書房, 2001年, pp. 47-73.〕

KS: *Gottlob Frege: Kleine Schriften*. Hrsg. v. Ignacio Angelelli, 2. Auflage, Georg Olms, 1990.

KU: „Kurze Übersicht meiner logischen Lehren" (1906) in: NS, S. 213-218.〔「私の論

理的教説概観［1906］」野本和幸【訳】,『フレーゲ著作集 4　哲学論集』黒田亘・野本和幸【編】, 勁草書房, 1999 年, pp. 189-197.〕

L-I: „Logik [I]" (1879-1891) in: NS, S. 1-8.〔「論理学［I］［1879-1891］」大辻正晴【訳】,『フレーゲ著作集 4　哲学論集』黒田亘・野本和幸【編】, 勁草書房, 1999 年, pp. 1-11.〕

L-II: „Logik [II]" (1897) in: NS, S. 137-163.〔「論理学［II］［1897］」関口浩喜・大辻正晴【訳】,『フレーゲ著作集 4　哲学論集』黒田亘・野本和幸【編】, 勁草書房, 1999 年, pp. 115-155.〕

LA: „Logische Allgemeinheit" (nicht vor 1923) in: NS, S. 278-283.〔「論理的普遍性——論理探究［IV］［1923 以後］」髙橋要【訳】,『フレーゲ著作集 4　哲学論集』黒田亘・野本和幸【編】, 勁草書房, 1999 年, pp. 303-311.〕

LE: „Meine grundlegenden logischen Einsichten" in: NS, S. 271-272.〔「論理学上の私の根本的洞察［1915］」野本和幸【訳】,『フレーゲ著作集 4　哲学論集』黒田亘・野本和幸【編】, 勁草書房, 1999 年, pp. 199-201.〕

LM: „Logik in der Mathematik" (1914) in: NS, S. 219-270.〔「数学における論理［1914 春］」田畑博敏【訳】,『フレーゲ著作集 5　数学論集』野本和幸・飯田隆【編】, 勁草書房, 2001 年, pp. 219-296.〕

LU: *Gottlob Frege: Logische Untersuchungen*. Hrsg. v. Günter Patzig, [5]2003, Vandenhoeck & Rubrecht.

NS: *Gottlob Frege: Nachgelassene Schriften*. Hrsg. v. Hans Hermes, Friedrich Kambartel u. Friedrich Kaulbach, 2. Auflage, Felix Meiner, 1983.

NV: „Neuer Versuch der Grundlegung der Arithmetik" (1924/25) in: NS, S. 298-302.〔「算術の基礎づけにおける新たな試み」金子洋之【訳】,『フレーゲ著作集 5　数学論集』野本和幸・飯田隆【編】, 勁草書房, 2001 年, pp. 315-321.〕

RH: „Rezension von E. G. Husserl, Philosophie der Arithmetik I" (1894) in: KS, S. 179-192——引用頁数は初出 (Zeitschrift für Philosophie und philosophische Kritik, N. F. 103, 1894, S. 313-332) に従う.〔「E. G. フッサール『算術の哲学』I の書評」斉藤了文【訳】,『フレーゲ著作集 5　数学論集』野本和幸・飯田隆【編】, 勁草書房, 2001 年, pp. 27-46.〕

S: „Über Schoenflies: Die logischen Paradoxen der Mengenlehre" (1906) in: NS, S. 191-199.〔「シェーンフリース「集合論の論理的パラドクス」について」岡本賢吾【訳】,『フレーゲ著作集 5　数学論集』野本和幸・飯田隆【編】, 勁草書房, 2001 年, pp. 187-217.〕

SB: „Über Sinn und Bedeutung" (1892) in: FBB, S. 23-46; KS, S. 143-162——引用頁

数は初出（Ztschr. f. Philos. u. philos. Kritik, N. F. 100, 1892, S. 25-50）に従う。〔「意義と意味について」土屋俊【訳】，『フレーゲ著作集 4 哲学論集』黒田亘・野本和幸【編】，勁草書房，1999 年，pp. 71-102.〕

TG: „Über das Trägheitsgesetz" (1891) in: KS, S. 113-124 —— 引用頁数は初出（Ztschr. f. Philos. u. philos. Kritik, 98, 1891, S. 145-161）に従う。〔「慣性法則について」丹治信春【訳】，『フレーゲ著作集 5 数学論集』野本和幸・飯田隆【編】，勁草書房，2001 年，pp. 1-18.〕

V: „Die Verneinung — eine logische Untersuchung: Logische Untersuchungen, Zweiter Teil" (1918) in: LU, S. 63-83; KS, S. 362-378 —— 引用頁数は初出（Beiträge zur Philosophie des deutschen Idealismus, 1. Band, 1918/19, S. 143-157）に従う。〔「否定 —— 論理探究［Ⅱ］」野本和幸【訳】，『フレーゲ著作集 4 哲学論集』黒田亘・野本和幸【編】，勁草書房，1999 年，pp. 237-262.〕

WB: *Gottlob Frege: Wissenschaftlicher Briefwechsel*. Hrsg. v. Gottfried Gabriel, Hans Hermes, Friedrich Kambartel, Christian Thiel u. Albert Veraart, Felix Meiner, 1976. 〔抄訳『フレーゲ著作集 6 書簡集 付［日記］』野本和幸【編訳】・野家伸也・小林道夫・松田毅・三平正明・土屋純一・岡本賢吾・中川大・長谷川吉昌・田畑博敏・樋口克己・石井雅史【訳】，勁草書房，2002 年，pp. 75-81.〕

WBB: „Über die wissenschaftliche Berechtigung einer Begriffsschrift" (1879) in: FBB, S. 70-76 —— 引用頁数は初出（Ztschr. f. Philos. und philos. Kritik, N. F. 81, 1882, S. 48-56）に従う。〔「概念記法の科学的正当化について」藤村龍雄・大木島徹【訳】，『フレーゲ著作集 1 概念記法』藤村龍雄【編】，勁草書房，1999 年，pp. 201-210.〕

WF: „Was ist eine Funktion?" (1904) in: FBB, S. 61-69; KS, S. 273-280 —— 引用頁数は初出（Festschrift für Ludwig Boltzmann. Gewidmet zum sechzigsten Geburtstage 20. Februar 1904, Johann Ambrosius Barth 1904, S. 656-666）に従う。〔「関数とは何か」野本和幸【訳】，『フレーゲ著作集 4 哲学論集』黒田亘・野本和幸【編】，勁草書房，1999 年，pp. 157-168.〕

ZA: „Zahlen und Arithmetik" (1924/25) in: NS, S. 295-297. 〔「数と算術」金子洋之【訳】，『フレーゲ著作集 5 数学論集』野本和幸・飯田隆【編】，勁草書房，2001 年，pp. 311-314.〕

ZB: „Über den Zweck der Begriffsschrift" (1882/83) in: *Begriffsschrift und andere Aufsätze*, S. 97-106 —— 引用頁数は初出（Jenaische Zeitschrift für Naturwissenschaft, 16. Band, 1882/3, Suppl. S. 1-10）に従う。〔「概念記法の目的について」藤村龍雄・大木島徹【訳】，『フレーゲ著作集 1 概念記法』藤村龍雄【編】，勁

草書房，1999 年，pp. 211-224.〕

〈参照文献〉

Anscombe, G. E. M. (1971): *An Introduction to Wittgenstein's Tractatus. Themes in the Philosophy of Wittgenstein*. St. Augustine's Press.
Antonelli, Aldo and May, Robert (2000): "Frege's New Science" in: *The Notre Dame Journal of Formal Logic* **41** (3), pp. 242-270.
荒畑靖宏 (2009):『世界内存在の解釈学 ハイデガー「心の哲学」と「言語哲学」』, 春風社.
Beaney, Michael and Erich H. Reck, Erich H. (eds.) (2005a): *Gottlob Frege: Critical Assessments of Leading Philosophers*, Vol. II, *Frege's philosophy of Logic*. Routledge.
—— (2005b): *Gottlob Frege: Critical Assessments of Leading Philosophers*, Vol. IV, *Frege's philosophy of Thought and Language*. Routledge.
Black, Max (1964): *A Companion to Wittgenstein's Tractatus*. Cornell U. P.
Boole, George (1854): *An Investigation of the Laws of Thought, on which are founded the mathematical theories of logic and probabilities*. Dover edition, 1958.
Boolos, George (1987): "The Consistency of Frege's Foundations of Arithmetic" in: J. J. Thomson (ed.), *On Being and Saying: Essays for Richard Cartwright*. MIT Press, pp. 3-20, repr. in Demopoulos (1995), pp. 211-233.
—— (1990): "The Standard of Equality of Numbers" in: G. Boolos (ed.), *Meaning and Method: Essays in Honor of Hilary Putnam*. Cambridge U. P., 1990, pp. 261-277, repr. in Demopoulos (1995), pp. 234-254.
—— (1998): "Is Hume's Principle Analytic?" in: G. Boolos, *Logic, Logic, and Logic*, with Introductions and Afterword by J. P. Burgess, edited by R. Jeffrey, Harvard U. P., 1998, pp. 301-314.
Burge, Tyler (1984): "Frege on Extensions of Concepts, from 1884 to 1984" in: *The Philosophical Review*, **93** (1), pp. 3-34.
Burges, John P. (1995): "Frege and Arbitrary Functions" in: Demopoulos (1995), pp. 89-107.
Carnap, Rudolf (1942): *Introduction to Semantics*. Studies in Semantics, Vol. 1. Harvard U. P.

Carroll, Lewis (1895): "What the Tortoise Said to Achilles" in: *Mind* **4** (14), pp. 278-280.
Cartwright, Richard L. (1982): "Propositions of Pure Logic" in: *The Journal of Philosophy* **79** (11), Seventy-Ninth Annual Meeting of the American Philosophical Association, Eastern Division (Nov., 1982), pp. 689-692.
Conant, James (1991): "The Search for Logically Alien Thought: Descartes, Kant, Frege and the *Tractatus*" in: *Philosophical Topics* **20** (1), pp. 115-180.
—— (2000): "Elucidation and Nonsense in Frege and Early Wittgenstein" in: Crary & Read (2000), pp. 174-217.
Crary, Alice and Read, Rupert (eds.) (2000): *The New Wittgenstein*. Routledge.
Dedekind, Richard (1888): "Was sind und was sollen die Zahlen?" (^{1}1888, ^{6}1930) in: Robert Fricke, Emmy Noether, Richard Dedekind u. Øystein Ore, *Gesammelte mathematische Werke*, Bd. 3. Braunschweig, 1930, S. 335-391.
Demopoulos, William: "Frege, Hilbert, and the conceptual structure of model theory" in: *History and Philosophy of Logic* **15** (2), pp. 211-25.
—— (ed.) (1995): *Frege's Philosophy of Mathematics*. Harvard U. P.
Dreben, Burton and Heijenoort, Jean van (1986): "Introductory note to 1929, 1930 and 1930a" in: Kurt Gödel, *Collected Works* (edited by S. Feferman, J. W. Dawson Jr., S. C. Kleene, G. H. Moore, R. M. Solovay and J. v. Heijenoort), Vol. I, *Publications 1929-1936*. Oxford U. P., 1986, pp. 44-59.
Dummett, Michael (1973): *Frege: Philosophy of Language*. Harvard U. P., ^{2}1981.
—— (1976): "Frege as a Realist" in: *Inquiry* **19** (1-4), pp. 455-492.
—— (1981): *The Interpretation of Frege's Philosophy*. Harvard U. P.
—— (1982): "Objectivity and reality in Lotze and Frege" in: *Inquiry* **25** (1), pp. 95-114.
—— (1991a): *Frege: Philosophy of Mathematics*. Duckworth.
—— (1991b): *The Logical Basis of Metaphysics*. Duckworth.
—— (1995): "The Context Principle: Centre of Frege's Philosophy" in: I. Max and W. Stelzner (eds.), *Logik und Mathematik: Frege-Kolloquium Jena 1993*. de Gruyter, 1995, pp. 3-19, repr. in: Beaney & Reck (2005b), pp. 245-261.
Frank, Hartwig (1991): "Reform Efforts of Logic at mid-nineteenth Century in Germany" (1991) in: W. R. Woodward and R. S. Cohen (eds.), *World Views and Scientific Discipline Formation: Science Studies in the German Democratic Republic, Papers from a German-American Summer Institute, 1988* (Boston Stud-

ies in the Philosophy of Science, Vol. 134), Springer, 1991, pp. 247-258.

Geach, Peter (1976): "Saying and Showing in Frege and Wittgenstein" in: Jaakko Hintikka (ed.), *Essays on Wittgenstein in Honour of G. H. von Wright: Acta Philosophica Fennica*, Fasc. XXVIII (Vol. 28). 1976, pp. 54-70.

―― (2010): "Philosophical Autobiography" in his *Philosophical Encounters*, edited by Harry A. Lewis, Kluwer Academic Publishers, 2010, pp. 1-25.

Goldfarb, Warren D. (1979): "Logic in the Twenties: The Nature of the Quantifier" in: *The Journal of Symbolic Logic* **44** (3), 1979, pp. 351-368.

―― (1982): "Logicism and Logical Truth" in: *The Journal of Philosophy* **79** (11), pp. 692-695.

―― (2001): "Frege's Conception of Logic" in: Juliet Floyd and Stanford Shieh (eds.), *Future Pasts. The Analytic Tradition in Twentieth-Century Philosophy*. Oxford U. P., 2001, pp. 25-41.

Haaparanta, Leila & Hintikka, Jaakko (eds.) (1986): *Frege Synthesized. Essays on the Philosophical and Foundational Work of Gottlob Frege*. D. Reidel Publishing Company.

Heck, Richard G. (1993): "The Devlopment of Arithmetic in Frege's *Grundgesetze der Arithmetik*" in: *The Journal of Symbolic Logic* **58** (2), pp. 579-601, repr. with minor revisions and a Postscript in: Demopoulos (1995), pp. 257-294.

―― (1995): "Definition by Induction in Frege's *Grundgesetze der Arithmetik*" in: Demopoulos (1995), pp. 295-333.

―― (1997): "*Grundgesetze der Arithmetik I* §§ 29-32" in: *Notre Dame Journal of Formal Logic* **38** (3), pp. 437-474.

―― (1999): "*Grundgesetze der Arithmetik I* § 10" in: *Philosophia Mathematica* (3), Vol. 7, pp. 258-292.

―― (2010): "Frege and semantics" in: Michael Potter and Tom Ricketts (eds.), *The Cambridge Companion to Frege*. Cambridge U. P. pp. 342-378.

Heck, Richard G. and Stanley, John (1993): "Reply to Hintikka and Sandu: Frege and second-order logic" in: *The Journal of Philosophy* **90**, pp. 416-424.

Heijenoort, Jean van (1967): "Logic as Calculus and Logic as Language" in: *Synthese* **17**, pp. 324-30.

Hilbert, David (1899): *Grundlagen der Geometrie*, 1. Auflage, *Festschrift zur Feier der Enthüllung des Gauss-Weber-Denkmals in Göttingen*, 1. Teil (S. 1-92). 1899, Leipzig.

Hintikka, Jaakko (1979): "Frege's hidden semantics" in: *Revue international de philosophie* **33**, pp. 716-22.
―― (1981a): "Semantics: a revolt against Frege" in: G. Flöistad (ed.), *Contemporary Philosophy: A New Survey*, vol. 1, Martinus Nijhoff, 1981, pp. 57-82.
―― (1981b): "Wittgenstein's Kantianism" in: Edgar Morscher and Rudolf Stranzinger (eds.), *Ethics, Proceedings of the Fifth International Wittgenstein Symposium*, Hölder-Pichler-Tempsky, 1981, pp. 375-90.
―― (1988): "On the development of the model-theoretic viewpoint in logical theory" in: *Synthese* **77**, pp. 1-36.
Hintikka, Jaakko and Sandu, Gabriel (1992): "The Skeleton in Frege's Cupboard" in: *Journal of Philosphy* **89**, pp. 290-315.
Hintikka, Merril B. and Hintikka, Jaakko (1986): *Investigating Wittgenstein*. Basil Blackwell.
Hylton, Peter (1990): *Russell, Idealism and the Emergence of Analytic Philosophy*, Oxford U. P.
飯田隆 (2003):「『概念記法』の式言語とはどんな言語なのか」,『思想』**954**, pp. 106-122.
井上直昭 (2001):「シーザー問題」,『科学哲学』**34** (1), pp. 49-60.
Kant, Immanuel (1787/1781): *Kritik der reinen Vernunft*, hrsg. v. R. Schmidt, 1. Aufl. 1926, durchgesehener Neudruck 1976.
―― (1977): *Schriften zur Metaphysik und Logik 2. Immanuel Kant Werkausgabe* Bd.VI, Wilhelm Weischedel (hrsg.), Suhrkamp.
Kimhi, Irad (2018): *Thinking and Being*. Harvard. U. P.
Kusch, Martin (1989): *Language as Calculus vs. Language as Universal Medium. A Study in Husserl, Heidegger and Gadamer*. Kluwer Academic Publishers.
Lange, Ludwig (1886): *Die geschichtliche Entwicklung des Bewegungsbegriffs und ihr voraussichtliches Endergebnis*. Leipzig, W. Engelmann, 1886.
Löwenheim, Leopold (1915): „Über Möglichkeiten im Relativkalkül" in: *Mathematische Annalen* **76**, S. 447-470.
Linnebo, Øystein (2004): "Frege's Proof of Referentiality" in: *Notre Dame Journal of Formal Logic* **45** (2), pp. 73-98.
Martin, Edward (1982): "Referentiality in Frege's *Grundgesetze*" in: *History and Philosophy of Logic* **2**, pp. 151-164.
野本和幸 (2012):『フレーゲ哲学の全貌　論理主義と意味論の原型』, 勁草書房.

Parsons, Charles (1965): "Frege's theory of number" in: his *Mathematics in Philosophy. Selected Essays*. Cornell U. P., 1983, pp. 150-172.

Parsons, Terence (1987): "On the Consistency of the First-Order Portion of Frege's Logical System" in: *Notre Dame Journal of Formal Logic* **28** (1), pp. 161-168.

Perry, Ralph Barton (1910): "The Ego-Centric Predicament" in: *The Journal of Philosophy, Psychology and Scientific Methods* **7** (1), pp. 5-14.

プラトン (1975):『プラトン全集10』, 北島美雪・戸塚七郎・森進一・津村寛二【訳】, 岩波書店.

Quine, W. V. O. (1950): *Methods of Logic*. 3rd ed., Harvard U. P., 1972.

―― (1955): "On Frege's Way Out" in: *Mind*. **64** (254), pp. 145-159.

―― (1970): *Philosophy of Logic*. 2nd ed. Harvard U. P., 1986.

Reck, Erich H. (ed.) (2002): *From Frege to Wittgenstein. Perspectives on Early Analytic Philosophy*. Oxford U. P.

Resnik, Michael (1979): "Frege as Idealist and then Realist" in: *Inquiry* **22** (1-4), pp. 350-357.

―― (1980): *Frege and the Philosophy of Mathematics*. Cornell U. P.

―― (1986): "Frege's Proof of Referentiality" in: Haaparanta & Hintikka (1986), pp. 150-175.

Ricketts, Thomas (1985): "Frege, The *Tractatus*, and the Logocentric Predicament" in: *Noûs* **19** (1), pp. 3-15.

―― (1986): "Objectivity and Objecthood" in: Haaparanta & Hintikka (1986), pp. 65-95.

―― (1996): "Logic and Truth in Frege" in: *Proceedings of the Aristotelian Society, Supplementary Volumes* **70**, pp. 121-140.

―― (1998): "Frege's 1906 Foray into Metalogic" in *Philosophical Topics* **25**, pp. 169-188, repr. in Beaney & Reck (2005a), pp. 136-155.

Rödl, Sebastian (2005): *Kategorien des Zeitlichen. Eine Untersuchung der Formen des endlichen Verstandes*. Suhrkamp.

Ruffino, Marco (2003): "Why Frege Would Not Be a Neo-Fregean" in *Mind* **112** (No. 445), pp. 51-78.

Russell, Bertrand (1914): *Our Knowledge of the External World; As a Field for Scientific Method in Philosophy*. Open Court.

―― (1919): *Introduction to Mathematical Philosophy*. George Allen & Unwin.

三平正明 (2003):「ラッセルのパラドクス：もう一つの起源」,『科学哲学』**36** (2),

pp. 33-48.
──(2005):「フレーゲ:論理の普遍性とメタ体系的観点」,『科学哲学』38 (2), pp. 53-76.
Schröder, Ernst (1890): *Vorlesungen über die Algebra der Logik*, 1. Band. Teubner.
──(1891): *Vorlesungen über die Algebra der Logik*, 2. Band. Teubner.
──(1895): *Vorlesungen über die Algebra der Logik*, 3. Band. Teubner.
Sheffer, Henry M. (1926): "Review of Whitehead and Russell, *Principia Mathematica*, vol. 1, 2nd ed. 1925" in: *Isis* 8, pp. 226-231.
Sluga, Hans D. (1975): "Frege and the rise of Analytic Philosophy" in: *Inquiry* 18 (4), pp. 471-98.
──(1976): "Frege as a Rationalist" in: Matthias Schirn (hrsg.), *Studien zu Frege I, Logik und Philosophie der Mathematik*, Friedrich Frommann, pp. 27-47.
──(1977): "Frege's Alleged Realism" in: *Inquiry* 20 (1-4), pp. 227-242.
──(1980): *Gottlob Frege*. Routledge & Kegan Paul.
──(1987): "Frege Against the Booleans" in: *Notre Dame Journal Formal Logic* 28 (1), pp. 80-98.
Stanley, Jason (1996): "Truth and Metatheory in Frege" in: *Pacific Philosophical Quarterly* 77, pp. 45-70, repr. in Beaney & Reck (2005a), pp. 109-135.
Sullivan, Peter M. (2005): "Metaperspectives and Internalism in Frege" in: Beaney & Reck (2005a), pp. 85-105.
須長一幸 (2001):「シーザー問題の行方」,『科学哲学』34 (1), pp. 61-74.
田畑博敏 (2002):『フレーゲの論理哲学』,九州大学出版会.
Tappenden, Jamie (1997): "Metatheory and Mathematical Practice in Frege" in: *Philosophical Topics* 25, pp. 213-265, repr. in: Beaney & Heck (2005a), pp. 190-228.
Tarski, Alfred (1936a): "The Establishment of Scientific Semantics" in: Tarski (1983), pp. 401-408.
──(1936b): "On the Concept of Logical Consequence" in: Tarski (1983), pp. 409-420.
──(1944): "The Semantic Conception of Truth and the Foundations of Semantics" in: *Philosophy and Phenomenological Research* 4 (3), pp. 341-376.
──(1983): *Logic, Semantics, Metamathematics. Papers from 1923 to 1938*, transl. by J. H. Woodger (1956), 2nd edition edited and introduced by John Corcoran, Hackett.

Thomae, Carl Johannes (1898): *Elemantare Theorie der analytischen Functionen einer complexen Veränderlichen*. Halle, ²1898.

津留竜馬 (2003):「概念記法は何故矛盾したのか」,『思想』**954**, pp. 141-158.

Weiner, Joan (1990): *Frege in Perspective*. Cornell University Press.

—— (2001): "Theory and Elucidation. The End of the Age of Innocence" in: Juliet Floyd and Sanford Shieh (eds.), *Future Pasts. The Analytic Tradition in Twentieth-Century Philosophy*. Oxford University Press, 2001, pp. 43-65.

—— (2002): "Section 31 Revisited. Frege's Elucidation" in: Reck (2002), pp. 149-182.

Wittgenstein, Ludwig (1922): *Tractatus Logico-Philosophicus*, Routledge & Kegan Paul.

—— (1953): *Philosophical Investigations*, revised 4th ed., P. M. S. Hacker & J. Schulte (eds.), G. E. M. Anscombe, P. M. S. Hacker & J. Schulte (trs.), Wiley-Blackwell, 2009.

—— (1979): *Notebooks 1914-1916*, edited by G. H. von Wright and G. E. M. Anscombe, with an English translation by G. E. M. Anscombe, 2nd ed., Basil Blackwell, 1979.

—— (1984): *Vermischte Bemerkungen* in: *Ludwig Wittgenstein Werkausgabe*, Bd. 8, Suhrkamp, 1984, S. 445-573.

Wright, Crispin (1983): *Frege's Conception of Numbers as Objects*, Aberdeen U. P..

—— (1999): "Is Hume's Principle Analytic?" in: *Notre Dame Journal of Formal Logic*, **40** (1), pp. 6-30.

人名索引

あ 行

アリストテレス Aristotle | 1-2, 115
アントネッリ Aldo Antonelli | 186-187, 189-191
ウィトゲンシュタイン Ludwig Wittgenstein | 3-4, 9, 58, 76-8, 92, 177
ヴァン・ハイエノールト Jean van Heijenoort | 8, 10, 60-1, 68, 74, 76, 81, 83, 158-165
エルブラン Jacques Herbrand | 8
オイラー Leonhard Euler | 19, 57
岡本賢吾 Kengo Okamoto | 29

か 行

カルナップ Rudolf Carnap | 107, 109, 117-9, 126
カント Immanuel Kant | 1, 14-20, 23-4, 32, 35, 77-8, 93
カントール Georg Cantor | 159
ギーチ Peter T. Geach | 9, 76
キムヒ Irad Kimhi | 1-2
キャロル Lewis Carroll | 170
クッシュ Martin Kusch | 77, 164
ゲーテ Johann Wolfgang von Goethe | 21
ゲーデル Kurt Gödel | 159
ケリー Benno Kerry | 70, 72-4, 97-9
コルゼルト Alwin Reinhold Korselt | 178-9, 181, 189
コナント James Conant | 115, 164, 166
ゴールドファーブ Warren Goldfarb | 4, 8, 162, 164, 166

さ 行

シェファー Henry M. Sheffer | 8, 80, 159
ジャーデイン Philip Jourdain | 41, 63, 135, 189
シュトゥンプフ Carl Stumpf | 58
シュレーダー Ernst Schröder | 3, 8, 31, 55, 61
ショーペンハウアー Arthur Schopenhauer | 8
スコーレム Thoralf Skolem | 8
スタンリー Jason Stanley | 153-4
須長一幸 Kazuyuki Sunaga | 27
スルガ Hans Sluga | 18, 23-4, 58

た 行

ダメット Michael Dummett | 6-7, 10, 23-4, 36, 67, 70, 128, 142
タルスキ Alfred Tarski | 8, 63, 107, 109-10, 116-9, 139, 141, 178, 187, 190-1
ツェルメロ Ernst Zermelo | 24, 28
デイヴィドソン Donald Davidson | 109
デカルト René Descartes | 8
デデキント Richard Dedekind | 22-3, 31
トーメ Carl Johannes Thomae | 64-6
ドレベン Burton Dreben | 158-60, 163-5

な 行

野本和幸 Kazuyuki Nomoto | 44, 134, 141

は 行

ハイネ Eduard Heine | 64-5
バークリー George Berkeley | 8, 23
バージ Tyler Burge | 51
パース Charles Sanders Peirce | 8
パトナム Hilary Putnam | 10
ハンティントン Edward V. Huntington | 181
ヒルベルト David Hilbert | 3, 8, 65, 85, 87, 89-91, 93, 98-9, 178-83, 186-9
ヒューム David Hume | 17-8, 25-6, 28, 35, 37, 43-4
ヒンティッカ Jaakko Hintikka | 65, 74-8, 81, 83, 90, 116, 158, 164
フッサール Edmund Husserl | 1, 102-3
ブラウワー Luitzen Egbertus Jan Brouwer |

23
ブラック　Max Black | 76
ブラドリー　Francis Herbert Bladley | 8
プラトン　Plato | 24, 31
ブール　George Boole | 3, 8, 50, 55-61, 111-2, 161-2, 164-5, 179
ブーロス　George Boolos | 17
フレーゲ　Gottlob Frege | passim
ブレンターノ　Franz Brentano | 58
ペアノ　Giuseppe Peano | 3, 17-8, 45, 87-8
ヘック　Richard G. Heck | 43-4, 63, 127, 131, 133, 137-41, 144, 147, 154
ヘーゲル　Georg Wilhelm Friedrich Hegel | 8, 20-1
ヘーニヒスヴァルト　Richard Hönigswald | 52
ペリー　Ralph Barton Perry | 8
ホワイトヘッド　Alfred North Whitehead | 8, 159-60

ま 行
マーティン　Edward Martin | 135, 139

マルティ　Anton Marty | 58
メイ　Robert May | 186-7, 189-91

ら 行
ライプニッツ　Gottfried Wilhelm Leibniz | 27
ラッセル　Bertrand Russell | 3, 8, 10, 24, 28-9, 40-2, 44, 47, 49-50, 61, 63, 73, 79, 81, 135, 159-60, 165, 191
ラッフィーノ　Marco Ruffino | 39
ランゲ　Ludwig Lange | 20
リケッツ　Thomas Ricketts | 4, 10, 158, 161-4
リネボ　Øystein Linnebo | 139, 141-7
レズニク　Michael Resnik | 65, 127-8
レードル　Sebastian Rödl | 1-2
レーヴェンハイム　Leopold Löwenheim | 8, 61, 178
ロック　John Locke | 23
ロッツェ　Hermann Lotze | 23-4

わ 行
ワイナー　Joan Weiner | 81, 115, 151, 158

事項索引

あ 行

アプリオリ a priori | 14-17, 19, 23, 32
アポステリオリ a posteriori | 15-16
暗示する andeuten | 62-3, 108, 141, 147, 152
意義と意味 Sinn und Bedeutung | 7, 27, 29, 36-7, 39, 49-50, 60, 62-4, 66, 70-1, 78, 80, 84-7, 91, 94, 100, 101, 110, 116-7, 120-8, 131, 133-47, 149-57, 168, 171-2, 179-80, 185-6, 191
1次的命題と2次的命題 primary and secondary propositions | 59
1対1対応 one-to-one correspondence | 17, 25, 129
一般性→「普遍性」を見よ
意味論 semantics | 2, 10, 14, 36, 74-81, 83, 101, 108, 109-10, 115-9, 126-7, 129-30, 133-5, 137, 139, 143, 148, 153-4, 157, 160, 162, 166-7, 169-71, 187-8, 191
　　── 的値 semantic value | 36
　　── 的概念 semantic concept | 117-9
　　── 的上昇 semantic ascent | 9, 117, 169-70
　　── 的約定 semantic stipulation | 100, 126-7, 131-2, 154
　　── の語りえなさ ineffability of semantics | 76-8, 80-1, 116
真理条件── truth-conditional semantics | 127, 131, 133
入れ替え permutation | 26, 131, 184-6, 189-92
エアランゲン・プログラム Erlangener Programm | 190

か 行

外延 Umfang, extension | 5, 17, 19, 24, 28-30, 35-6, 38-43, 45-8, 51-3, 93, 99, 122, 130
　　── 的言語 extensional language | 76
解析（学）Analysis | 3, 22, 71, 159
　　── 幾何学 Analytische Geometrie | 51

概念 Begriff | 4-6, 15-27, 28-53, 56-7, 59, 63-4, 67, 69-74, 77, 79, 81, 85, 87-90, 93, 95, 99, 101, 103-4, 122, 126, 129, 130, 133, 138, 146-7, 151, 162, 171, 186
　　── 間の相互従属 gegenseitige Unterordnung der Begriffe | 43, 46
　　── 形成 Begriffsbildung | 18-9, 56-8, 111, 165
　　── 原子論 conceptual atomism | 59
　　── の境界（線）| 4, 15, 19, 21, 37, 56-7, 87-9, 138
　　── の述語的本性 | 18, 69-71, 95, 103
　　── の不飽和性 Ungesättigtheit des Begriffes | 49, 69, 71-3, 80, 95-6, 99, 103
純粋悟性── reiner Verstandesbegriff | 17, 93
概念〈馬〉問題 | 68, 71, 97, 116
概念記法 Begriffsschrift | 2, 29, 31, 40-1, 44, 55-8, 61-2, 64, 68-72, 74, 76, 80-1, 83, 88, 92-5, 97-101, 104-7, 109-14, 116, 121-2, 126-7, 129-33, 135, 137-41, 144, 146-52, 154, 156-7, 161-70, 177, 182, 191
『概念記法』 *Begriffsschrift* | 18, 40-1, 57, 62, 68, 93, 101, 106-7, 110, 140, 166, 170
解明 Erläuterung | 9-11, 72, 81, 83, 93-103, 114-6, 123, 130, 132-3, 148, 153-4, 156-7, 167, 169, 176, 183, 188-9, 192
拡張的・非拡張的 expansive or nonexpansive | 143-6
確定記述句 Kennzeichnung, definite description | 49, 191
可述的・非可述的 predicative and impredicative | 128, 141, 146-7
数 Zahl | 5, 14-5, 22-3, 25-8, 30-7, 39-41, 47-8, 52-3, 57, 59-60, 64-6, 68, 87-9, 107, 111, 123, 132, 134

事項索引

語ると示す Sagen und Zeigen | 9, 71-2, 76-7
関数 Funktion | 18, 28, 40-2, 44, 46, 49-52, 56-7, 62, 69, 71-4, 79-81, 93, 95-7, 99-100, 103-4, 121-4, 127-8, 131-5, 138-9, 144-50, 156-7, 162, 174, 177, 191
　　── 名 Funktionsname | 73, 79, 86-7, 89, 95-6, 100, 120-5, 128, 131, 134-5, 138-9, 143, 145, 150-3, 155
　　解釈── interpretation function | 118
　　同一性── identity function | 126
　　否定── negation function | 124
　　付値── evaluation function | 61, 118
　　→「概念」「概念の不飽和性」を見よ
完全性 Vollständigkeit, completeness | 8, 14, 68, 159, 162
　　→「健全性」を見よ
観念論 Idealismus, idealism | 8-9, 23-4
　　主観的 vs 客観的── subjective vs. objective idealism | 23
　　超越論的── transzendentaler Idealismus | 24
幾何学 Geometrie | 6, 15, 21-2, 25, 28, 30, 32, 51, 61, 99, 161, 179, 184, 190
　　ユークリッド── Euklidische Geometrie | 183
『幾何学の基礎』(1899) Grundlagen der Geometrie | 85, 89-90, 99, 179, 183, 188-9
記号言語 lingua characterica (characteristica) | 55-7, 111, 161
　　普遍的── lingua characteristica universalis | 56, 61, 76, 114, 164-5
疑似公理と本来的公理 Pseudoaxiom u. eigentliches Axiom | 180, 182-3, 192
　　→「本来的命題と非本来的命題」を見よ
基数 Anzahl | 14, 17, 21, 25-6, 28-9, 31, 33, 35, 37-40, 43, 107
　　── ターム | 29
　　── の基本法則の証明 Beweise der Grundgesetze der Anzahl | 43, 129, 148
　　── の明示的定義 | 28, 35, 37-9, 43
基本法則 V Grundgesetz (V), das fünfte Grundgesetz | 29, 33, 40-4, 46-9, 52, 125, 128-9, 131-2, 141, 146-7
ギリシア大文字 griechische Großbuchstabe | 100, 137-8, 140-1, 147, 152
　　→「ラテン標識」を見よ
客観性 Objektivität | 5-6, 18, 27, 36, 60, 105-7, 166
議論領域（宇宙）universe of discourse | 59, 61-3, 118, 162
クラス Klasse, class | 5, 25, 29, 31, 41-2, 48-51, 59, 90, 129, 147
　　── 計算 Klassenkalkül, class calculus | 31, 59-61
　　── 理論 Klassentheorie, class theory | 14, 31, 60
　　→「集合」を見よ
形式（形式化された）言語 formal (formalized) language | 2-3, 9, 23, 58, 106, 109-10, 115-6, 128, 15
形式主義 Formalismus | 3, 7, 14, 64-8, 77-80, 90, 154, 168
形而上学 metaphysics | 1-2, 4, 7-10, 13, 20, 22-4, 27, 34, 48, 93, 105, 109, 115, 157, 161, 163-4, 168-9
　　── 的内部主義 metaphysical internalism | 8
　　── 的論理学 metaphysical logic | 1-2
　　分析── analytic metaphysics | 1-2
言語相対主義 linguistic relativism | 78
現実的なもの das Wirkliche | 6, 22, 33-4
現象主義 phenomenalism | 23
健全性 Korrektheit, soundness | 8, 14, 167, 170
　　→「完全性」を見よ
構文論 syntax | 14, 167, 170
　　論理的── logical syntax | 78
　　→「統語論」を見よ
候補名・背景名 candidate and background names | 141-146
　　→「補助名」を見よ
個数言明 Zahlangabe | 5, 24-5, 30-1
　　── は概念についての言明を含む | 5, 24-5,

30-1, 34, 53

固有名 Eigenname, proper name | 27-8, 30, 33, 36, 50, 52-3, 63, 70-1, 73-4, 79, 86, 96, 120-6, 128, 131, 134, 136-9, 142-3, 145-6, 150, 152-3, 155-6, 186

　　——の指示性要件 | 27-8, 35-40, 43

　　フレーゲ的—— Fregean proper name | 66

　　見せかけの—— Scheineigenname | 49-50

　　→「単称名辞」を見よ

さ 行

算　術 Arithmetik | 3, 7, 9, 14-23, 30-2, 42, 44, 46-7, 49, 61, 65-8, 105-6, 108-13, 154, 179

　　——法則　arithmetisches Gesetz | 7, 17, 20, 32, 60

　　形式的—— formale Arithmetik | 7, 66

　　内容的—— inhaltliche Arithmetik | 7

　　フレーゲ—— Frege Arithmetic (FA) | 44-5, 47-8

　　ペアノ—— Peano Arithmetic | 17-8, 45

『算術の基礎』(1884) Die Grundlagen der Arithmetik | 5, 15-7, 19, 21, 25-7, 31-2, 35-40, 43, 45-7, 80, 89, 101, 128, 142, 145

『算術の基本法則』(1893/1903) Grundgesetze der Arithmetik | 3, 26-9, 38, 40-8, 63-5, 67-8, 73, 79, 81, 83, 92-3, 96, 99, 101, 107, 110, 115-6, 120, 122-4, 128-30, 132-5, 137-9, 141-4, 147-8, 153-4, 157-8, 168-70, 177

自我中心的窮境 egocentric predicament | 8

式言語 Formelsprache | 55-6, 58, 105-6, 108-9, 111-2, 115

シーザー問題 Caesar Problem | 25-8, 35, 37-40, 43-4, 89

自然言語 natural language | 31, 58, 73, 83, 92, 97-8, 101-5, 107, 110, 112-4, 119, 122, 130-1, 133, 154, 156

自然法則 Naturgesetz, natural law | 6, 32

思　想 Gedanke | 57, 60, 62, 64, 66-7, 71, 95, 104-10, 137, 154, 166, 170-7, 179-88, 192

　　——を真と承認する als-wahr-Anerkennen eines Gedankens | 171, 175-6, 179

実在論 Realismus, realism | 23-4, 64, 66

　　内部—— internal realism | 10, 78

　　論理的—— logical realism | 8, 20

　　→「観念論」を見よ

使用と言及 use and reference | 79, 100, 117, 133-4, 137, 139, 153-5

集合 Menge, set | 5, 23, 29, 41, 46, 50-1, 118-9, 134, 137, 182

　　——論 Mengenlehre, set theory | 13, 28, 31, 50-1, 53, 59, 61, 119, 159

　　反復的——観 iterative conception of set | 50-1

　　無限—— infinite set | 128

　　→「クラス」「パラドクス」を見よ

主張力 behauptende Kraft | 174-5, 177

述語（づけ）Prädikat (ion) | 5, 14, 16, 18-9, 28-9, 33, 51, 70, 105, 118-9, 128, 142-3, 162, 171-3, 177, 179-81

　　→「概念の述語的本性」を見よ

ジュリアス・シーザー問題 Julius Caesar problem → 「シーザー問題」を見よ

初期約定 Initial Stipulation | 131, 133

真であること Wahrsein | 7, 156-7, 173, 179

真とみなすこと Fürwahrhalten | 7

真　理 Wahrheit | 14-7, 46, 62, 64, 67, 78, 84, 104, 107, 117-8, 139, 154, 157, 160-1, 167-75, 177-9, 184-5

　　——関数 truth function | 76

　　——述語 truth predicate | 134, 153-4, 169-74, 176-7

　　——真理条件 truth condition | 28-9, 36-7, 43, 62, 118, 127-8, 134-5, 153-4

　　——の対応説 correspondence theory of truth | 78, 173

　　——のデフレ説 deflationary theory of truth | 171

　　——の余剰説 redundancy theory of truth | 171

　　——表 truth table | 153, 167

　　原初的—— Urwahrheit | 16-7, 32, 184

　　算術的—— arithmetische Wahrheit | 14-6,

22
　分析的—— analytische Wahrheit｜14-6, 18-20
　論理的—— logische Wahrheit｜46, 67, 165
心理学主義 Psychologismus｜3, 14, 23, 36-7, 103-4
真理値 Wahrheitswert, truth value｜26, 28, 36, 41, 47, 62, 64, 66, 93, 118, 121, 123, 125-7, 133-4, 146, 155-6, 167, 171-2, 174-5, 177, 186
　——〈偽〉das Falsche｜122-3, 125, 133, 137, 139, 143, 146-7, 153-6, 170
　——ギャップ truth-value gap｜66
　——〈真〉das Wahre｜122-3, 125, 127, 133-4, 137, 139, 143, 146-7, 152-7, 170-1, 177
　——名 Name von Wahrheitswert｜62, 121-6, 128, 137, 139, 146, 152-3, 156
水平線 Waargerechtstrich｜130, 133, 143, 177
推論計算 calculus ratiocinator｜55-6
数学 Mathematik｜2-4, 9-10, 13-4, 17, 21, 23, 26, 30-3, 38, 56, 60-1, 65-7, 79-80, 85-6, 88, 90, 93, 101-2, 105, 111, 119, 128, 182-4, 187-9
　——基礎論｜3, 13, 15, 33, 53, 148
　——的自然科学｜17, 32
　——者 Mathematiker｜2-3, 46, 64, 85, 88, 132
　——の哲学｜4, 9-10, 13-4, 24, 37, 53, 101
数詞 Zahlwort｜28, 30, 33, 36-7, 52-3, 59, 64, 66
成員関係 Zugehörigkeit, membership｜14, 41, 99, 149
精神 Geist｜21-3
説明言語 Darlegungssprache｜107-10
　→「補助言語」を見よ
存在論 Ontologie｜1, 3, 35, 39, 93

た 行

対象 Gegenstand｜4-7, 17, 21, 23-5, 27-36, 39-44, 46, 48-53, 61-4, 66-7, 69-73, 80-1, 85, 87, 90, 93, 95-6, 99-101, 103-4, 117, 122-4, 128-9, 134-141, 146-7, 152-4, 156-7, 162, 171-2, 176, 180, 190-1

　——性 Gegenständlichkeit, objecthood｜35, 37, 49, 104
　——の相等性（同一性）Gleichheit (Identität) der Gegenstände｜25-6, 29, 35, 43, 46-7, 49, 51, 53, 126, 128, 146-7, 154
　——列 sequence of objects｜63, 118, 139, 141, 191
自存的—— eigenständiger Gegenstand｜27-8, 33-5, 37, 39-42
数学的—— mathematischer Gegenstand｜67
超越論的—— transzendentaler Gegenstand｜20
本来的／非本来的—— eigentlicher u. u neigentlicher Gegenstand｜48-9
論理的—— logischer Gegenstand｜8, 14-5, 33, 37, 39, 41-2, 46-8, 60, 124, 147
多重量化 multiple quantification｜55
妥当性 Gültigkeit, validity｜46, 61-2, 88, 119, 162, 167-8, 170
単称指示 singular reference｜50
単称名辞 singular term｜27, 30, 33, 62, 71, 128
　→「固有名」を見よ
値域 Wertverlauf, Werthverlauf｜17, 24, 28-9, 38, 40-52, 93, 99-100, 120-6, 128-133, 135, 146, 147, 177
　——関数記号（関数名）｜120, 122-3, 130, 144, 146, 147
　——ターム｜43
正——名 rechter Wertverlaufsname｜124-6
置換公理 axiom of replacement｜51
　→「内包公理」「分出公理」を見よ
徴表 Merkmal｜4-5, 18-9
直観 Anschauung｜6, 15-23, 30, 36, 51, 57-8, 65, 106
　——主義 intuitionism｜23
定義 Definition (Erklärung)｜16, 17, 19, 21, 26, 28-9, 31, 38, 40, 44, 56-7, 61, 68, 72-4, 76, 83-96, 98-100, 103, 107-8, 112, 117-21, 123, 126-8, 132-3, 143-4, 148-50, 152, 155, 162, 165, 172-6, 178, 183, 187-8

218　事項索引

──二重線 | 120, 149
帰納的── inductive definition | 119, 126-7, 133, 141, 146, 149, 151, 153
構成的── aufbauende Definition | 85
分析的── zerlegende Definition | 85-86
文脈的── | 25-6, 35, 133, 139, 141
明示的── | 17, 28, 35, 37-9, 43
定項 constant | 118-9, 136-7, 179-1, 190-1
非論理── non-logical constant | 135
論理── logical constant | 62, 159
『哲学探究』(1953) Philosophische Untersuchungen, Philosophical Investigations | 4, 58
統語論 syntax | 23, 107, 109, 142-5, 154, 187-8
→「構文論」を見よ
等数性 Gleichzahligkeit | 17, 25, 28-9, 35, 37, 39, 43
→「1対1対応」を見よ
独立性証明 proof of independence of axioms | 68, 162, 178, 181-9, 192-3

な　行

内在主義と外在主義 internalism and externalism | 186-7
内部主義 internalism | 8, 10, 78
→「実在論」を見よ
内包公理 axiom of comprehension | 51, 99
→「置換公理」「分出公理」を見よ
内包主義 intensionalism | 191
内容線 Inhaltsstrich | 62
→「水平線」「判断線」を見よ
ナンセンス Unsinn | 73-4, 95, 100-1, 155-6
認識論 Erkenntnistheorie, epistemology | 3, 24, 35, 39, 42, 48, 124
ネオ・フレーゲアン Neo-Fregean | 9

は　行

排中律 Satz vom ausgeschlossenen Dritten, law of excluded middle | 4, 48-9, 87
パラドクス paradox
一と多の── | 24
嘘つきの (自己言及の) ── liar (self-referential) paradox | 110
形式化の── | 78-9
(素朴) 集合論の── paradox of (naive) set theory | 3, 13, 17, 28-9, 37, 42, 50, 52-3
超越論的認識の── | 77
(ツェルメロ・) ラッセルの── (Zermelo's and) Russell's paradox | 24, 28-9, 37, 40-1, 44-50, 129
判断 Urteil | 6, 16, 18-9, 58-9, 93, 104, 111, 167, 170-1, 174-6, 179
──可能な内容 urteilbarer Inhalt | 58, 176-7
──線 Urteilsstrich | 62, 167, 169
──の優位性原理 principle of the priority of judgment over concept | 18, 58-9
総合── synthetisches Urteil | 16, 19
分析── analytisches Urteil | 17-8
汎論理主義 Panlogismus | 4, 6, 8-11, 13, 20-1, 23-4, 32-4, 39, 48-9, 51, 53, 59-60, 64, 67-8, 80, 83, 97, 101, 105, 115-6, 157, 161, 163-4, 166, 168-9
『ヒッピアス (大)』 Ἱππίας μείζων (Hippias Major) | 31
ヒュームの原理 Hume's Principle (HP) | 17-8, 25-6, 28-9, 35, 43-4
普遍的媒体としての言語 language as universal medium | 74-80, 164
普遍主義 universalism | 4, 7-10, 20, 55, 80, 114, 158, 161, 166, 168
──的解釈 | 158, 160-4, 166-9, 187
──的論理 (観) | 160-1, 163-6, 168, 178
普遍性 Allgemeinheit, generality | 16-7, 23, 29, 46-7, 49, 51, 53, 60, 62, 67, 108-10, 132, 147, 159-66, 169, 187, 190, 193
普遍閉包 universal closure | 62
普遍妥当性 Allgemeingültigkeit, general validity | 16-7, 32, 89
プラトニスム platonism | 37, 64
フレーゲの定理 Frege's theorem | 44
分岐タイプ理論 ramified theory of types | 49
分出公理 axiom of seperation | 51

→「置換公理」「内包公理」を見よ
分析哲学 analytic philosophy | 1-3, 115
文脈規準 context criteria | 142-7
文脈原理 context principle | 27, 36, 120, 128-9, 142
　一般化された—— generalized context principle (GCP) | 128, 142
変項 variable | 4, 57, 62-3, 89, 96, 108, 110, 116, 118-9, 134-6, 143, 162, 179-81, 191
　自由—— free variable | 62-3, 139
　束縛—— bound variable | 62, 64, 71, 134, 141
弁証法 Dialektik | 20
補助言語 Hilfssprache | 105, 107-10, 113
補助名 auxiliary name | 63, 137-41, 144-7
　→「候補名と背景名」を見よ
本来的命題と非本来的命題 eigentlicher u. uneigentlicher Satz | 180-2

ま 行

前庭 Vorhof | 93, 98, 130
矛盾 Widerspruch, contradiction | 20-1, 28, 41-2, 50, 52, 74, 118-9
メタ言語と対象言語 metalanguage and object language | 27, 68, 72, 78, 93, 100-1, 107-10, 112, 116-9, 128, 130-3, 138-41, 144, 170, 177, 187
無矛盾性 Widerspruchslosigkeit, consistency | 64, 68, 87, 90, 162, 189
メタパースペクティヴ metaperspective | 10, 105-6, 107-8, 133, 158, 162, 168, 179
メタ理論 metatheory | 4, 10, 27, 72-3, 83, 95, 110, 116, 118, 127, 130-3, 140, 147-9, 151, 157-60, 164, 167, 169-70, 177-8, 180-4, 186-91
　→「論理」を見よ
モデル論 model theory | 61, 68, 76, 78, 90, 119, 160, 165-6, 177-9, 181-2, 184-5, 187-90

や 行

予備学 Propädeutik | 69, 93, 98, 101, 116, 130, 132

ら 行

ライプニッツの法則 Leibniz's law | 27
ラテン標識 lateinische Marke | 62-3, 136-7, 140-1, 147, 149-50, 152
　→「ギリシア大文字」を見よ
理性 Vernunft, reason | 6, 20-1, 93
領域計算 Bereichskalkül, domain calculus | 31
量化子 quantifier | 62, 76, 119, 134-5, 137, 162
　——の代入的／対象的解釈 | 63, 134-9
　全称 —— universal quantifier | 62-3, 108, 123, 130, 134-5, 137, 144, 146
量化理論 quantification theory | 4, 8, 62, 135, 159, 162
論理 Logik | 1-2, 4-9, 13-28, 30-1, 33-4, 36-7, 40-4, 46, 49-51, 55-8, 60-3, 67-9, 72-5, 77-80, 83, 85, 87-95, 97-8, 102-15, 118-9, 122, 124, 132, 148, 154, 156-66, 168-9, 172, 174-7, 179, 181, 183, 185-90, 192-3
　——学者 Logiker | 1-3, 6, 8, 31, 45-6, 76, 88, 102-3, 106, 171, 190
　——形式 logische Form, logical form | 8, 33, 55, 72, 101, 112
　——結合子 logical connective | 76, 118-9
　——的帰結 logische Folge, logical consequence | 14, 107, 118-9, 190-1
　——的基本関係 logische Grundbeziehung | 72, 101
　——的原始現象 logische Urerscheinung | 69, 101
　——的原始事実 logische Urtatsache | 43, 53, 69, 71, 101, 104-5, 110, 114-5
　——的原始要素 logisches Urelement | 94-5, 98
　——的単純者 | 91, 93-5, 97-9, 103, 110, 115 132-3, 157
　——法則 logisches Gesetz | 4, 6-8, 16-7, 32, 34, 45, 47, 49, 60, 64, 68, 72, 88-9, 92, 97, 105-6, 110, 147, 153, 154, 160, 161-3, 166-70, 179, 184-5, 190, 193
　計算 —— rechnende Logik | 55-7, 61, 111, 161, 179

計算としての―― logic as calculus | 61, 68, 75
形式―― formal logic | 1-2
言語としての―― logic as language (lingua) | 61, 68, 75
述語―― predicate logic | 14, 18, 118
命題―― propositional logic | 2, 14, 60, 115, 118-9
メタ―― metalogic | 159-60, 165, 170, 183-4, 188, 192
論理学 → 「論理」を見よ
　超越論的―― transzendentale Logik | 1
　哲学的―― philosophical logic | 1
論理実証主義者 logical positivist | 2
論理主義 logicism | 2-5, 7, 9-11, 13-5, 17, 21-2, 24, 26-7, 30-3, 38, 48-9, 51-3, 59-60, 68, 80, 101, 147
　――的還元 | 41
　――者 logicist | 47
論理中心的窮境 logocentric predicament | 8-10, 68-9, 74, 80, 101, 115, 160
『論理哲学論考』(1921) *Tractatus logico-philosophicus* | 9, 58, 77, 177

著者略歴
1971年　東京都に生まれる
2006年　ドイツ・フライブルク大学哲学部大学院博士課程修了（Dr. Phil.）
現在　　慶應義塾大学文学部准教授
著書　　Welt · Sprache · Vernunft（Ergon, 2006）
　　　　『世界内存在の解釈学――ハイデガー「心の哲学」と「言語哲学」』（春風社，2009）
共編著　『これからのウィトゲンシュタイン――刷新と応用のための14篇』（リベルタス，2016）

世界を満たす論理
フレーゲの形而上学と方法
2019年8月20日　第1版第1刷発行

著者　荒畑靖宏（あら はた やす ひろ）
発行者　井村寿人
発行所　株式会社 勁草書房（けい そう）
112-0005 東京都文京区水道2-1-1　振替 00150-2-175253
（編集）電話 03-3815-5277／FAX 03-3814-6968
（営業）電話 03-3814-6861／FAX 03-3814-6854
精興社・牧製本

© ARAHATA Yasuhiro　2019

ISBN978-4-326-10276-1　　Printed in Japan　　

JCOPY 〈(社)出版者著作権管理機構 委託出版物〉
本書の無断複写は著作権法上での例外を除き禁じられています。複写される場合は、そのつど事前に、(社)出版者著作権管理機構（電話 03-3513-6969, FAX 03-3513-6979, e-mail：info@jcopy.co.jp）の許諾を得てください。

＊落丁本・乱丁本はお取替いたします。

http://www.keisoshobo.co.jp

野本和幸

フレーゲ哲学の全貌——論理主義と意味論の原型　　　8,500 円

〈フレーゲ著作集全6巻〉第38回（2002）日本翻訳出版文化賞受賞
藤村龍雄編
　第1巻　概念記法　　　4,200 円

野本和幸・土屋俊編
　第2巻　算術の基礎　　　3,800 円

野本和幸編
　第3巻　算術の基本法則　　　6,400 円

黒田亘・野本和幸編
　第4巻　哲学論集　　　4,600 円

野本和幸・飯田隆編
　第5巻　数学論集　　　5,200 円

野本和幸編
　第6巻　書簡集　　　6,800 円

———— 勁草書房刊

＊表示価格は 2019 年 8 月現在。消費税は含まれておりません。